长三角 G60 科创走廊
科创金融研究报告
(2024)

杨力 韩云 等 编著

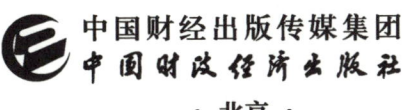

中国财经出版传媒集团
中国财政经济出版社
·北京·

图书在版编目（CIP）数据

长三角G60科创走廊科创金融研究报告. 2024 / 杨力, 韩云等编著. -- 北京：中国财政经济出版社, 2025. 7.
ISBN 978-7-5223-4081-4

Ⅰ．F279.244.4

中国国家版本馆CIP数据核字第2025BV0610号

责任编辑：叶　彤　　　　　责任校对：胡永立
封面设计：兰卡绘世　　　　责任印制：党　辉

长三角 G60 科创走廊科创金融研究报告（2024）
CHANGSANJIAO G60 KECHUANG ZOULANG KECHUANG JINRONG
YANJIU BAOGAO（2024）

中国财政经济出版社 出版

URL：http://www.cfeph.cn
E-mail：cfeph@cfeph.cn

（版权所有　翻印必究）

社址：北京市海淀区阜成路甲28号　邮政编码：100142
营销中心电话：010-88191522
天猫网店：中国财政经济出版社旗舰店
网址：https://zgczjjcbs.tmall.com
涿州汇美亿浓印刷有限公司印刷　各地新华书店经销
成品尺寸：185mm×260mm　16开　18.5印张　337 000字
2025 年 7 月第 1 版　2025 年 7 月河北第 1 次印刷
定价：78.00 元
ISBN 978-7-5223-4081-4
（图书出现印装问题，本社负责调换，电话：010-88190548）
本社质量投诉电话：010-88190744
打击盗版举报热线：010-88191661　QQ：2242791300

前言

金融是国民经济的血脉，关乎中国式现代化建设的全局与根基。在中央金融工作会议提出的金融"五篇大文章"中，强调金融支持高水平科技自立自强和科技强国建设。科创金融作为关键支撑力量，聚焦科技创新活动的全链条金融赋能，覆盖从"0 到 1"的原始创新、到"1 到 N"的成果转化及产业化各阶段，推动创新链与资金链深度融合，着力破解科技创新"长周期、高风险、轻资产"的融资难题。作为国家战略的重要承载区，长三角 G60 科创走廊在科创金融领域的先行先试作用日益凸显。自 2021 年以来，全国共设立 7 个科创金融改革试验区，其中上海、杭州、合肥、嘉兴均属长三角 G60 科创走廊范围。在三省一市金融监管部门的协同推动下，长三角 G60 科创走廊加快构建债权、股权、基金、上市等要素联动的金融服务生态，逐步形成覆盖全牌照、全产业链、全生命周期的"七位一体"科创金融服务体系，切实提升对区域科技创新的系统性支持能力。

本报告基于长三角 G60 科创走廊的科创金融发展指数测度，探讨科创金融驱动新质生产力发展机理和实践案例启示，为我国科创金融发展提供经验证据和政策建议。研究报告分为上下两篇，上篇聚焦长三角 G60 科创走廊科创金融发展指数的测度，包括科技创新指数、金融发展指数和科创金融发展综合指数，评估长三角 G60 科创走廊科创金融发展水平，厘清科创金融发展问题与政策建议。下篇基于长三角 G60 科创走廊推进新质生产力的作用机理，探讨科创金融推动科技创新、数字化转型、绿色化转型和人工智能产业链的现状及实践案例的深入分析。

研究报告为上海市长三角科创产业金融服务协同创新中心系列研究成果之一，由课题负责人杨力教授带领课题组共同完成。课题组主要成员包括吴洁教授、韩云副教授、王向进副教授、杨凌霄副教授、方茜副教授、初运运博士、朱颖隽副研究员、王雪丁博士、汪鹏博士、刘一腾博士、刘文杰博士。研究报告还得到来自长三角G60科创走廊联席会议办公室、长三角G60创新研究中心等专家的倾心指导，也凝聚了来自上海交通大学、同济大学、上海财经大学、南京大学等联合研究人员的共同努力。同时，感谢汤毅成、高浩原、李晨阳、陈宇峰和韩梦菲等多位学生在前期调研及文献梳理等方面提供了有力协助，为本报告的顺利推进作出了贡献。囿于资料与水平，疏漏之处在所难免，祈请各位读者批评指正。

作者

2025年7月

目录
CONTENTS

上篇　长三角 G60 科创走廊科创金融发展指数

第一章　长三角 G60 科创走廊科创金融发展概况及评估体系 // 3
第一节　长三角 G60 科创走廊科创金融发展概况 // 3
第二节　长三角 G60 科创走廊科创金融发展评估思路 // 8
第三节　长三角 G60 科创走廊科创金融发展评估指标池 // 11

第二章　长三角 G60 科创走廊科技创新指数 // 14
第一节　科技创新发展的影响因素及评估研究 // 14
第二节　科技创新发展指数的构建与总体分析 // 17
第三节　九城科技创新指数分析与指标分析 // 20
第四节　长三角 G60 科创走廊科技创新发展成效评价 // 30

第三章　长三角 G60 科创走廊金融发展指数 // 34
第一节　金融发展的影响因素及评估研究 // 34
第二节　金融发展指数构建与总体分析 // 37
第三节　九城金融发展指数及指标分析 // 40
第四节　长三角 G60 科创走廊金融发展成效评价 // 47

第四章　长三角 G60 科创走廊科创金融综合指数 // 51
第一节　科创金融的影响因素及评估研究 // 51
第二节　科创金融综合指数构建与总体分析 // 58
第三节　九城科创金融综合指数及指标分析 // 62
第四节　长三角 G60 科创走廊科创金融发展成效评价 // 69

第五章　长三角 G60 科创走廊科创金融发展的政策建议 // 73
第一节　长三角 G60 科创走廊科技创新发展的政策建议 // 73
第二节　长三角 G60 科创走廊金融发展政策建议 // 75

第三节 长三角G60科创走廊科创金融发展政策建议 // 78

下篇 长三角G60科创走廊科创金融驱动新质生产力的创新实践研究

第六章 科创金融驱动新质生产力发展的机理研究 // 85
第一节 新质生产力发展的内涵及驱动因素研究 // 85
第二节 科创金融驱动新质生产力的机理研究 // 95
第三节 科创金融驱动新质生产力发展的研究思路与框架 // 106

第七章 长三角G60科创走廊科创金融服务科技创新的创新实践研究 // 111
第一节 长三角G60科创走廊金融服务科技创新的概况 // 111
第二节 长三角G60科创走廊科技成果转化基金服务科技创新的案例分析：以汇禾医疗为例 // 122
第三节 长三角G60科创走廊金融服务科技创新的创新模式分析 // 130
第四节 长三角G60科创走廊金融服务科技创新的政策机制设计 // 149

第八章 长三角G60科创走廊金融服务企业数字化转型的创新实践研究 // 155
第一节 长三角G60科创走廊金融服务企业数字化转型的概况 // 155
第二节 长三角G60科创走廊金融服务企业数字化转型的创新型案例：以浦发银行为例 // 167
第三节 长三角G60科创走廊金融服务企业数字化转型的创新模式分析 // 178
第四节 长三角G60科创走廊金融服务企业数字化转型的政策机制设计 // 190

第九章 长三角G60科创走廊金融服务企业绿色化转型的创新实践研究 // 195
第一节 长三角G60科创走廊金融服务企业绿色化转型的

概况 // 195

第二节　长三角 G60 科创走廊金融服务企业绿色化转型的创新型案例：以湖州银行为例 // 210

第三节　长三角 G60 科创走廊金融服务企业绿色化转型的创新模式研究 // 224

第四节　长三角 G60 科创走廊金融服务企业绿色化转型的政策机制设计 // 238

第十章　长三角 G60 科创走廊金融服务人工智能产业链发展的创新实践研究 // 247

第一节　长三角 G60 科创走廊金融服务人工智能产业链发展概况 // 247

第二节　长三角 G60 科创走廊金融服务人工智能产业链的创新型案例：以松江区人工智能产业为例 // 260

第三节　长三角 G60 科创走廊金融服务人工智能产业链的创新模式研究 // 267

第四节　长三角 G60 科创走廊金融服务人工智能产业链的政策机制设计 // 274

参考文献　280

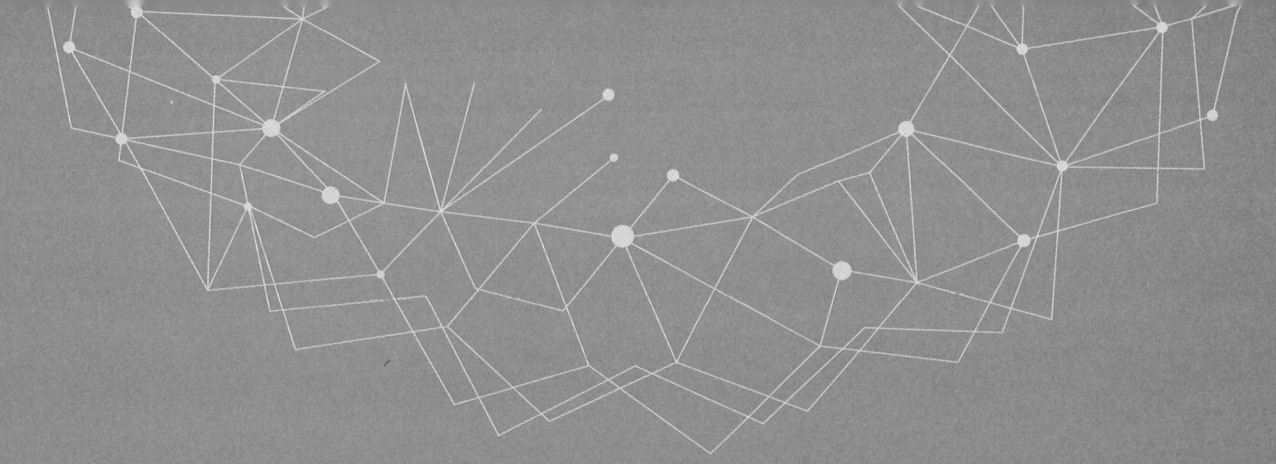

上篇

长三角G60科创走廊科创金融发展指数

第一章　长三角 G60 科创走廊科创金融发展概况及评估体系

第一节　长三角 G60 科创走廊科创金融发展概况

长三角 G60 科创走廊以上海市松江区为起点，横贯长三角九个城市，连接江苏苏州，浙江嘉兴、杭州、金华、湖州，安徽宣城、芜湖、合肥，人才、物流、资金流、技术流、信息流等各类生产要素资源在一市三省九城间有序自由流动。长三角 G60 科创走廊的建设和发展，缘于长三角一体化发展的国家战略部署。2019 年 5 月 13 日，习近平总书记主持中共中央政治局全体会议，审议通过《长江三角洲区域一体化发展规划纲要》，明确提出"建立 G60 科创走廊等一批跨区域合作平台"，标志着长三角 G60 科创走廊从秉持新发展理念的基层生动实践上升为国家战略的重要组成部分。

2020 年 11 月，科技部会同国家发展改革委、工业和信息化部、人民银行、银保监会、证监会联合印发《长三角 G60 科创走廊建设方案》，要求长三角 G60 科创走廊打造科技创新策源地、世界级产业集群、产城融合典范、一流营商环境，建设具有国际影响力的科创走廊。作为长三角一体化发展的重要组成部分，长三角 G60 科创走廊以科技创新为核心驱动力，旨在打造具有全球影响力的科技创新高地。截至 2024 年，长三角 G60 科创走廊内高新技术企业占全国比重为 13.3%；战略性新兴产业产值占工业总产值比重为60.6%。长三角G60科创走廊九城市已成立16个产业（园区）联盟、13个产业合作示范园区，专精特新"小巨人"企业数全国占比为11%，独角兽企业数量占全国比重12%，登陆科创板企业占全国比例的1/5。此外，长三角G60科创走廊已建成76个国家级科技企业孵化器、152家重点实验室，形成以上海松江G60脑智科创基地、合肥综合性国家科学中心为代表的创新策源地。长三角G60科创走廊在科技创新、金融创新等方面取得显著成效，成为推动区域经济高质量发展的重要引擎。

作为推动科技创新和产业升级的重要引擎，科创金融对城市及区域的经济发展具有重大意义。科创金融是科技金融的深化与延伸，聚焦于科技创新活动全链条的金融支持，强调对"从0到1"原始创新、"从1到N"成果转化及产业化的金融赋能。科创金融核心通过创新链与资金链的深度融合，以破解科技创新的"长周期、高风险、轻资产"融资难题。作为国家战略布局的核心要素载体，长三角G60科创走廊的科创金融发展至关重要。2021年至今，全国共有3批7个科创金融改革试验区，分别为济南市、上海市、南京市、杭州市、合肥市、嘉兴市、北京中关村。其中，上海、杭州、合肥、嘉兴都归属长三角G60科创走廊。2022年11月18日，中国人民银行等八部门印发《上海市、南京市、杭州市、合肥市、嘉兴市建设科创金融改革试验区总体方案》，鼓励商业银行在试验区内设立科技金融事业部、科技支行、科创金融专营机构等。2024年10月16日，中国人民银行、科技部又联合印发《关于做好重点地区科技金融服务的通知》，指导和推动北京、长三角、粤港澳大湾区等科技要素密集地区做好科技金融服务。科创金融通过金融工具创新破解科创企业融资难题，对于促进科技、产业、金融良性循环，进一步培育新质生产力，增强科技创新对经济社会发展的引领带动作用具有重要的价值。

一、长三角G60科创走廊金融产品创新发展

在三省一市金融监管部门的支持下，长三角G60科创走廊构建起债权、

股权、基金、上市等联动的金融服务生态，为科创企业提供全牌照、全产业链、全生命周期的金融服务，打造"七位一体"的金融服务体系。

长三角G60科创走廊深化落实央行"28条"金融支持政策，形成了G60科创贷、园区贷、质量贷、标准贷、人才贷、专精特新贷等金融产品矩阵。截至2024年5月，长三角G60科创走廊九城累计发行科创债（含科创票据等）172单，金额达1095.52亿元，覆盖集成电路、生物医药、高端装备等领域；累计发行绿色债183单，金额968.06亿元，重点支持新能源、低碳技术及环保项目。长三角G60科创走廊建立常态化科创债绿色债发行机制，面向九城市89个县域开展政策宣讲，优化企业库筛选标准。长三角G60科创走廊精准对接科创板及注册制改革，做实做精上交所资本市场服务G60基地，九城市科创板受理企业、发行上市企业数均超过全国1/5。截至2025年，长三角G60科创走廊开发运行的长三角G60科创走廊综合金融服务平台，有效注册企业113.10万余家，入驻金融机构535家，达成授信融资金额超3.31万亿元。另外，G60金融服务联盟共涵盖银行、券商、基金、保险、会计师事务所、律师事务所等头部机构498家。

长三角G60科创走廊设立长三角首只由国家引导基金参与、九城市共同出资、社会资本投资的跨区域科技成果转化基金，总规模100亿元，首期20亿元，加速科技成果项目化、产业化，强化战略科技力量引领。长三角G60科创走廊科技成果转化基金常态化、精准化、菜单式开展"金融赋能·铸就品牌"产融对接活动，搭建政府、园区、企业和金融机构交流合作平台，拓宽企业融资渠道，累计举办各类活动401场，覆盖九城市企业园区175.3万余人次，综合赋能科创企业高质量发展。截至2024年，长三角G60科创走廊科技成果转化基金累计过会金额5.42亿元，重点投向集成电路（37%）、高端装备（28%）、新材料（21%）、生物医药（7%）等硬科技领域；完成26家企业投资，金额近8亿元，如新能源企业盘毂动力、医疗科技企业汇禾医疗等均获资金支持并实现高速增长。

二、科创金融与产业发展的融合趋势及分析

2024年1月,长三角G60科创走廊产业赋能中心成立,利用长三角G60科创走廊科创、产业、金融、人才等资源,为各级政府、园区产业协同以及各类企业发展提供全方位赋能。主要发展包括:

(1)打造产城融合发展示范区。形成松江经济技术开发区、嘉兴平湖市、金华市金东区、苏州市相城区、苏州昆山市、湖州市吴兴区、宣城经济技术开发区、芜湖市湾沚区、合肥市肥西县、合肥市蜀山区等十个重点县(区、市、开发区)示范区。

(2)组织构建产业联盟。长三角G60科创走廊统筹建立发挥各城市产业优势的跨区域产业合作组织,形成园区联盟、激光产业联盟、新能源产业联盟、通用航空产业联盟、机器人产业联盟、新能源和网联汽车产业联盟、环境产业技术创新联盟、智能装备产业联盟、新材料产业技术创新联盟、生物医药产业联盟、集成电路产业联盟、光伏协同创新产业联盟、智慧安防产业联盟、人工智能产业联盟等,成员单位包括近3000家各领域头部企业。

(3)建设产融结合高质量示范园区。长三角G60科创走廊做深做实G60产融结合高质量示范园区,打造产融结合新高地,累计挂牌28家园区。对挂牌成立的长三角G60科创走廊产融结合高质量发展示范园区,长三角G60科创走廊联席办将集聚长三角G60科创走廊全牌照、全产业链、品牌化、专业化金融资源,为园区科创型企业提供全生命周期金融服务,赋能园区发展壮大,同时给予产业配套、科技创新等资源倾斜。

三、长三角G60科创走廊科创金融跨区域合作

长三角G60科创走廊始终紧扣"一体化"和"高质量"两个关键,深入实施产业链高质量发展专项行动,推动要素资源跨区域高效配置、精准对接。全生命周期金融服务,赋能园区发展壮大,同时给予产业配套、科技创新等资源倾斜。

（1）推出跨区域金融产品矩阵。针对科创企业个性化、多元化融资需求，长三角G60科创走廊先后推出了江苏银行G60科创贷、浦发银行质量标准贷、建行专精特新贷、交行人才贷、平安财险应收账款险等G60专属产品。矩阵截至目前已累计服务企业近600家，累计授信金额约126亿元，以金融政策、金融产品、金融服务一体化供给，推动科创共同体建设和产业链价值链金融链融合发展。

（2）建设智能制造创新联合体。截至2024年，现有成员单位36家，包括17家跨国企业、央国企和上市公司、6家高校和科研机构以及5家启迪科技园区。创新联合体以上海为中心，沿长三角G60科创走廊延伸布局，围绕智能制造核心领域，以突破行业关键核心技术以及先进技术落地应用为目标，构建区域协同创新机制，打造智能制造科技创新策源地，推动形成智能制造领域世界级产业集群。长三角G60科创走廊举办多次"智能制造专场"产融对接活动，为科创企业量身定制金融产品、助力企业发行"双创债"、首创"政府+园区+担保+银行"四方协同政策性融资担保服务机制、推动一批"硬科技"企业登陆科创板等。

（3）开展跨区域合作项目。新能源汽车智能传输系统、东风新能源重卡和非公路宽体自卸车智能制造基地、新型轻钢墙体用无机保温填充材料等一批优质项目悉数亮相，牢牢把握数字化、智能化、绿色化发展机遇，通过产业链创新链的开放合作，加快培育原创性、引领性技术成果，助力推动长三角区域新能源汽车、高端装备制造、新材料等战略新兴产业更高质量发展。长三角G60科创走廊通过跨区域联合授信机制提升金融服务的覆盖面和效率，建设起九城市"联盟+基地+园区+基金+平台"跨区域合作体系。目前，长三角G60科创走廊可实现九城市89个综合服务通办专窗全覆盖，跨区域可办理事项数量已经超过178项，跨区域办件累计突破100万件，跨区域可办理事项数量增加了3.7倍。在数字化网络平台建设上，长三角G60科创走廊大力推动工业互联网平台及专业服务商有效对接区内制造业企业，跨区域共享各地政策，带动九城市制造业数字化转型。

第二节　长三角 G60 科创走廊科创金融发展评估思路

一、科创金融发展评估体系

长三角 G60 科创走廊的科创金融评估方法主要围绕"科技创新＋金融发展＋综合指数"主线展开，通过构建科学、系统且规范的一体化发展评估指标体系，量化测度科技创新和金融发展水平，最终构建涵盖科技创新政策、科技创新生态和科创金融市场的多维度、多层级科创金融综合指数。具体评估方法包括：（1）定量评估，通过建立指标体系，对科技创新、金融发展和科创金融的成效进行量化分析。（2）定性评估，结合实地调研和专家访谈，分析科创金融在实际操作中的创新模式和实践案例。（3）动态监测，引入第三方评估机制，定期对科创走廊的建设情况进行动态监测和科学评价。具体框架如图 1-1 所示。

二、科创金融成果转化评估

长三角 G60 科创走廊自建设以来，在科技创新领域取得了显著成效，2024 年第六届科技成果拍卖会成交额突破 120 亿元。长三角 G60 科创走廊通过建立科技成果转移转化示范基地、科创路演中心和科技成果转化概念验证中心等平台，推动了科技成果的高效转化；在人工智能、生物医药、高端装备等重点领域取得了多项关键核心技术突破；注重国际化发展和跨区域合作，吸引了大量国际资源和高端人才。因此，本研究的科技创新指数采用每万人有效发明专利数和技术合同成交额，衡量 G60 科创走廊科技创新产出及其转化效益。

第一章　长三角G60科创走廊科创金融发展概况及评估体系

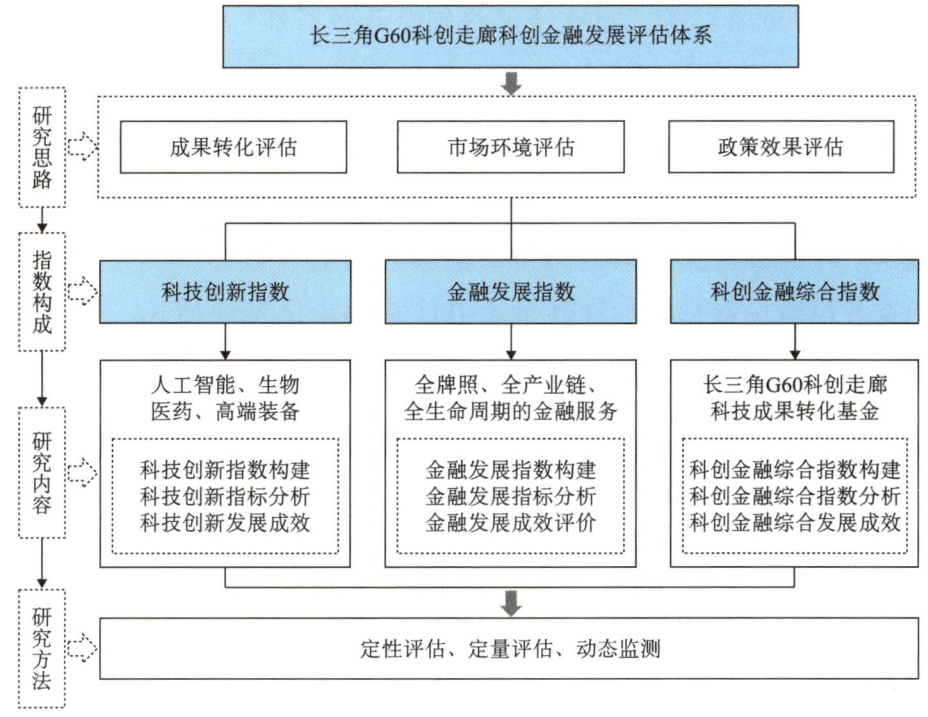

图1-1　科创金融相关指数分析框架

三、科创金融市场环境评估

长三角 G60 科创走廊科技创新生态优越，坚持市场化、法治化、国际化导向，通过"市场先行 + 政府引导"的组织协调机制，优化创新环境；设立高新技术企业互认机制、推动产学研联动。自 2018 年以来，九城市依托各自的产业优势，陆续成立了多个产业联盟。截至 2024 年，已累计成立了 16 个产业联盟和 11 个产业合作示范园区。长三角 G60 科创走廊产业联盟涵盖了多个战略性新兴产业和传统产业领域，包括激光产业、集成电路产业、生物医药产业、智能装备产业等。因此，本研究用高新技术产业集中度等来衡量科技创新产业环境。

长三角 G60 科创走廊在金融发展方面取得了显著成果。通过债权、股权、基金等多维度金融服务体系的搭建，为科创企业提供全牌照、全产业链、全生命周期的金融服务；推出了多种创新型金融产品，如"信用类科技贷""G60科创贷"等，旨在缓解科创企业融资难、融资贵的问题；成立了G60金融服务联盟，涵盖银行、券商、基金、保险、会计师事务所、律师事务所等头部机构。因此，金融发展指数测量和评价各类金融资源在区域间的分配情况以及发展水平，包括银行资金规模、股票市场占比、债券融资规模、外资持股上市企业数等。同时，我们在科创金融综合指数中通过科创企业风险投资总额、科创企业IPO总额等定量评估长三角G60科创走廊融资市场环境。

四、科创金融政策效果评估

长三角G60科创走廊政府出台了一系列支持科技创新的政策，涵盖人才引进、科技成果转化、产业协同等多个方面，具体包括举办科创人才政策宣讲会，深化科创人才服务，解决科创人才引进、培育和融入中的问题和困难；推出"九城纳贤"项目，常态化面向高校和科创组织举办双推双选活动，吸引高精尖缺人才。因此，长三角G60科创走廊科技创新指数中将选取政府教育投入、科学技术支出、政府补贴等指标定量评估政府激励对于科技创新的作用。

长三角G60科创走廊政府出台一系列支持金融发展政策，打造金融产品矩阵，推出了包括G60科创贷、质量标准贷、并购贷、人才贷、专精特新贷、知识产权贷、绿色科技贷等13款专属金融产品，解决企业信息不对称和金融产品不适配等问题；成立长三角G60科创走廊金融服务联盟，并与上交所资本市场服务基地合作，构建了"七位一体"的金融服务体系，包括金融服务联盟、科技成果转化基金、综合金融服务平台等，旨在为科创企业提供全方位的金融服务。因此，长三角G60科创走廊金融发展指数中将采取金融集聚度等指标，定量评估区域金融资源协同效果。

第三节 长三角 G60 科创走廊科创金融发展评估指标池

一、数据来源

长三角 G60 科创走廊科创金融的发展聚焦金融资源的聚集和空间溢出，推动科创企业创新，提升区域产业结构的高端化。科学、客观地衡量长三角 G60 科创走廊科创金融发展水平，对于准确把握科创走廊发展现状，继续推进金融服务长三角高质量一体化发展，具有重要的现实意义。本课题根据长三角 G60 科创走廊九城市统计局数据监测要求确定总量和常规性指标，依据前沿文献和研究报告等测算特色指标，构建综合指标池。指标包括科技创新指数、金融发展指数和科创金融综合指数；在此基础上设计一级、二级等指标体系，最终形成长三角 G60 科创走廊科创金融发展评估综合指标池。

根据长三角 G60 科创走廊科创金融评价指标体系的数据来源类型，可以分为现有数据、测算数据和调研数据。现有数据主要通过官方公布的统计年鉴和公报获得，例如，各城市统计年鉴、各城市科技统计年鉴、各城市经济和社会发展统计公报等，还有部分数据由长三角 G60 科创走廊联席办、九城统计局等有关部门提供；测算数据是依据相关领域的权威学术期刊的指标计算方法等测算得到的数据；调研数据是通过问卷和座谈会等途径并结合专家评价法生成得到的数据。

二、指数体系框架

本研究根据《长江三角洲区域一体化发展规划纲要》的总体要求和指导思想，立足于综合指标池和数据，构建长三角 G60 科创走廊科创金融发展特色指数。科技创新发展指数从科技创新投入、科技创新产出、科技创新环境三个方面来构建，而金融发展指数从融资市场、风险防范、金融集聚、外资投资四个方面来构建。科创金融指数则包含科创金融政策、科创金融生态、科创金融市场三个维度进行测度。一级指标不仅包含统计部门公布的相关指标，而且突出长三角G60科创走廊"金融+科创+产业"的工作主线和战略特色。根据一级指标，分别设定二级指标，具体如表1-1所示。

表1-1 长三角G60科创走廊特色发展指数指标体系（部分指标）

子系统	一级索引	二级索引
科技创新发展指数	科技创新投入	R&D经费投入强度
		R&D人员投入力度
	科技创新产出	每万人有效发明专利数
		技术合同成交额占比
	科技创新环境	教育占财政比例
		高新技术企业数
金融发展指数	融资市场规模	银行资金规模
		股票市场占比
		债券融资规模
	风险防范能力	本外币存贷款金额之比
	金融集聚水平	金融集聚度
	外资开放程度	外资持股上市企业数
科创金融综合指数	科技创新政策	教育支出占财政比例
		科学技术占GDP的比例
		政府补贴占GDP的比例
	科技创新生态	R&D经费投入强度
		每万人有效发明专利数
		高新技术产业集中度
	科创金融市场	科创企业风险投资总额
		科创企业IPO总额
		外资持股上市企业数

三、指数计算方法

长三角 G60 科创走廊科创金融系列指数采用定性和定量指标相结合的综合评价方法，运用熵值法综合评价模型和专家评分法等方法对指数进行测算。熵值法是一种客观赋值法，根据每项指标观测值所提供的信息大小来确定指标权重。具体包括：（1）获得数据矩阵；（2）分别对所有指标进行无量纲和标准化处理（即异质指标同质化）；（3）对归一化后的指标进行非负化处理，同时计算每个维度下各指标的权重；（4）根据权重计算公式得到各指标权重后，进一步计算各指标的熵值及信息熵冗余度；（5）根据信息熵冗余计算各项指标的权重和各城市综合得分；（6）以维度指数为原始值和权重，计算得到综合评分，并根据各指标的重要作用差异，经过专家评分法对各指数权重进行优化。需要说明的是，本研究获得各年度分领域指数后，以 2016 年基期数值计算其余各年份指数。以此类推，得到各大目标指数 2017～2023 年的指数值。在计算各城市分领域发展指数时，以 2016 年九城市分领域评分均值为基期值，再用各城市各年度评分值除以基期值得到分指数值。

第二章　长三角 G60 科创走廊科技创新指数

第一节　科技创新发展的影响因素及评估研究

截至目前，长三角 G60 科创走廊已从一条高速公路名演变为长三角一体化国家战略的重要组成部分，犹如聚光带，带动上海松江、嘉兴、杭州、金华、苏州、湖州、宣城、芜湖、合肥九城加速融入长三角一体化发展矩阵，也点亮了区域协同创新科技攻关之路。这条科创走廊坚持科技创新和制度创新，不断进行资源要素的整合配置，以科技创新为原动力推动着产业链、供应链、资金链和人才链的加速融合，在科技创新上取得了一批重要成果（谢卫群，2023）。本研究从评价长三角 G60 科创走廊科技创新成效为出发点，开展区域科技创新发展影响因素及评估研究，进而构建长三角 G60 科创走廊科技创新指数，客观准确地全面评价长三角 G60 科创走廊科技发展成效。

一、区域科技创新影响因素

已有研究发现，区域科技创新的影响因素是多种多样的，但是从他们科技创新评价指标体系的设计上来看，基本上会选取创新投入、创新产出和创新环境等基本指标作为一级指标，然后再下设二级指标或三级指标（何晓柯，2024）。例如，由世界知识产权组织（WIPO）发布的《2023 年度全球创新指数》由创新投入和创新产出两类一级指标构成（Dutta 等，2023）。中国科学技术发展战略研究院（2025）发布的《国际创新指数报告2024》从创新资源、知识创造、企业创新、创新绩效和创新环境五个维度构建评价指标体系。李旭辉等（2023）从创新资源集聚、创新创造活力以及创新产出辐射三个层面设计了人工智能产业科技创新能力测度指标体系。刘志辉等（2024）针对知识创造与转化阶段和技术转化与传播阶段分别设计了科技创新投入指标和科技创新产出指标，据此开展区域科技创新效率的测度。

对于我国区域科技创新的二级影响因素指标，有不少文献也进行了具体分析。

（一）创新主体投入与能力

主要包括企业、高校和科研机构等创新主体。其中，企业是区域创新系统的核心主体之一，其创新投入强度和创新产出能力直接影响区域科技创新水平。创新型企业能够通过研发活动和技术应用，推动新技术的商业化和产业化，进而提升区域科技创新效率（毛茜等，2024）。而高等教育投入对区域科技创新效率具有显著支撑作用。高校作为知识生产、传播和高新技术发源地，其 R&D 人员全时当量比率、科技论文产出和发明专利授权成果等均与区域科技创新效率呈正向关系，为区域科技创新提供人力与智力支持（钟之阳和周欢，2018）。

（二）创新环境与政策支持

主要包括创新政策环境、创新平台与科技基础设施建设。政府的创新政策对于区域科技创新具有重要的引导和激励作用。完善的政策体系能够优化区域创新资源配置，激发各类创新主体的积极性和创造力。例如，政府通过制定税收优惠政策、设立科技专项资金、建立科技金融服务体系等措施，为科技创新提供良好的政策环境，促进创新资源的高效利用和科技成果的转化。政府通过推进科技企业孵化器、众创空间、产业技术创新联盟等创新平台的建设，为创新主体提供了资源共享、技术交流和协同创新的空间。此外，完善的科技基础设施，如科研仪器设备、公共技术服务平台等，能够提升区域科技创新的支撑能力，降低创新成本，提高创新效率（毛茜等，2024；赖一飞等，2021）。

（三）创新产出与转化效益

由于区域科技创新系统是一个开放性的系统，如果一个区域的科技创新成果得不到有效利用和转化，那么这种创新成果必然会向科技创新效率高的区域流动。所以科技创新产出，必然是衡量区域科技创新的关键指标（刘志辉等，2022）。而专利授权量则是反映地区科技创新成果最直接的一个指标（焦海霞，2019）。此外，技术市场交易合同作为衡量科技成果转化的一个重要指标也经常在文献中被使用（何晓柯，2024；刘志辉，2022；钟之阳和周欢，2018）。

此外，区域经济发展水平和产业结构（张冬燕等，2022）、产学研合作和区域协同创新（白俊红和蒋伏心，2015；赵滨元，2021）等因素也同样对区域科技创新产生重要的影响。

二、区域科技创新的评价方法

已有文献显示，可以用来评价长三角 G60 科创走廊科技创新的工具方法有多种多样。例如，曹贤忠等（2023）借助社会网络分析法、双重差分法和空间杜宾模型，验证了长三角科创走廊能够显著提升沿线城市的跨区域创新合作水平，并进一步探究发现科创走廊通过缓解融资约束、提升政府创新投入、提升数字金融水平等手段发挥其创新驱动作用。赵菁奇等（2022）则基于科技创新绩效的视角，构建科技创新投入产出指标，借助 DEA – Malmquist 指数分析法，测算了 G60 科创走廊的科创绩效。Yang 等（2023）在创新投入和创新产出的基础上，进一步增添了创新载体和创新环境等两个新的二级指标，并借助熵值法对省级科技创新水平进行了测算。

三、研究述评

本研究综合已有研究的指标体系，互相补充完善后分别从科技创新投入、科技创新产出及转化效益和科技创新生态环境三个方面构建长三角 G60 科创走廊科技创新指标池，再用熵值法测度科技创新发展指数，评估并分析长三角 G60 科创走廊九城科技创新发展。

第二节　科技创新发展指数的构建与总体分析

本研究以 2023 年长三角 G60 科创走廊九城统计数据为基础，分别从科技创新投入、科技创新产出、科技创新生态环境和科技创新转化效益四个方面构建指标体系，测度科技创新发展指数，评估并分析 2023 年度长三角 G60 科创走廊九城科技创新成效。

一、科技创新发展指数构建

（一）科技创新投入

研发投入是企业在开发新产品或服务、流程和技术等方面的资源投资，对企业创新绩效有着重要的影响，它包括研发资金投入和研发人员投入两个方面。本研究使用"R&D 经费投入强度"和"R&D 人员投入力度"两个指标衡量科技创新投入。

"R&D 经费投入强度"使用"R&D 经费投入/GDP"衡量，不仅反映地区对研发活动资金支持力度，也在很大程度上体现了经济转型升级进程和高质量发展的水平。"R&D 人员投入力度"则使用"规模以上工业企业 R&D 人员数量/就业人口"衡量，该指标反映科技人力资源投入情况，进而反映技术创新活跃程度。

（二）科技创新产出及转化效益

本研究分别用"每万人有效发明专利数"和"技术合同成交额占比"来衡量科技创新产出及其转化效益。发明专利是科技创新的直接产出品。发明专利数是实施创新驱动发展战略的风向标和晴雨表。它反映了一个国家或地区在知识产权创造、运用和保护方面的综合实力。"每万人有效发明专利数"使用"发明专利数/常住人口"具体计量。指标越高，说明该地区的科技创新能力越强。

技术市场是促进科技成果转化和产业化的重要渠道，在科技创新资源配置中发挥重要作用。技术合同成交额是指针对技术开发、技术转让、技术咨询和技术服务类合同的成交总额，是衡量科技成果转化的重要指标。技术合同成交额的攀升，不仅意味着技术交易活跃，对经济发展支撑作用大，还说明创新环境优化，技术转移体系初步成形，能够体现市场未来有较大潜力。本研究使用"技术合同成交额占比"衡量技术交易市场活跃情况，具体指标计算公式为"技术合同成交额/GDP"。该指标的含义是技术市场越活跃，则科技创新转化效益越好。

（三）科技创新生态环境

科技创新生态环境，可以通过创新产业的发展情况和政府教育投入等来衡量。一方面，创新产业的发展情况对科技创新有直接的推动作用。创新产业的发展需要依赖科技创新，同时也能为科技创新提供必要的资金、人才和市场支持。随着创新产业的不断发展，将会产生更多的科技创新需求和机会，推动科技创新的不断进步。地区创新产业发展情况可以使用该地区高新技术企业数直接衡量，具体指标采用高新技术企业数的自然对数计算。

另一方面，政府教育投入对科技创新具有重要的作用。教育投入可以提高国民的整体素质，培养更多的科技人才，为科技创新提供必要的人才基础。此外，教育投入还可以改善科研环境，提高科研设备的水平和数量，为科技创新提供更好的条件。因此，本研究使用教育占财政比例衡量政府教育投入力度，具体使用公式"一般公共预算支出（教育支出）/一般公共预算支出"计算得出。

二、科技创新指数总体分析

近年来，长三角G60科创走廊瞄准国际先进科创能力和产业体系，不断提高"含新量"。长三角G60科创走廊科技创新指数如图2-1所示。从科技创新总指数来看，长三角G60科创走廊科技创新发展势头持续强劲。科技创新指数由2016年的100.00（基期值）上升到2017年的113.05、2018年的134.08、2019年的142.69、2020年的161.38、2021年的182.56、2022年的204.68和2023年的237.34，指数逐年递增，体现出科技创新驱动效果显著，不断释放出创新驱动发展的原动力，推动长三角更高质量一体化发展。

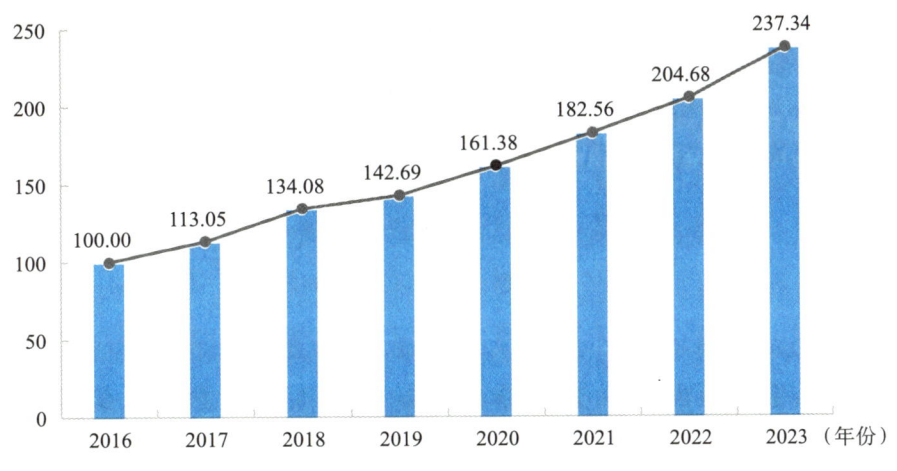

图2-1　长三角G60科创走廊科技创新指数

长三角G60科创走廊九城共建以来，实现了人流、物流、资金流、技术流、信息流等要素的有序自由流动，形成了长三角地区发展活力最大、开放程度最高、创新能力最强的城市群，有力地推动了上海国际科创中心建设和长三角一体化高质量发展。截至目前，九城高新技术企业数量占全国1/7，专精特新"小巨人"企业数量占全国11%，独角兽企业数量占全国 12%，科创板上市企业数量超全国 1/5，国家级孵化器占全国 13%，PCT 国际专利申请量占全国 10.1%。

第三节　九城科技创新指数分析与指标分析

一、九城科技创新指数分析

长三角 G60 科创走廊九城科技创新指数如表 2-1 和图 2-2 所示，分城市来看，长三角 G60 科创走廊九城均在科技创新方面进步明显，科技创新得分均呈单调增长态势。但可以看出，长三角 G60 科创走廊九城科技创新水平虽稳步提升，地区差异也十分显著。科技创新发展指数水平排前三的是上海松江、杭州和苏州。宣城在 2023 年科技创新发展指数增幅最高，达到 44.8%。杭州次之，为 26.2%。增幅最小的是芜湖，为 4.5%。金华总体发展指数较为落后。

表 2-1　　　　长三角 G60 科创走廊九城科技创新指数

城市	2016 年	2017 年	2018 年	2019 年	2020 年	2021 年	2022 年	2023 年
杭州	145.89	163.23	186.78	185.93	198.26	217.33	260.79	329.04
合肥	90.04	104.81	121.16	129.49	132.04	150.79	174.72	201.09
湖州	101.09	113.01	137.04	138.90	159.64	170.08	187.00	211.70
嘉兴	77.82	89.42	110.38	138.94	167.44	173.36	198.40	221.66
金华	61.44	67.64	77.01	88.40	114.21	108.23	115.84	133.35
上海松江	123.44	143.73	180.62	184.32	210.92	275.44	284.75	336.43
苏州	153.90	173.29	203.21	208.79	227.14	250.65	293.60	312.93
芜湖	98.13	113.59	133.44	143.77	160.29	187.43	207.60	216.93
宣城	48.24	48.73	57.08	65.71	82.45	109.71	119.39	172.93

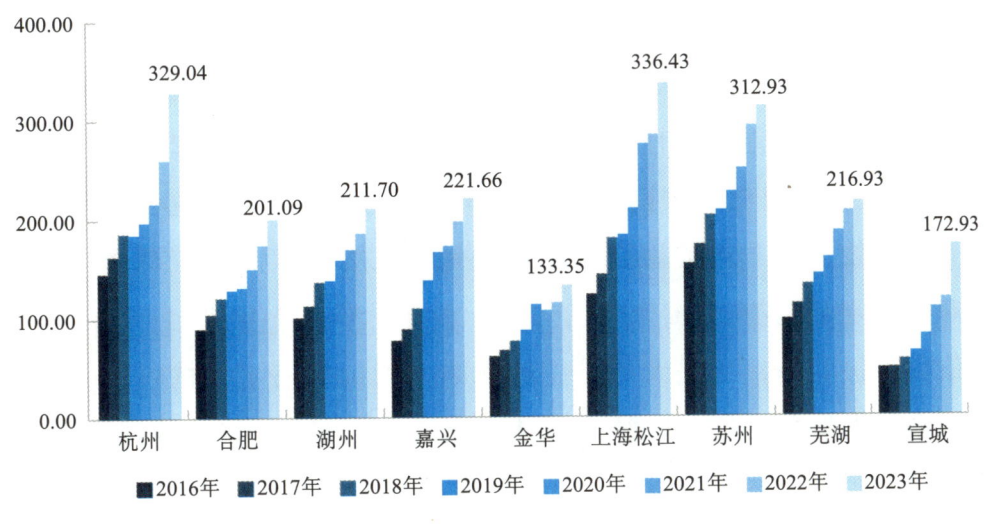

图 2-2 长三角 G60 科创走廊九城科技创新指数

（一）杭州科技创新指数分析

杭州 2020~2022 年科技创新指数分别为 198.26、217.33 和 260.79，均位列第三。2023 年，杭州的科技创新表现出强劲的增长势头，增长幅度达到了 26.2%，总指数突破了 300，达到 329.04，超越苏州来到第二名位置。杭州作为长三角地区重要的科技创新中心，依托雄厚的数字经济基础和优越的营商环境，持续深化创新驱动发展战略，2023 年在科技创新领域取得显著成效。全年 R&D 经费投入强度达 3.92%，国家高新技术企业突破 1.5 万家，技术交易额达 1589 亿元，同比增长近 50%。杭州以争创综合性国家科学中心和科技成果转移转化首选地为目标，构建"1+2+18+N"新型实验室体系，布局国家实验室、大科学装置及全国重点实验室等平台，其中极弱磁大科学装置创新生态圈成为零磁医学、量子信息等领域的重要策源地。

在成果转化方面，杭州建成 30 家概念验证中心，技术合同登记点实现区县全覆盖，并通过杭转中心发布国内首个成果转化大模型。政策支持上，杭州市科技局实施"创新深化"工程，出台多条创新举措，全年惠企资金达 11 亿元，支持人工智能、生物医药等未来产业发展。杭州连续四年获浙江省"科技创新鼎",国家创新型城市创新能力跃居全国第 5 位,全球创新指数科技集群排名稳居全球第 14 位。此外,智能物联、高端装备等五大产业生态圈加速形成,其拥有规上企业 4231 家,实现营收 18282 亿元、利润总额 1408 亿元,成功助推杭州产业提质攀高、迭代发展。这一系列成效彰显杭州在科技创新与产业融合中的引领地位,为打造具有全球影响力的创新策源地奠定坚实基础。

值得一提的是,在强大的科技创新能力持续支持下,杭州的人工智能产业迎来了爆发式增长。根据《2024 年浙江省人工智能产业发展报告》,杭州人工智能企业数量达 569 家,利润总额占全浙江省超 70%,覆盖基础层、技术层到应用层的完整产业链,并培育出以深度求索(DeepSeek)、宇树科技为代表的"杭州六小龙"等创新标杆企业。这些企业和其产品受到了世界范围内的广泛关注。政策支持方面,杭州连续十年保持战略定力,自 2014 年确立数字经济核心地位后,陆续推出"算力券"制度、组建"1+N"公共算力网络等措施,使企业单位算力成本下降 40%,2024 年财政补助总额超 6000 万元,支持多模态大模型等 16 个重点项目。此外,杭州市计划到 2025 年组建规模突破 1000 亿元的人工智能产业基金,并培育 2 个国际一流基础大模型及 25 个以上行业应用大模型。产业生态方面,杭州依托浙江大学、之江实验室等科研机构,以及海康威视、阿里云等龙头企业,构建"学研用"深度耦合机制,技术商业化周期缩短至 9 个月,效率较传统模式提升 3 倍。算力基础设施方面,杭州人工智能计算中心三期扩容后总算力规模将达 240P,目前已服务企业和组织机构 160 余家,并通过"算力券"每年补贴 2.5 亿元,降低企业研发成本。应用场景方面,杭州遵循"需求牵引—技术迭代—市场扩展"的实践逻辑,在智能安防、智慧环保、智能制造、智慧养老等领域开放试验场景,推动技术迭代与市场扩展。截至 2025 年上半年,杭州已成为全国人工智能产业发展的标杆城市。

(二)上海松江科技创新指数分析

2023 年,上海松江科技创新成效持续领跑,科技创新指数达到新高,为336.43,排名九城第一。科技创新指数年增长率为18.15%,增长势头强劲。从资源投入角度来看,上海松江自2016年以来在经费和人员投入方面一直都远高于九城平均水平,如图2-3、图2-4所示。这不仅与上海松江科技创新的高产出相关,也反映了上海松江的科技创新环境优势,即:松江区政府对科技创新的大力支持。这为上海松江科技创新指数领先于其他城市打下了坚实的基础。

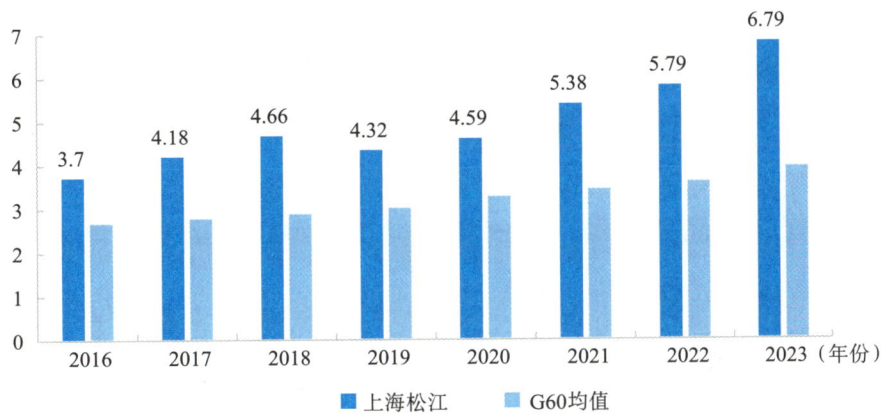

图2-3 上海松江与九城R&D投入强度均值对比

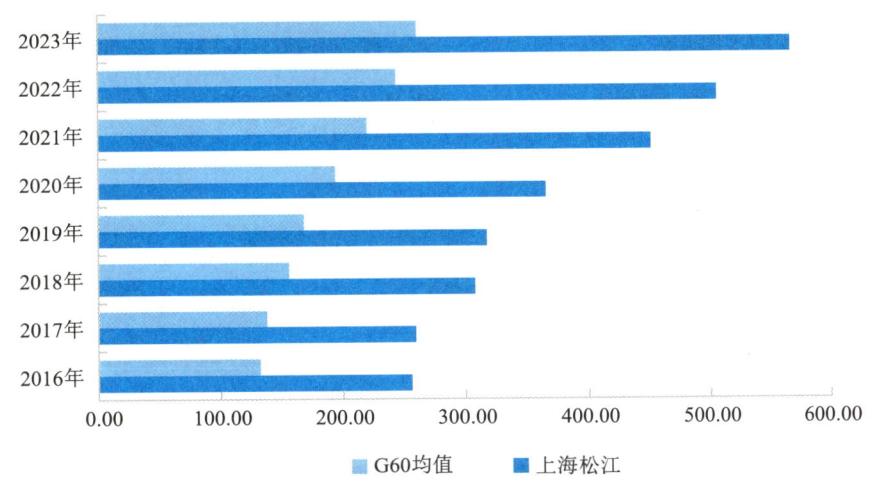

图2-4 上海松江与九城R&D人员投入力度均值对比

在长三角G60科创走廊的战略引领下,松江进一步强化创新策源功能,战略性新兴产业产值占规模以上工业总产值比重达58.4%,卫星互联网、

AI大模型等新兴产业积蓄动能。2023年，上海松江高新技术企业申报总数1001家，位列全市第三；全区有效期内高新技术企业总数达2650家，位列全市第三。14家科技企业获2023年度上海市科技小巨人（含培育）工程立项，当年新增数位列全市第三。认定上海市高新技术成果转化项目99项，位列全市第二。

松江以制度创新突破要素瓶颈，2023年推动"工业上楼"实践，首批35个"智造空间"项目总投资196亿元，盘活土地资源并建成长三角地区首个卫星制造"灯塔工厂"，设计年产能达300颗卫星。2023年，松江区共新增2家国家级智能制造示范工厂、6家企业的15个国家级智能制造优秀场景、1家市级标杆性智能工厂、25家市级智能工厂、28家区级智能工厂、53个区级智能制造优秀场景，国家级智能工厂和优秀场景获评企业数总和全市第一，国家级优秀场景入选数位居全市第一。目前，全区已建立了完备的"国家级—市级—区级"智能工厂三级梯度培育体系，示范引领作用不断加强。

2024年以来，上海松江持续深化科技创新布局，推动产业能级跃升。在智能制造领域，2024年新增10家企业入选上海市先进智能工厂名单，入选数量居全市前列。截至2025年1月，上海松江已拥有国家级智能工厂4家、智能制造优秀场景达18个，市级智能工厂35家，区级智能工厂94家，以及区级智能制造优秀场景114个，构建智能工厂梯度培育体系。2024年，"工业上楼"实践进一步拓展，多鲜烘焙食品智能化总部基地项目进入建设关键期，通过立体化布局实现土地集约利用，预计投产后将形成日产30万份鲜食的智能化供应链，推动高端制造业产能密度提升。

在创新生态构建上，2024年新增区级专精特新中小企业90家，国家级和市级"小巨人"企业阵营持续扩容，累计国家级专精特新"小巨人"达71家，市级专精特新企业1056家，其中36%的企业在细分市场占有率居全国前列。2025年，"G60星链"计划取得突破性进展，三批组网卫星成功升空入轨，为商业航天产业链提供核心支撑。

（三）苏州科技创新指数分析

苏州的科技创新指数排名虽然从2022年的第一名下降到了2023年的第三名。但其总指数也突破了300，从2022年的293.60增长到了2023年的312.93。

2023年，在推进高质量发展方面，苏州创新驱动发展取得显著成效，增长韧性和发展活力进一步彰显，可持续发展能力进一步提升，在全国的位次排名亮眼。全社会研发投入达到1055亿元；高新技术企业超过1.57万家，国家专精特新"小巨人"企业突破400家，均位居全国第四；科创板上市企业55家，位居全国第三；全球"灯塔工厂"增至7家、国家级科技企业孵化器达到76家、国家科技型中小企业达到2.5万家，均位居全国第一；先进制造业和现代服务业"两业融合"经验在全国推广。

2023年，在科技创新动能方面，苏州新增科创项目超1万个；成功获批5家全国重点实验室；全年新增国家级、省级企业技术中心、研发机构470多家；累计培育建设创新联合体120个，形成攻关任务600余项；入选中国独角兽企业17家、潜在独角兽企业75家，分别位居全国第六和第三；全市有效发明专利授权量超2.45万件、增长20%；全年技术合同成交额突破1000亿元。

2023年，在产业发展活力方面，苏州生物医药在首批国家战略性新兴产业集群考评中获得优秀，先进材料入选首批省级战略性新兴产业融合集群试点示范，电子氟材料、多肽类生物药入选国家级中小企业特色产业集群；获评国家"数字领航"企业3家，新增国家级智能制造示范工厂3个、智能制造优秀场景11个，创成首个本土国家级工业互联网"双跨"平台；培育建设首批22家数字经济特色产业园区，建成全省首个区块链测评中心，国家级互联网骨干直联点通过评审。

2024～2025年，苏州持续深化科技创新布局，以"八大工程"与"五大行动"为核心，推动科技与产业深度融合。2024年，苏州出台《苏州市实施"八大工程"全面提升科技创新能力的若干政策》，通过科技战略平台能级提升、产业技术攻坚突破等举措强化创新支撑。政策明确对独角兽培育企业提供五年累计最高1000万元支持，对关键核心技术攻关项目资助达1000万元，创新药物研发项目最高支持3000万元，并设立最高2亿元的全国重点实验室建设资金，加速高能级载体布局。苏州工业园区聚焦人工智能领域，发布《人工智能大模型创新发展行动计划》，推动4个大模型通过国家生成式AI服务备案，占全江苏省半数，并启动具身智能产业园建设，计划打造全国技术策源地。

2025年，苏州提出"五大行动"进一步锚定全球科创新高地目标，围绕企业能级提升、关键技术攻关、人才引育等方向发力。科技企业领航行动力争有效高新技术企业超1.85万家，规上工业企业研发机构覆盖率超90%；关键技术攻关突破行动聚焦"1030产业"，项目化推进100项技术攻关，解决"卡脖子"技术瓶颈，支持龙头企业牵头实施"揭榜挂帅"重大攻关项目20项左右；创新平台赋能行动推动苏州实验室等重大载体建设，力争累计建成省级及以上重点实验室20家、联合创新中心300家；人才引领行动计划新增姑苏领军人才350人左右，发布"苏州青年科学家"30人；生态优化行动则目标技术合同成交额力争达1150亿元，并通过"科创指数贷"覆盖超1.7万家中小科技企业。与此同时，2025年，苏州全社会研发投入占GDP比重预计从2024年的4.15%提升至4.2%，高新技术产业产值占规上工业总产值比重目标55%，持续巩固其全国科技创新第四城（地级市首位）的地位。

（四）九城其他城市科技创新指数分析

2023年，浙江省的嘉兴、湖州、金华三市科技创新指数分别为221.66、211.70和133.35，三市均有明显上升。近年来，依托长三角G60科创走廊架起的桥梁，浙江省四位"选手"以"全球数字科创引领区、区域一体化创新示范区、长三角产业科创中心、科技体制改革先行区"为发展目标，以科创为引擎闯出了一条符合自身规律的高质量发展之路。

其他城市在科技创新方面的表现也十分亮眼，科技创新发展指数呈现出跨越式增长态势。以安徽省的合肥、芜湖和宣城为例，2023年三市科技创新指数与2022年相比，分别高出26.37、9.33和53.54，增长幅度显著。近年来，安徽省主攻技术创新，构建强链补链延链重大科技攻关体系，引导全社会加大研发投入，打好关键核心技术攻坚战，不断发挥科技支撑民生作用，实现了更多关键核心技术自主可控；强化产业创新，把科技成果转化应用作为科技经济融合的关键环节，搭建科技成果转化平台，强化企业创新主体地位，打造产业发展集群高地，实现了更多产业依靠创新驱动发展；深化制度创新，完成首轮全创改试验，扎实推进国家新一轮全创改，深入推进放权赋能改革，大力推动科技金融融合，实现了创新创业生态持续优化。

二、科技创新指数构成指标分析

（一）科技创新投入指标分析

在科技创新指数的指标构成中，科技创新投入、科技创新产出、科技创新生态环境和技术创新转化效益四个方面的贡献度有所不同。基础研究是科技进步的先导和技术创新的源泉，也是产业创新发展的后盾。本研究主要从R&D经费投入强度和R&D人员投入力度两个方面考察科技创新投入。

长三角G60科创走廊科技创新投入情况如图2-5所示。科技创新投入方面，2016~2023年九城R&D经费投入强度均值和R&D人员投入力度均值呈上升趋势，前者从2016年的2.66%上升到2023年的3.92%，后者从2016年的131.91上升至2023年的260.31，总增幅分别达到47.4%和97.3%。

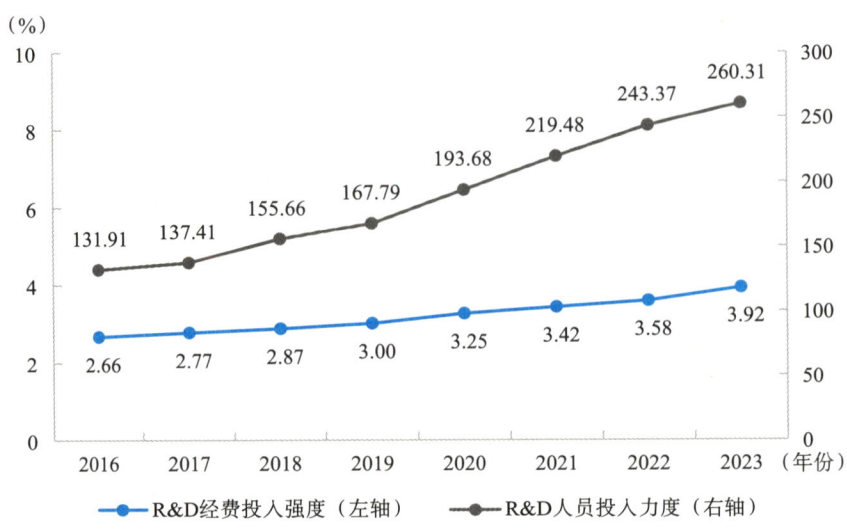

图 2-5 长三角 G60 科创走廊科技创新投入情况

提升企业研发投入是推动企业创新的重要实现路径。长三角 G60 科创走廊着力构建以政府投入为引导、企业投入为主体、金融机构为支撑、社会资本为补充的多元科技投入机制，提升企业创新投入强度。一是加大对企业创新的财税支持政策。推动研发费用加计扣除、高新技术企业税收优惠、科技创业孵化载体税收优惠、技术交易税收优惠等普惠性政策"应享尽享"；对企业创新进行分环节分阶段补贴，重点加大初创环节补贴力度，培育扶持一批具有创新前景和商业潜力的科技企业。二是畅通创新企业融资渠道。深化与金融机构等合作，发挥创业板、科创板、新三板支持创新的功能作用，形成银行信贷、专题债券、股票市场协同支持企业创新的金融手段，促进各类资金向创新活动配置。三是建立金融支持科技创新体系常态化工作协调机制。鼓励各类天使投资、风险投资基金支持企业创新创业，引导创投企业投早、投小、投硬科技；用好用足科技创新再贷款等政策工具，发挥好各类金融机构的支持作用。

（二）科技创新产出及转化效益指标分析

科技创新产出及转化方面，长三角 G60 科创走廊科技创新产出情况如图 2-6 所示，每万人有效发明专利数和技术合同成交额占比是两个重要指标。图中显示，这两个指标的变化趋势基本一致，均呈现出递增态势。其中，长三角G60科创走廊每万人有效发明专利数均值从2016年的20.80件增长至2017年的25.29件、2018年的30.90件、2019年的36.21件、2020年的42.71件、2021年的47.00件、2022年的54.59件和2023年的63.51件，实现大幅度提升；技术合同成交额占比从2016年的1.39%增长至2017年的1.55%、2018年的2.02%和2019年的3.02%，2020年略有下降，可能的原因是受到疫情的影响。然而，疫情之后在2021年又迅速回升到4.62%，2022年略微下降至4.47%，可能的原因是受到上半年疫情封控的影响。2023年，技术合同成交额迎来了爆发式增长，直接上升至10.5%，年增长率达134.90%。专利申请与授权方面，2023年长三角G60科创走廊专利授权数排名前三位地区为杭州、苏州和上海松江，每万人拥有发明专利数分别为123.9件、100.9件和86.2件。

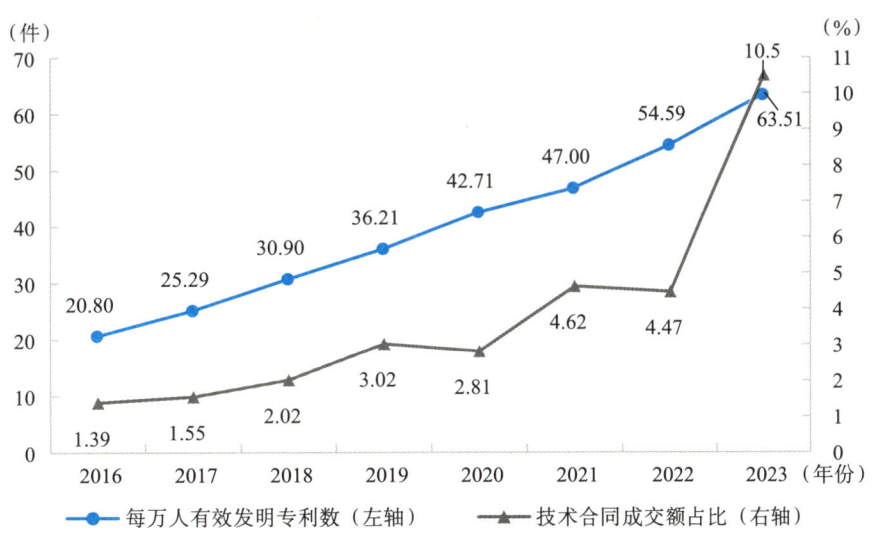

图2-6 长三角G60科创走廊科技创新产出情况

（三）科技创新生态环境

科技创新生态环境方面，长三角G60科创走廊九城科技创新生态环境如图2-7所示，高新技术企业数和教育占财政比例是两个重要指标。可以看到，九城高新技术企业数逐渐递增，从2016年的平均1198家到2023年的 5998 家，增长幅度明显。近年来，长三角 G60 科创走廊聚焦战略性新兴产业和专精特新中小企业，联动九城市头部企业、院所机构、经营主体等，建立了"1+7+N"产业联盟体系。截至 2023 年 9 月，已经成立 16 个产业联盟，成员单位 2455 家，出台相关发展指导意见，实施汽车零部件、生物医药、智能物流装备等细分行业产业链高质量发展专项行动。据统计，长三角 G60 产业（园区）联盟近年来自主开展的产业合作、要素对接明显增加，主动融入产业链合作的积极性显著提升。

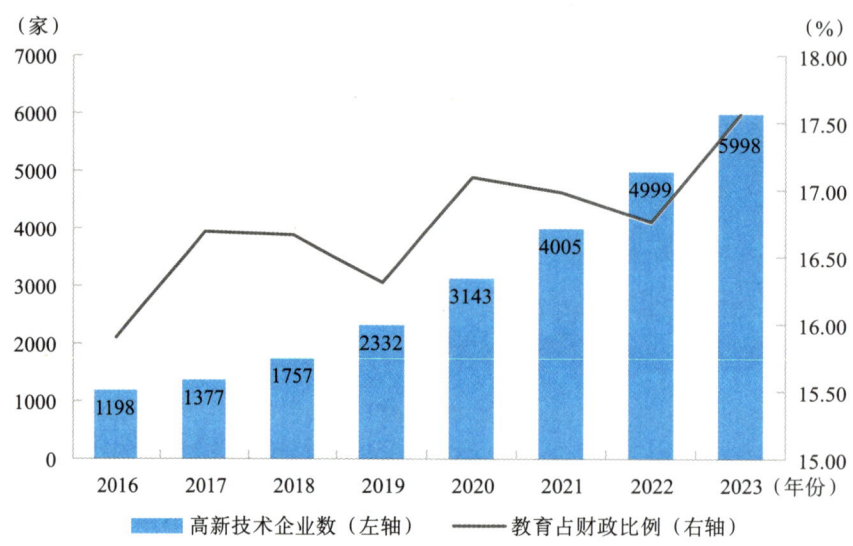

图 2-7　长三角 G60 科创走廊九城科技创新生态环境

另外，2016～2023 年，长三角 G60 科创走廊九城教育占财政支出比例均值从 15.90% 上升到 17.56%，尽管中间偶有下降，但总体依然呈上升趋势，说明长三角 G60 科创走廊九城创新生态环境良好。

第四节　长三角 G60 科创走廊科技创新发展成效评价

九城共建以来，长三角 G60 科创走廊紧扣"一体化"和"高质量"两个关键词，坚持科技创新和制度创新双轮驱动，持续加大创新力度，着力推动产业链、供应链、资金链、人才链加速融合，资源要素配置能力、服务辐射带动能力显著增强，在科技和产业创新上取得了一批重要成果。2018年以来，长三角G60科创走廊九城区研发投入强度从2.87%提升至3.92%，战略性新兴产业增加值占GDP比重从11.5%上升至15%，高新技术企业数占全国比重从1/12提升至1/7，PCT国际专利申请数量增长163.4%。长三角G60科创走廊沿线形成了长三角地区发展活力最大、开放程度最高、创新能力最强的城市集群，成为推动长三角一体化高质量发展的重要引擎。

一、科创企业数量增长，科技项目质量提升

截至2023年，长三角G60科创走廊九城市集聚全国1/8的高新技术企业、1/5的科创板上市企业，专精特新"小巨人"企业增长近3倍。以松江为例，其研发投入强度达6.79%，其中91.4%的研发投入来自市场主体，形成以企业为主导的创新格局。聚焦生物医药、人工智能、量子通信等领域，长三角G60科创走廊共建高能级创新平台，涌现出克隆猴、嵌合体猴、大硅片、光刻胶、G60星座、新型航空发动机等重大原始创新成果。九城市联合承接国家重大科技任务，如智能网联汽车道路建设完成79公里，建成国内首个跨省域高新技术产业开发区（涵盖青浦、吴江、嘉善）。此外，腾讯科恩实验室、优图实验室等顶尖研发机构落户松江，进一步强化技术策源能力。

二、跨越行政区划，区域协同创新机制不断完善

为破解行政壁垒，长三角G60科创走廊成立九城市联席会议及专责小组，推动跨区域协同治理。通过"1+7+N"产业联盟体系（如智能驾驶、集成电路联盟），九城市共享科技资源，降低企业研发成本，提升全球竞争力。例如，截至2022年8月，G60大飞机供应商储备库吸纳近千家企业，完成工业材料领域25家企业、70种产品供应对接，为大飞机装机设备领域

输送的合格及潜在供应商增长30%，实现了九城市在大飞机特殊工艺材料领域"从0到1""从1到N"的突破。

制度创新方面，长三角科技资源共享服务平台已整合区域内27个科研设施、4.6万余台大型科学仪器，服务机构超3100家。长三角科技创新券在上海、浙江全域及江苏、安徽部分区域互通，惠及企业超4600家，降低跨区域研发成本。

三、构建多元投入机制，科技创新投入持续加大

2016~2023年九城R&D经费投入强度均值和R&D人员投入力度均值呈上升趋势，前者从2016年的2.66%上升到2023年的3.92%，后者从2016年的131.91上升至2023年的260.31，总增幅分别达到47.4%和97.3%。长三角G60科创走廊着力构建以政府投入为引导、企业投入为主体、金融机构为支撑、社会资本为补充的多元科技投入机制，提升企业创新投入强度。

四、科技创新产出显著，专利和技术合同成交额显著提高

2016~2023年，长三角G60科创走廊每万人有效发明专利数均值从20.80件增长至63.51件，技术合同成交额占比从2016年的1.39%增长至2023年的10.5%。专利申请与授权方面，2023年长三角G60科创走廊专利授权数排名前三位地区为杭州、苏州和上海松江，每万人拥有发明专利数分别为123.9件、100.9件和86.2件。

五、加强科创环境建设，构建开放共享、共建共生的科创生态

长三角G60科创走廊通过市场化机制推动要素高效配置。首支跨区域科技成果转化基金"长三角G60科创走廊科技成果转化基金"规模达100亿元，覆盖集成电路、新材料、智能制造、生物医药和高端装备等行业，截至2023年10月已建立600家拟投企业项目库。同时，完善长三角科技创

新共同体联合攻关机制，首批 15 个项目实现技术突破，第二批 28 个项目加速推进。

在人才引育方面，九城市联合发布人才政策，成立高端人才猎聘联盟，并推动校企联合培养模式。例如，与东华大学共建东华大学卓越工程师学院，充分发挥政产学研协同，推动工程类研究生人才培养和科技创新。截至 2022 年已集聚各类高层次人才、专业技术人才超 1190 万人，其中，国家级人才超 1000 人，省级以上人才超 4200 人。2023 年，G60 科创走廊"高被引科学家"达 134 人次，占全国比重 8.89%。2018～2023 年，累计人才流动数超 46 万人，在生物医药、人工智能等领域人才流动尤其活跃，为区域间技术、知识与信息交互提供了坚实支撑，长三角 G60 科创走廊正以强劲的人才动力迈向更高质量的发展新征程。

区域协同效应下，九城市 GDP 总量占全国比重从 1/16 升至 1/15，科创板上市企业数超全国 1/5，进出口总额占全国比重超 1/8。同时，生态治理成效显著，2023 年 PM2.5 平均浓度连续四年达标，国考断面水质优良率达 93.4%。

总体而言，长三角 G60 科创走廊以"科创+产业+金融+人才"为抓手，推动科技创新与制度创新双轮驱动，探索出区域协同发展的新路径，为全国城市集群高质量发展提供了示范样板。

第三章 长三角 G60 科创走廊金融发展指数

第一节 金融发展的影响因素及评估研究

长三角 G60 科创走廊通过构建多元化的金融服务生态，为科技创新提供了全方位的支持，主要体现在以下几个方面：其一，提供全生命周期金融服务。长三角 G60 科创走廊构建了债权、股权、基金等联动的金融服务生态，为科创企业提供全牌照、全产业链、全生命周期的金融服务。这种服务模式能够满足企业在不同发展阶段的资金需求，为科技创新提供了持续的资金支持。其二，缓解融资约束，降低创新风险。金融创新为科技企业提供了多样化的融资渠道，如知识产权质押融资、科技人才贷等。这些金融工具不仅缓解了科技企业的融资约束，还通过政府补贴、风险分担等方式降低了创新风险。其三，促进科技与金融的深度融合。长三角 G60 科创走廊推动金融机构与科技创新企业开展合作，共同开发创新性金融产品和服务。同时，金融科技的应用也提升了金融服务效率，为科技创新提供了更广阔的发展空间。其四，推动金融集聚和区域协同创新。长三角 G60 科创走廊推动金融集聚打造跨区域产业协同创新中心、科创云要素对接平台等载体，促进了区域内科技资源的共享与协同。这种协同机制不仅优化了资源配置，还加速了科技成果的转化和应用。长三角 G60 科创走廊金融发展受到多种因素影响，主要包括以下几个方面。

第一，政策环境。区域协同政策的完善有助于打破行政壁垒，促进金融要素自由流动，进一步优化金融资源配置，提升金融服务效率（李倩，2025）。长三角一体化发展国家战略为长三角G60科创走廊金融发展提供了历史机遇和政策红利。《长江三角洲区域一体化发展规划纲要》明确提出，要"打造G60科创走廊，建设具有全球影响力的科技创新高地"。长三角G60科创走廊九城市政府高度重视金融发展，出台了一系列政策措施。上海市出台《关于加快推进上海金融科技中心建设的指导意见》，支持金融机构在G60科创走廊开展金融科技试点。金融监管政策的变化对区域金融发展具有重要影响（谢璐华等，2025），例如，央行等监管部门出台的关于支持科技创新、发展绿色金融等政策，为长三角G60科创走廊金融发展提供了有利条件。

第二，经济发展水平。经济的高速增长会带动企业和居民对金融服务的多样化需求，从而刺激金融创新，推动金融市场的繁荣发展（丁煜莹和高志刚，2024）。长三角G60科创走廊九城市经济总量和增速位居全国前列，为金融发展提供了良好的经济基础。2023年，长三角G60科创走廊九城市GDP总量超过8万亿元，占全国比重超过6.4%。产业结构优化升级，高新技术产业和战略性新兴产业快速发展，为金融发展提供了丰富的应用场景和市场需求（胡海青等，2025）。上海张江科学城、杭州未来科技城等科技创新高地，集聚了众多高新技术企业。长三角G60科创走廊对外开放程度较高，为金融发展提供了广阔的国际视野和合作空间。上海自贸试验区、浙江自贸试验区等对外开放平台，为长三角G60科创走廊金融发展提供了有力支撑。

第三，科技创新能力。科技创新与金融发展存在双向促进关系，科技创新催生新的金融需求，而金融的有效支持又能加速科技创新成果的转化和应用（欧阳日辉和李晓壮，2024；邹克等，2024）。长三角G60科创走廊研发投入强度较高，为金融发展提供了强大的科技创新动力（孙瑞东和陈柳，2024）。2023年，长三角G60科创走廊九城市研发经费支出占GDP比重将近4%。长三角G60科创走廊集聚了众多高校、科研院所和高新技术企业，创新主体活力强劲，为金融发展提供了丰富的创新资源。上海交通大学、浙江大学等高校，以及阿里巴巴、华为等企业，为长三角G60科创走廊金融发展提供了强大的智力支持。长三角G60科创走廊科技成果转化效率较高，为金融发展提供了广阔的市场空间。上海技术交易所、浙江科技大市场等科技成果转化平台，为长三角G60科创走廊金融发展提供了有力支撑。

第四，金融生态环境。良好的金融生态环境能够降低金融交易成本，提高金融资源配置效率，增强金融体系的稳定性和抗风险能力，从而促进金融的可持续发展（齐美东和张硕，2022；宫汝凯，2023）。长三角G60科创走廊金融机构集聚度较高，为金融发展提供了良好的组织保障。上海陆家嘴金融城、杭州钱塘江金融港湾等金融集聚区，为长三角G60科创走廊金融发展提供了强大的机构支持。长三角G60科创走廊金融市场活跃度较高，为金融发展提供了良好的市场环境。上海证券交易所、上海期货交易所等金融市场，为长三角G60科创走廊金融发展提供了强大的市场支持。长三角G60科创走廊金融人才储备丰富，为金融发展提供了强大的人才保障。上海财经大学、浙江大学等高校，为长三角G60科创走廊金融发展提供了强大的人才支持。

为了科学评估长三角G60科创走廊金融发展成效，需要构建科学的评估指标体系，并采用定量和定性相结合的方法进行评估。本研究从融资市场规模、风险防范能力、金融集聚水平和外资投资程度四个方面对长三角G60科创走廊金融发展指数进行评估，主要基于以下考虑：

首先，融资市场是金融体系的核心功能之一，其发展水平直接关系到金融资源的配置效率和实体经济的融资可得性。长三角G60科创走廊作为科技创新高地，科技型企业对融资需求旺盛，因此，评估融资市场发展水平，特别是科技型企业融资的便利性和可获得性是衡量长三角G60科创走廊金融发展成效的重要指标。其次，金融风险防范是金融体系稳健运行的重要保障。长三角 G60 科创走廊金融发展需要坚持风险可控的原则，建立健全风险防范机制，有效防范和化解金融风险。评估风险防范水平可以反映长三角 G60 科创走廊金融体系的稳定性和可持续性。再次，金融集聚是金融资源空间配置的重要特征，有利于提高金融效率、降低交易成本、促进金融创新。长三角 G60 科创走廊需要打造具有国际竞争力的金融集聚区，吸引各类金融机构和金融人才集聚，形成良好的金融生态圈。评估金融集聚水平可以反映长三角 G60 科创走廊金融资源的集聚程度和金融生态的完善程度。最后，外资投资是金融开放的重要体现，有利于引进国外先进技术和管理经验，促进国内金融市场发展。长三角 G60 科创走廊需要积极吸引外资投资，提升金融开放水平，打造国际化金融平台。评估外资投资水平可以反映长三角 G60 科创走廊金融开放程度和国际影响力。

综上所述，从融资市场、风险防范、金融集聚和外资投资四个方面评估长三角 G60 科创走廊金融发展指数，能够全面、客观地反映长三角 G60 科创走廊金融发展的整体水平、结构特征和发展趋势，为长三角 G60 科创走廊金融高质量发展提供科学依据和政策参考。

第二节 金融发展指数构建与总体分析

一、金融发展指数构建

金融发展指数的评估需要综合考虑多个维度，以全面反映金融体系对科技创新的支持能力。此背景下，本研究分别从融资市场、风险防范、金融集聚和外资投资四个方面构建长三角 G60 科创走廊金融发展指标池，再用熵值法测度金融发展指数，评估并分析长三角 G60 科创走廊九城金融发展。

首先，融资市场指标评估包含银行资金规模、股票市场占比和债券融资规模三个子指标。银行资金规模用长三角G60科创走廊九城市年末金融机构各项存贷款余额与江浙沪皖地区年末金融机构各项存贷款余额之比表示；股票市场占比用长三角G60科创走廊九城市上市公司总市值与该城市GDP之比度量；债券融资规模用长三角G60科创走廊九城市债券发行总额与该城市GDP之比度量。这些指标反映了长三角G60科创走廊金融机构对科技创新和创业项目的资金支持程度，以及区域内投融资活动活跃程度。

其次，风险防范指标评估包含金融风险防范能力子指标。金融风险防范是金融工作的重要组成部分，是确保金融体系稳健运行、支持实体经济高质量发展的关键环节。习近平总书记强调，要"坚持把防控风险作为金融工作的永恒主题"，着力防范化解金融风险特别是系统性风险。在长三角G60科创走廊的金融发展中，金融风险防范能力的提升对于保障区域金融稳定、推动科技创新具有重要意义。本研究中金融风险防范能力以本外币存贷款余额之比度量（佟孟华等，2022；隋建利等，2024）。

再次，金融集聚为长三角G60科创走廊企业提供了丰富的融资渠道和金融服务，促进企业的发展和创新，从而推动区域经济增长。同时，金融产业本身也是现代经济的重要组成部分，金融发展能够直接带动长三角G60科创走廊相关产业的发展，增加就业机会。金融集聚能够提高金融资源的配置效率，使资金流向最有潜力和效益的企业和项目，促进长三角G60科创走廊产业结构的优化升级。金融集聚可以吸引更多的高端要素集聚，提升长三角G60科创走廊的创新能力和综合实力，增强长三角G60科创走廊的竞争力。因此，本研究借鉴庄毓敏和储青青（2021）的方法选取金融业增加值和人口数的区位熵指数计算衡量金融集聚程度。

最后，本研究使用外资持股上市企业数度量长三角G60科创走廊九城市外资投资程度。较高的外资持股上市企业数通常意味着资本市场对境外投资者的开放程度较高，政策环境较为友好，能够吸引更多的国际资金进入。较多的外资持股上市企业数说明该市场对国际投资者具有较强的吸引力。国际投资者在选择投资目标时,会综合考虑市场的稳定性、成长性、投资回报率等多种因素。外资的进入丰富了市场的投资主体,不同国家和地区的投资者具有不同的投资理念、投资策略和风险偏好,这有助于促进市场投资风格的多元化,提高市场的流动性和活跃度,增强市场的稳定性和抗风险能力。因此,本研究采用外资持股上市企业数这个指标反映长三角G60科创走廊九城市市场开放程度、资金流动趋势、企业国际化水平等。

二、金融发展指数总体分析

本研究根据熵值法和专家评价法对于长三角G60科创走廊金融发展指数进行了评估,测评结果具体如图3-1所示。长三角G60科创走廊的金融发展指数在2016~2018年略有下降,从100.00降至98.45。然而,从2019年开始,指数逐渐回升,并在2020年达到102.56。此后,金融发展指数持续增长,到2023年达到了106.55,整体呈现先下降后上升,在波动中上升的态势,显示出该地区金融发展的强劲势头。

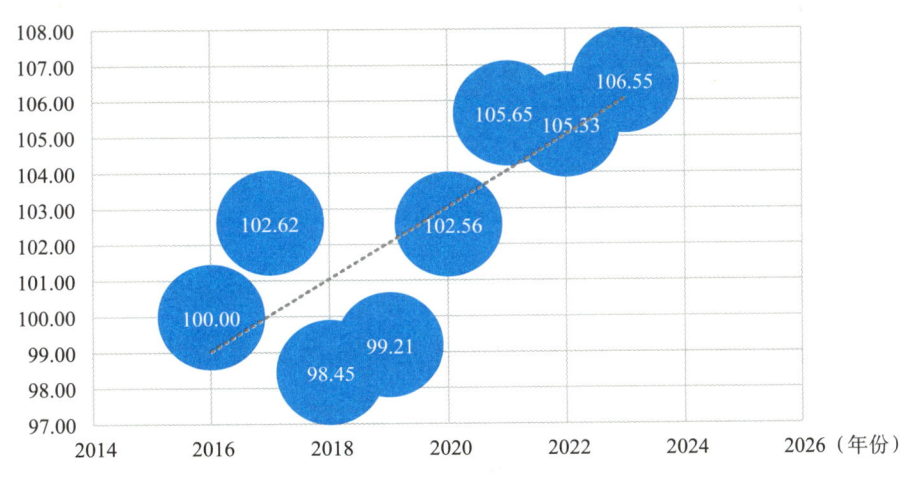

图3-1 长三角G60科创走廊金融发展指数

2016~2018年金融发展指数下降,可能是因为在长三角G60科创走廊建设初期,虽然有政策规划等推动,但金融集聚和发展的效应尚未充分显现,金融资源的整合、金融服务体系的构建等还在逐步完善过程中,一些配套设施和政策的落地需要时间，导致短期内金融发展指数有所下滑。

2019~2021年金融发展指数回升，这与长三角G60科创走廊在这一阶段的积极建设和发展密切相关。随着区域内金融生态环境不断优化，如构建"六位一体"金融服务生态，上交所资本市场服务长三角G60科创走廊基地实体化运作等举措，吸引了更多金融机构和资源集聚，金融服务实体经济尤其是科创企业的能力不断提升，推动了金融发展指数的上升。

2022~2023年指数有一定波动但整体仍在增长。2022年受新冠疫情等外部因素影响，经济和金融环境面临挑战，但长三角G60科创走廊凭借自身的韧性和前期积累的发展基础，依然保持了金融发展的增长态势。在疫情后经济金融恢复过程后，2023年继续恢复增长，说明随着经济全面复苏和长三角G60科创走廊金融改革创新的持续推进，金融发展保持了良好的上升趋势。

第三节　九城金融发展指数及指标分析

一、九城金融发展指数分析

2016~2023年，长三角G60科创走廊九城市的金融发展指数整体呈现波动上升的趋势，长三角G60科创走廊九城金融发展指数如图3-2所示，显示出长三角G60科创走廊在金融发展方面的整体进步。其中，头部城市优势明显，杭州、苏州、上海松江的金融发展指数整体较高，杭州长期处于领先地位（2016~2023年均值约0.77），体现了其作为长三角重要金融中心的地位。梯队分化明显，合肥、嘉兴、芜湖等城市指数居中，而湖州、金华、宣城等城市指数长期偏低（均低于0.3），反映出区域金融资源分布不均衡，这些城市在金融发展方面还有较大的提升空间。部分城市（如上海松江、杭州）呈现"先降后升"的波动性增长，可能与政策调整和产业结构优化相关；合肥、芜湖等城市指数波动较大，可能与经济转型期资源调配有关。

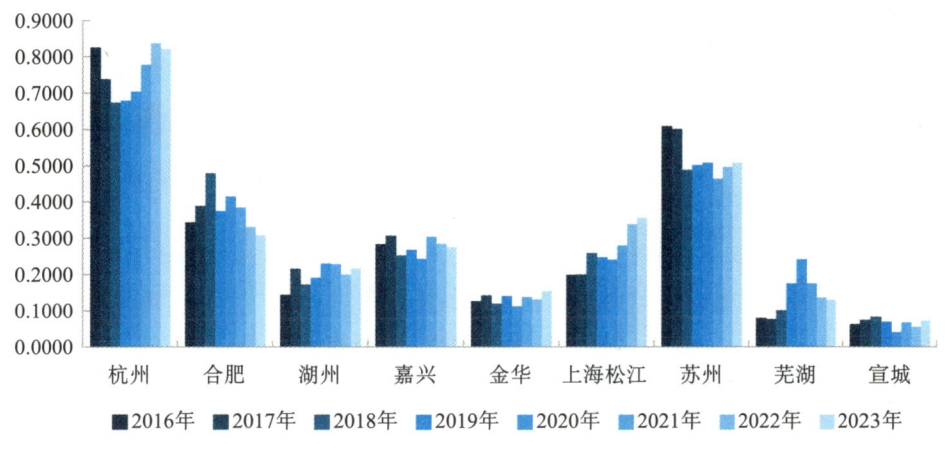

图 3-2 长三角 G60 科创走廊九城金融发展指数

为了进一步分析主要城市的金融发展趋势，我们对主要城市数据进行了分析。从杭州 2016～2023 年的城市指数趋势，可见杭州金融发展指数稳居首位，韧性较强，杭州金融发展指数如图 3-3 所示。2016 年指数为 0.8259，2023 年为 0.8222，其间虽在 2017～2018 年有所下滑（最低至 0.6744），但后期迅速回升至 0.8 以上。前期下降可能是在金融发展转型或调整阶段，后续回升得益于杭州作为区域重要经济中心，数字经济发达，对金融服务需求旺盛，吸引众多金融机构布局，金融科技发展也推动了金融创新与发展。

杭州在金融发展方面展现出强势的政策优势，其积极建设科创金融改革试验区，探索科创金融标准体系，实施"融资畅通工程"升级版，引导金融机构推广应用"浙科贷""人才贷"等金融产品创新，提升科创企业融资可得性。截至 2023 年 12 月末，科技服务业贷款增速达到 14%。杭州灵活运用科创票据、双创专项债务融资工具等产品，支持符合条件的科创企业发债融资，2023 年科创票据累计发行 8 单，总计 92 亿元。杭州还通过金融

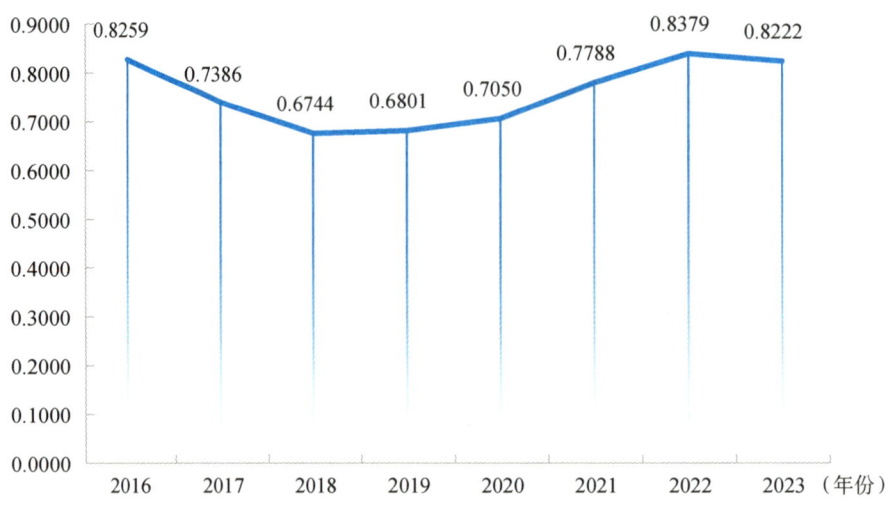

图 3-3 杭州金融发展指数

综合服务平台帮助众多企业撮合融资，设立科创担保中心助力科创企业。同时，杭州着力打造现代金融创新高地，支持金融机构增强资本实力，设立"3+N"杭州基金集群服务人才创业与中小企业创新，如科创基金侧重初创期企业投资。2025 年 1 月底，三大基金累计投资杭州初创期企业 977 个（家次）。此外，杭州推进金融数字化改革，建设数智化区域金融运行体系，深化数字人民币应用试点，优化金融生态环境，加强金融人才队伍建设，提升社会信用环境，强化金融风险防控，以一系列创新举措和政策支持，推动金融发展驶入快车道，为经济高质量发展注入强劲金融动力。

上海松江属于后发崛起，增速最快，如图 3-4 所示。具体表现为金融发展指数从 2016 年的 0.1996 持续攀升至 2023 年的 0.3568，增长近 80%，尤其是 2020 年后加速上升。上海松江作为长三角 G60 科创走廊策源地，凭借上海的金融辐射优势，在政策支持和产业带动下，金融发展不断加速，吸引金融机构和资源集聚。上海松江以科技创新为核心，大力引进各类创新创业服务机构，完善科技中介、专业服务及技术服务体系，创新科创金融服务体系，发挥政府创业投资引导基金的作用，吸引天使投资、风险投资等，构建"创业投资+债权融资+上市融资"多层次服务架构。同时，上海松江积极打造长三角 G60 科创走廊策源地金融集聚区，出台相关实施办法,每年安排专项资金支持金融服务企业和机构集聚,对新引进的证券、信托等金融企业给予开办费补贴、办公用房补贴,对金融企业高管人员给予奖励等。此外,上海松江还着力推动产融深度融合发展,鼓励企业上市融资、挂牌,并给予相应奖励,如对在上海、深圳、香港证券交易所上市的企业给予 500 万元奖励,对科创板上市企业额外奖励 100 万元,同时简化拟上市企业开具合规函的办理流程,提高服务效率。

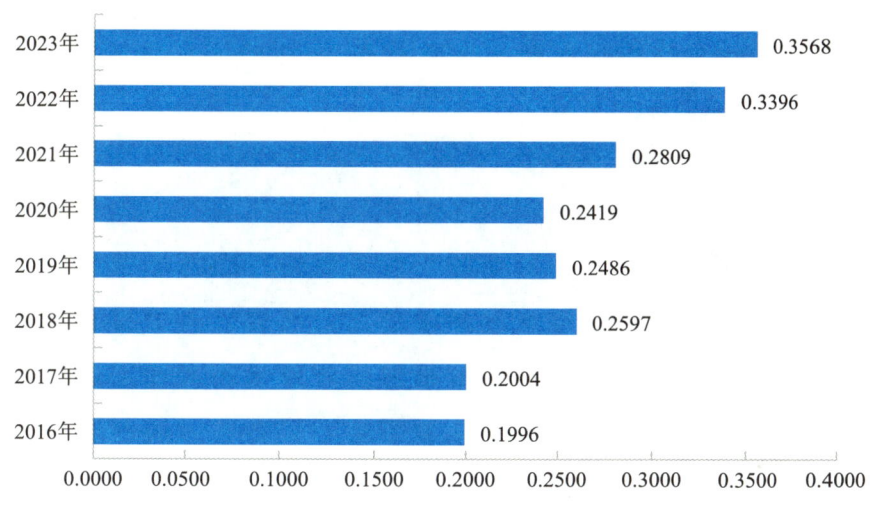

图 3-4 上海松江金融发展指数

在金融服务实体经济方面,上海松江发挥财政资金杠杆作用,撬动社会金融服务,落实央行金融支持政策,推动"投拨结合""投贷联动"模式,优化融资担保服务机制,持续推进金融创新产品推广。2024 年,区发改委、区国投集团联合承办投贷联动项目推介活动,发布 2024 版松江区金融产品手册,收录 40 家金融机构的 100 个特色金融产品和融资方案,为科创企业融资提供支持。区内银行开发科创贷、科企贷等产品,助力高新技术企业发展。此外,松江还举办政策性金融机构青年走进松江新城活动,通过政策宣讲、圆桌论坛等形式,为企业提供金融政策解读和融资渠道拓宽支持。

苏州金融发展指数如图 3-5 所示,该指数在 2016~2018 年下降,之后逐渐回升,到 2023 年为 0.5095。苏州的金融发展受益于其在制造业和外向型经济方面的优势，金融发展指数的波动反映了这些领域的周期性变化。苏州经济发达，制造业基础雄厚，但在金融发展过程中可能面临产业转型压力，金融服务实体经济的模式需要不断创新和调整，导致金融发展指数有所波动。苏州早期依赖制造业和外资经济，传统金融体系对科技创新的适配性不足，导致中期指数下滑。近年通过发展科技银行、供应链金融和苏州工业园区金融创新，逐步修复金融生态。

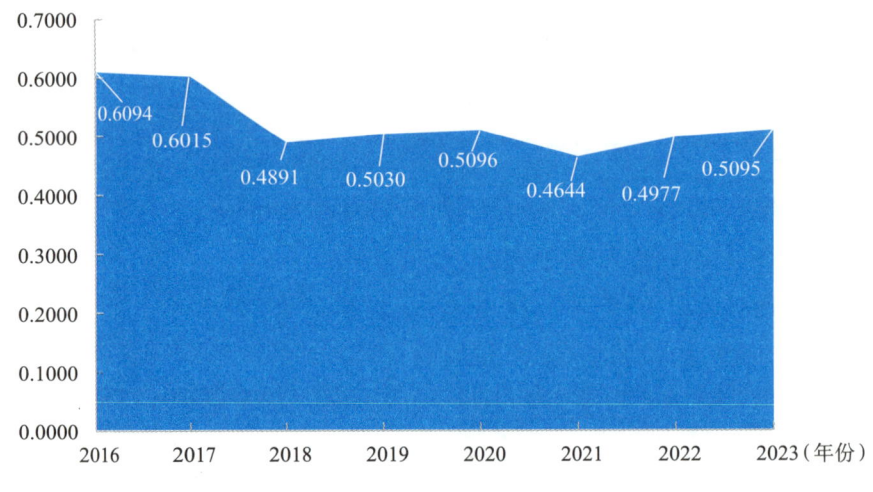

图3-5 苏州金融发展指数

2023年后，苏州在金融发展方面表现突出，苏州金融业增加值显著增长，信贷规模持续扩大，通过"苏融通"品牌建设，综合金融服务体系不断完善，为企业提供了大量资金支持。同时，苏州积极出台政策推动金融机构集聚和业务创新，吸引众多金融机构入驻，给予新引进银行分行以上地区总部200万元开办补贴，鼓励设立功能性、区域性业务总部等。在数字金融领域，苏州推动金融机构数字化转型，数字人民币试点工作成果显著，核心指标领跑全国。科创金融方面，苏州构建服务机制，完善服务体系，推出多款特色金融产品，深化知识产权金融服务，推动科技保险服务模式创新。2025年，苏州进一步加大科创金融支持力度，对新设金融机构总部给予高额一次性支持，支持设立科技支行、科技保险子公司等，创新养老金融业态。这些举措使苏州金融发展更具活力与竞争力，形成了独特的政策优势和发展模式。

二、金融发展指数构成指标分析

图3-6展示了长三角G60科创走廊九城市2016~2023年银行资金规模、股票市场占比和债券融资规模的演变情况。银行资金规模从2016年的3.14万亿元逐步增长到2020年的3.16万亿元，之后略有波动，到2023年降至3.13万亿元。整体来看，银行资金规模在这八年间保持相对稳定，略有小幅增长，显示出银行信贷对长三角G60科创走廊经济发展的持续支持。长三角G60科创走廊九城市作为中国经济最发达的区域之一，银行资金规模的稳定增长反映了银行对区域内企业和项目的信心。银行信贷在支持长三角G60科创走廊的基础设施建设、产业升级和科技创新方面发挥了重要作用。

图3-6 长三角G60科创走廊九城银行资金规模、股票市场占比和债券融资规模

股票市场占比在2016年为0.73，2017年上升至0.81。随着科创板的设立和注册制的推广，更多科技型企业通过股票市场获得融资，推动了区域内的科技创新和产业升级。值得注意的是，2022年度因股市整体回调，长三角G60科创走廊九城上市公司股价集体走弱，之后有所波动，2023年降至0.74。这一指标反映了长三角G60科创走廊企业在资本市场上的活跃程度以及直接融资的利用情况。股票市场占比的波动与长三角G60科创走廊

企业的上市活动和资本市场环境的变化有关。

债券融资规模从2016年的0.18逐步上升至2023年的0.25，显示出债券市场在长三角G60科创走廊融资中的重要性逐渐增加。债券融资规模的稳步增长与长三角G60科创走廊企业债券发行条件的改善以及市场对债券投资需求的增加有关。2023年的再次增长表明债券市场依然是企业融资的重要途径，且随着长三角G60科创走廊金融市场的发展，债券融资的规模和活跃度有望进一步提升。

图3-7反映了2016~2023年长三角G60科创走廊九城市金融风险防范能力和金融集聚度的变化趋势。金融风险防范能力从2016年的1.288开始，整体呈现下降趋势，到2023年降至1.102。这一指标的下降表明随着金融活动的增加和复杂性的提升，九城市在金融风险防范方面面临更多挑战。整体下降可能与多种因素有关。一方面，随着长三角G60科创走廊的发展，金融业务规模和复杂性不断增加，新的金融风险类型可能不断出现，如金融科技带来的技术风险、创新业务带来的合规风险等，对原有的风险防范体系造成挑战。另一方面，2016~2023年可能受到宏观经济环境变化、金融市场波动等外部因素影响，使得区域内金融机构在风险识别、评估和应对上难度加大。此外，随着金融集聚度在前期的上升，金融机构之间的关联性增强，风险的传染性也可能增加，进一步降低了整体的风险防范能力。为了应对这些风险，九城市需要加强金融监管，完善风险预警和应急处置机制，提高金融体系的稳健性。

金融集聚度从2016年的0.786开始，2018年达到最高点0.798，之后有所波动，到2023年降至0.763。金融集聚度的波动可能反映了区域内金融资源配置和金融机构集中程度的变化。随着长三角一体化的推进，金融资源可能会向更具竞争力和创新能力的城市或区域集中，从而影响金融集聚度的变化。2016~2018年上升，原因是长三角G60科创走廊在这一时期大力推进建设，出台了一系列吸引金融资源集聚的政策，如税收优惠、产业扶持等，同时区域内产业发展迅速，对金融服务的需求增加，吸引了更

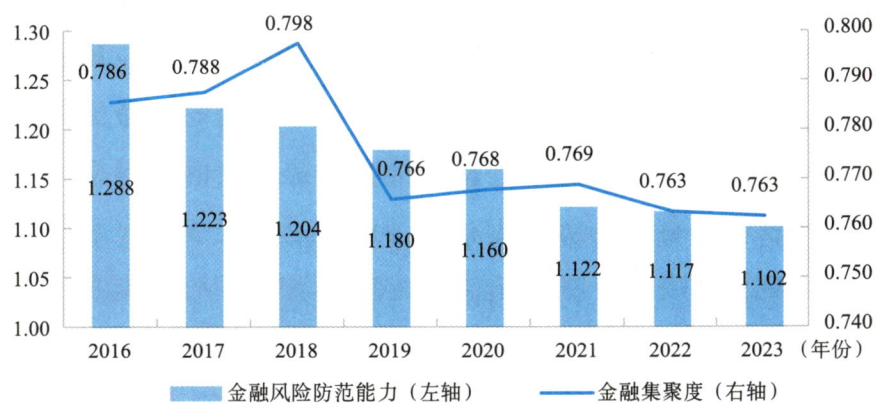

图 3-7　长三角 G60 科创走廊九城金融风险防范能力和金融集聚度

多金融机构入驻。2018 年后下降的主要原因是随着金融集聚的发展，长三角 G60 科创走廊区域内金融市场竞争加剧，部分金融机构由于市场饱和、经营压力等因素选择调整布局或业务收缩。此外，宏观经济形势的变化以及金融监管政策的调整对金融机构的集聚意愿和能力产生影响，导致金融集聚度有所下降。

第四节　长三角 G60 科创走廊金融发展成效评价

长三角 G60 科创走廊作为长三角一体化发展的重要引擎，其金融发展成效显著，主要体现在以下三个方面。

一、金融服务实体经济能力显著增强，科技创新与金融资本深度融合

根据前述指数分析显示，近年来长三角 G60 科创走廊金融发展总体向好，虽然其间有所波动，但 2022 年疫情结束后仍保持较快的发展势头，这主要得益于长三角 G60 科创走廊金融政策支持力度大，引导金融机构精准

滴灌科创企业。九城市政府联合出台了一系列政策，例如《关于金融支持长三角G60科创走廊高质量发展的指导意见》，明确了金融支持科技创新的重点领域和方向，引导金融机构加大对科技创新企业的支持力度。各地政府根据自身产业特点和资源优势，出台了更具针对性的政策措施。上海推出"科创企业上市培育库"，为拟上市企业提供全方位服务；苏州设立"信保基金"，为科技型中小企业提供融资担保。各级政府设立专项资金，通过风险补偿、贷款贴息等方式，引导社会资本投向科技创新领域。例如，浙江省设立100亿元规模的"凤凰行动"基金，支持企业上市和并购重组。

长三角G60科创走廊金融产品和服务创新活跃，满足科创企业多元化融资需求。金融机构推出"科创贷""人才贷""知识产权质押贷"等特色信贷产品，满足科创企业不同发展阶段的融资需求。上海银行推出"G60科创贷"，为走廊内科技型企业提供专属信贷产品，累计发放贷款超过500亿元。多层次资本市场服务体系逐步完善，科创板、创业板、新三板等多层次资本市场为科创企业提供了多元化的融资渠道。截至2023年6月末，长三角G60科创走廊已有超过100家企业在科创板上市，募集资金总额超过1000亿元。股权投资市场蓬勃发展，各类股权投资机构积极参与长三角G60科创走廊建设，为科创企业提供股权融资支持。例如，苏州工业园区设立"苗圃基金"，重点支持早期科技型企业发展，已培育出多家独角兽企业。

长三角G60科创走廊在金融政策引导下，金融机构积极创新产品和服务，有效缓解了科技型企业融资难、融资贵问题，促进了科技创新与金融资本的深度融合，为长三角G60科创走廊高质量发展提供了强有力的金融支撑。

二、金融科技应用水平不断提升，数字化赋能金融生态圈建设

从金融机构存贷款余额占比来看，长三角G60科创走廊金融风险防范能力整体下降，体现了随着金融活动的增加和复杂性的提升，九城市在金

融风险防范方面面临更多挑战。为此，长三角 G60 科创走廊持续优化金融科技政策环境，为发展金融科技进一步防范金融风险营造良好氛围。各地政府积极出台支持政策，上海市出台《关于加快推进上海金融科技中心建设的指导意见》，支持金融机构在长三角 G60 科创走廊开展金融科技试点。金融科技监管沙盒机制不断完善，为金融科技创新提供安全可控的测试环境，促进金融科技健康发展。长三角 G60 科创走廊金融科技应用场景不断丰富，提升金融服务效率和用户体验。大数据、人工智能等技术应用广泛，金融机构利用大数据、人工智能等技术，开发智能风控、智能投顾等产品，提升服务效率和风险防控能力。京东科技在苏州设立金融科技研发中心，开发智能风控、智能投顾等产品，服务走廊内金融机构和企业。长三角 G60 科创走廊区块链技术应用取得突破。区块链技术在供应链金融、跨境支付等领域得到应用，提高了交易效率和安全性。蚂蚁集团在杭州设立蚂蚁链总部，利用区块链技术为 G60 科创走廊企业提供供应链金融、跨境支付等服务。

长三角 G60 科创走廊金融科技的应用，提升了金融服务的便捷性和可获得性，降低了交易成本，优化了金融生态圈，为长三角 G60 科创走廊打造国际一流的金融科技中心奠定了基础。

三、区域金融合作持续深化，一体化发展格局加速形成

数据显示，长三角 G60 科创走廊金融集聚现象逐渐减弱，尤其在 2021 年之后逐年下降，2023 年达到 0.763，这体现了区域金融合作的明显趋势，金融资源呈现跨区域协作布局。长三角 G60 科创走廊跨区域金融协作机制不断完善，促进金融资源优化配置。长三角 G60 科创走廊建立常态化合作机制，九城市政府签署了《长三角 G60 科创走廊金融合作框架协议》，推动建立跨区域金融协作机制，在信息共享、风险防控、人才培养等方面开展深度合作。长三角 G60 科创走廊共建共享金融基础设施，长三角资本市场服务基地在合肥成立，为走廊内企业提供上市辅导、融资对接等服务。长

三角 G60 科创走廊金融市场互联互通水平不断提升，促进要素自由流动。通过推动信贷资产跨区域流转，上海票据交易所推出"长三角一体化票据交易平台"，促进票据市场互联互通。加强支付结算领域合作，推动移动支付在长三角 G60 科创走廊的广泛应用，提升支付便利化水平。

长三角 G60 科创走廊金融发展成效显著，在服务实体经济、应用金融科技、深化区域合作等方面取得了积极进展。未来，应继续加强政策引导，深化金融改革创新，推动长三角 G60 科创走廊金融发展再上新台阶，为长三角一体化发展做出更大贡献。

第四章 长三角 G60 科创走廊科创金融综合指数

第一节 科创金融的影响因素及评估研究

科创金融是在相应金融制度下利用多种金融工具、金融服务支持科技创新，助力科技研发、成果转化及产业化发展的新模式。相较于覆盖科技产业发展金融需求的科技金融，科创金融更聚焦科技创新突破的深层金融赋能，更体现国家战略导向与前沿技术攻坚属性。科技金融位于中央金融工作会议提出的金融"五篇大文章"首位，各级政府、各类金融机构也在加速推进相关工作，为我国科创金融和科技创新发展营造了有利的政策环境和氛围。关于科技金融和科创金融相关研究已经成为学术界的热点问题，主要涉及以下三方面主题。

一、相关概念及影响因素研究

科创金融的本质在于搭建科技与金融之间的桥梁，实现创新与资本的深度融合。我国于 20 世纪 80 年代初推出政策性科技贷款模式，1985 年开始推出科技贷款和财政贷款贴息，1993 年中国科技金融促进会会议正式提出了"科技金融"一词。1997 年和 2003 年发行捆绑式国家高新区企业债券，1999 年开展风险投资业务。2006 年自主创新战略的出台极大带动了科技金融工具的快速发展，科技金融的政策体系、工作机制和研究体系逐渐形成。赵昌文等（2009）、房汉庭（2010）指出，科技金融是促进科技研发和产业发展的金融工具、制度、政策与服务的系统性安排。科技金融通过财政投入、商业银行、金融市场与企业内部等多种渠道引导资金积聚于科创领域。刘继兵（2014）、姚永玲等（2015）等运用各种实证方法验证了科技金融对科技创新的积极影响。

之后为了加快经济发展新旧动能转换，有效实施创新驱动发展战略，科技部等五部门于2011年和2016年先后分两批推进"促进科技和金融结合试点"政策，提供透明高效的营商环境、建立多元化的融资渠道、建设培育转化推广科技成果的服务平台。2021年10月，《国家科技成果转化引导基金管理暂行办法》时隔11年首次进行重大修改。2021年11月15日北京证券交易所揭牌开市，确立了服务科技创新型中小企业的市场定位。政策市场多措并举，进一步完善科创金融体系建设。越来越多的研究也进一步厘清了科技金融的内涵与重要性，杨涛（2023）从供给侧解读了科技金融的概念，认为科技金融是指提供科技金融服务的各类主体和服务形式。孙永康（2024）、靳春平和史康琪（2025）强调科技金融是指金融机构为科技型企业的全生命周期提供的包括结算、融资、投资顾问、风险管理等在内的一揽子金融产品与服务。陈收等（2024）则认为建设金融强国的背景下，科技金融通过一系列制度、政策安排，引导金融资源向创新部门倾斜与配置、提高全要素生产率，对实体经济发展具有重要意义。科创金融是科技创新与金融的融合发展，涵盖一系列支持技术创新和产业升级的金融工具，核心是通过金融工具支持科创型企业发展促进科技创新，促进科技与产业的良性循环，推动经济高质量增长（朱靖宇和刘标，2025）。我国科创金融的发展已经有数十年的历程，从萌芽阶段的政策引导科技金融发展，到起步阶段的信贷市场、财政投入、资本市场等多头并进，再到高质量发展阶段呈现的市场化、社会资本驱动的特征（蒋远胜等，2024），我国科创金融进入了新的联动发展阶段。

国外学者虽然没有单独提出科技金融的概念，但是较早关注了金融发展与科技进步之间的关系，指出金融发展与科技进步之间互相影响的重要关系。熊彼特认为信贷是现代工业体系建立的基础，Perez（2002）、Berge（2003）指出技术创新有助于提高金融体系效率，带来可观的资本回报。而金融支持也是科技创新的重要推动力。Schinckus（2008）指出计算机技术普及极大推动了金融业发展。Levine 和 Michalopoulos（2014）认为相对于金融发展水平与经济增长的关系，金融创新与技术创新之间的交互关系更为重要。

二、科创金融的评估方法研究

合理评估科创金融发展水平是科创金融量化研究的起点。目前，中国人民银行、国家统计局等部门尚未出台能够监测科技金融发展水平的综合指标体系，且未提供详细的省级层面的统计数据，学术界关于科创金融发展的评估方法涉及相关试点政策评估与综合评价体系构建两类。

一是将"促进科技和金融结合试点"作为一项准自然实验进行政策评估。不同学者从不同层面测度了"促进科技和金融结合试点"政策的实施效果。在城市创新层面，郑石明等（2020）、邹克等（2022）、孟蠍和高鸿怡（2023）、李晓龙和张琼月（2025）证明了试点政策对地区科技创新的促进作用，作用机制包括分散创新风险、提升金融效率、增加财政投入、优化资源配置、引导产业集聚等，并证明了试点政策对省内其他城市科技创新的溢出效应。在企业创新层面，康艳玲等（2023）、任曙明和王梦娜（2024）、姜中裕和吴福象（2024）等认为试点政策通过提高信号传递强度、加大财政支持、优化金融产品供给等强化了对企业科技创新的激励效应。

二是建立科创金融的综合评估体系。已有文献主要从科技金融环境、科技金融业务等层面选择指标构建评估体系，不同文章视角各有侧重。科技金融环境一般包括资源环境、经费投入、产出环境、支撑环境等。黄德春等（2013）从金融支撑和外部环境两大维度构建科技金融发展指数，具体包括孵化器数量、累计孵化企业、科技信贷力度、创业风险投资强度、累计风险投资金额等指标。张玉喜和张倩（2018）考虑了包括政府机构、科技创新企业、科技贷款机构等在内的生态群落子系统和包含经济发展水平、金融发展水平、对外开放程度和信息通信水平四维度的支撑环境子系统。邹克和周益赞（2024）从外部环境视角构建科技金融发展综合指数，具体指标包括人均财政科技支出、财政科技支出强度、人均R&D经费政府资金等公共科技金融指标，以及人均R&D企业资金、人均技术升级经费、人均高新技术产业投资、风险投资强度等。吴云勇和孟昕儒（2024）基于金融生态理念，将金融服务供给主体、中介服务机构、金融环境等视为科技金融服务体系，从微观主体子系统和金融环境子系统两个维度构建科技金融评价指标体系。傅亚平和王振（2025）从宏观环境视角下的科技金融投入、产出和环境三个维度构建评估综合体系。科技金融业务涉及财政支持、信贷、风投、证券市场等不同业务内容。

还有部分评估体系考虑了多种融资方式，例如，杨建辉等（2020）考虑了科技产出、投融资体系和支撑体系等维度，选取了技术市场成交指数、私募股权和创业风险投资强度、创业板交易活跃程度、新三板支持力度、科技人力资源指标、R&D投入强度等18个指标。林瑶鹏等（2022）考虑了证券市场公司信用类债券发行额占比、保险机构期缴保险费总收入占比、私募投资总额、R&D经费支出等结构指标，以及地区环境、发展效率等共30个指标。胡海青等（2024）通过熵值法确定指标权重，构建了科技金融发展水平的测度体系，包括政府科技拨款、企业研发投入和金融科技贷款三个维度。邹克等（2025）从公共科技金融与市场科技金融的维度，选取科技金融政策力度、孵化基金总数、风险投资金融及次数、科技支行数量、科技贷款金额、科技资本发展等28个指标的综合评价体系。除此之外，Wang和Huang（2007）、王韧和李志伟（2022）等基于投入产出思想运用DEA等方法对科技金融发展水平进行了测度。

三、科创金融的经济效应研究

近年来,科创金融发展带来的经济效应受到多方关注,相关研究涉及科创金融对实体经济的影响、科创金融对新质生产力的影响、科创金融对企业发展的影响等。

(一) 科创金融对实体经济的影响效应

各国学者对金融发展影响实体经济的效应持有不同观点。一方面,持有促进观点的研究认为,金融通过内部传导和促进创新两条路径助力实体经济发展。Goldsmith(1969)指出金融发展和经济增长之间具有一致的趋势走向。Chou(2007)认为金融创新可以通过提升资本积累促进实体经济增长;Barattieri 等(2020)发现银行与实体经济的紧密关系有助于提升 GDP 增长率。具体到科创金融的经济促进效应,Levine(1993)通过建立内生增长模型发现金融通过科技创新促进了经济增长;陈亚男和包慧娜(2017)、龙海明等(2021)、张驰和王满仓(2023)等发现科技金融对产业结构高级化和合理化具有促进效应,进而助力实现产业结构升级。刘应元和阳天伦(2021)、刘立军和刘义臣(2022)等发现科技金融有助于降低生产过程中的能源消耗和污染排放,进而促进高质量发展转型。汪淑娟和谷慎(2021)验证了科技金融对高质量发展的促进效应,且认为对创新发展的促进作用最强。邹克和周益赞(2024)、吕岩威和李禹陶(2024)等则指出科技金融通过经济规模、科技创新、产业优化与生态改善等路径显著促进高质量发展。

另一方面,诸多学者认为金融发展不存在显著的经济促进效应(Deidda 和 Fattouh,2002),Rousseau 和 Wachtel(2011)发现金融深化到一定程度后对经济增长的促进作用会消失。张焕明(2021)通过实证研究发现金融发展与经济增长之间的非线性关系,认为随着金融发展程度的提升,金融发展对经济增长的促进作用会变弱,超过一定阈值后甚至会不利于经济增长。张志明（2018）认为经济过度金融化会产生经济"脱实向虚"问题。胡春阳等（2023）发现金融市场与实体经济存在双向风险溢出效应。胡欢欢等（2021）、何国华和沈露（2022）揭示科技金融经济效应的区域差异，经济基础薄弱地区的政策效果相对有限。

（二）科创金融对新质生产力的影响效应

新质生产力是由技术革命性突破、生产要素创新性配置、产业深度转型升级催生的先进生产力质态。以科技创新为驱动力是新质生产力的核心特征，依托内涵式发展路径实现质效跃升。发展新质生产力是推动高质量转型的必然要求，更是建设中国式现代化强国的战略支点。科创金融在这一过程中通过优化资源配置与风险管理发挥关键赋能作用。

学术界围绕金融支持与新质生产力的互动关系展开了多维探讨。何青等（2024）通过对三次工业革命史的深入研究揭示了金融体系、经济增长与生产力跃迁的协同演化规律，强调需在提升金融服务效能与完善风险监管间实现动态平衡。胡海青等（2024）表明科技金融对新质生产力具有显著促进作用，且政府科技支出与企业自有资金的驱动作用显著高于金融市场。吴云勇和孟昕儒（2024）发现科技金融的空间溢出效应呈现梯度特征，形成了"西强东弱"的作用格局。李燕凌等（2024）证实公共科技金融与市场科技金融通过区域创新能力的中介效应，对工业领域新质生产力产生差异化的促进作用。管涛（2025）则从法治视角构建分析框架，提出需要通过宏观制度设计、中观市场完善与微观主体激活的三维路径，构建适配中国式现代化要求的科技金融生态体系。相关研究共同指出，构建多层次、区域协调的科技金融支持网络是释放新质生产力发展潜能的关键路径。

（三）科创金融对企业创新的影响效应

科创金融对企业创新的影响是其微观效应研究的重要着力点。现有研究涉及金融产品创新、制度环境优化、融资决策适配、政策效能评估等。金融产品层面，风险投资、供应链金融等多元金融产品被证实能有效激发企业创新活力。Mann（2018）、Hegeman 和 Srheim（2021）、凌润泽等（2021）、邱洋冬（2022）、田秀娟和李睿（2022）等分别探讨知识产权质押、风险投资、专利保险、数字金融等创新产品通过破解融资困局、分散研发风险、提升资本配置效率等机制对企业创新的激励作用。制度环境层面，信贷结构优化（Xin 等，2017）、容错机制构建（Tian 和 Wang，2014）、利率市场化（吴非等，2021）、机构投资者持股（许长新和杨李华，2018）等科创金融制度变革对企业创新形成了系统性支撑。融资决策适配方面，Lin 等（2022）指出技术发展阶段决定最优融资选择。技术追赶期以间接融资降低信息成本，技术领跑期则依赖直接融资化解代理成本。这种技术—资本适配逻辑为差异化金融支持提供了理论依据。政策效能评估方面，康艳玲等（2023）、朱仁泽等（2023）、姜中裕和吴福象（2025）等证明科技金融政策对企业创新的积极效应，并证实增加金融资源供给、改善投融资环境、缓解期限错配、提高耐心资本占比等影响路径。

四、现有研究评述

随着科技创新成为驱动经济增长的核心动力，科创金融作为衔接金融与科技的重要桥梁，其理论与实践价值日益凸显。现有文献研究围绕科创金融的概念内涵、评估方法及经济效应已形成丰富积累，为厘清科创金融发展水平及其对经济转型的影响机制提供了理论框架，为完善政策制定与提升市场实践提供了重要参考。但是目前关于长三角地区，特别是长三角G60科创走廊这一国家级战略平台的科创金融发展的系统性研究还较为缺乏。

作为国家战略布局的核心载体，长三角G60科创走廊覆盖上海松江、杭州、苏州、合肥等三省一市中的九城市，汇聚了全国30%的科创板上市企业与研发投入，其科创金融实践既是区域协同创新的试验田，更是中国式现代化金融生态的缩影，直接服务于地区新质生产力培育，通过加速科技—产业—金融循环，有望成为高质量发展的核心引擎。因此，探索构建更具时效性和包容性的科创金融综合指数，合理评估长三角 G60 科创走廊科创金融发展成效及其问题，有助于为进一步优化金融支持策略提供经验借鉴，推动我国在全球科创金融规则制定中占据主动，促使创新驱动发展战略的切实落地，具有重要的研究意义。

第二节　科创金融综合指数构建与总体分析

一、科创金融综合指数的构建

根据《长江三角洲区域一体化发展规划纲要》和《长三角 G60 科创走廊建设方案》定位和要求，长三角 G60 科创走廊积极推动科创、产业、金融的深度融合，构建了债权、股权、基金、上市等多维联动的综合金融服务生态，打造政策、园区、平台、基金、基地、联盟、活动"七位一体"的金融体系。从长三角 G60 科创走廊九城市科创金融体系建设实践出发，本研究从科技创新政策、科技创新生态和科技金融市场三个层面构建了包括九个具体指标的科创金融综合指数，选取九城市的相关数据，全面衡量金融支持科创发展的制度安排、生态体系与金融市场的协同发展水平。

（一）科技创新政策

科技创新是投入大、周期长、风险高且具有正外部性的探索性活动，政府的政策支持与资金投入有助于弥补科创领域市场失灵导致的经费约束，是科创金融体系的重要组成部分。科技创新政策包括教育支出占比、科学技术财政支出占比和政府补贴占比三个指标，从人才培养、科创资金支持等方面反映长三角 G60 科创走廊地区政府"有形的手"对科创金融生态的引导程度。其中教育支出占比是指各地区每年教育经费占财政支出的比重。

教育经费是长期战略性投资,是各地科技人才培养的基础性投入。教育支出占比越高,地区科技创新人才基础越坚实。科学技术支出占比指地区财政支出中科学技术支出规模占地方GDP的比重。政府补贴占比则是指各地区上市公司获得的各类财政补贴总额占地区GDP的比重。这两个指标分别从宏观和微观层面反映了政府对科技创新的直接资金支持力度,数值越大,科技经费约束越少,政府对科创研发的重视程度越高,越有利于吸引更多社会资本进入科创领域,支持科创金融市场高水平发展。

(二) 科技创新生态

科技创新生态反映地区科创投入、产出与产业发展的综合情况,综合衡量了科创金融需求侧发展以及金融支持对科创活动的贡献效率。科技创新生态包括R&D经费投入强度、每万人有效发明专利数和高新技术产业集中度三个指标。其中,R&D经费投入强度指地区R&D经费占地区GDP的比重,是衡量地区创新投入规模及水平的重要指标。R&D经费投入强度越高,企业在开发新产品或服务、流程和技术等时受到的资源约束越少,更有助于优化创新行为、更新生产技术、提高生产效率。每万人有效发明专利数指地区每万人口本地居民拥有的有效发明专利数量,主要用以衡量地区科创产出质量,发明专利量质齐升对于地区科创生态形成至关重要。高技术产业集中度是指高技术产业在整个产业体系中的占比。高技术产业集中度较高意味着地区在高技术领域具有较高的研发投入、创新能力和产业聚集效应。

(三) 科创金融市场

科创金融市场反映了地区科创金融市场化供给规模与合理发展水平。结合科创活动周期需求,科创金融市场包括科创企业风险投资总额、科创企业IPO总额和外资持股上市公司数三个指标,从科创金融周期适配和金融开放程度等视角衡量长三角G60科创走廊地区科创金融市场供给程度。其中,科创企业风险投资总额指标通过统计清科私募通数据库和投中数据库中科创企业引入风险投资（PE/VC）金额，加总到城市层面计算。风险投资能够为科创型企业提供早期的融资支持，并可以通过管理咨询等方式助力企业更快速成长。地区科创企业风险投资总额越大，对科创企业早期发展的支撑力度越强。科创企业 IPO 总额根据国泰安数据库统计科创企业 IPO 金额，加总到城市层面计算。IPO 是科创企业通过资本市场获得长期稳定资金的重要渠道，更是风险投资退出的重要方式。科创企业 IPO 总额越高，地区科创企业成长的市场激励机制越成熟。外资持股上市公司数用以反映地区市场开放程度、资金流动趋势和企业国际化水平等，数值越高说明地区对跨境投资者吸引力越高，伴随而来的知识溢出效应有助于提升地区创新活力。

二、科创金融综合指数总体分析

长三角 G60 科创走廊科创金融综合指数测评结果如图 4-1 所示。以 2016 年为基期，科创金融综合指数基本呈现稳步上涨趋势。由 2016 年基期的 100.00 小幅度下滑至 2017 年的 89.23，之后稳步上涨至 2023 年的 211.62，相较于 2016 年增长 2 倍有余。其中，在《金融支持长三角 G60 科创走廊先进制造业高质量发展综合服务方案》的实施助力下，2021 年长三角 G60 科创走廊科创金融综合指数增速显著加快。2022 年受地区疫情防控等因素影响，科创金融综合指数增速回落，但之后《金融支持长三角 G60 科创走廊先进制造业产业链供应链稳链保供循环畅通的专项行动方案》提出、长三角 G60 科创走廊科技成果转化基金与长三角 G60 科创走廊综合金融服务平台的相继成立以及九城市支持科创的金融创新措施，共同推动科创金融生态的持续改善，2023 年科创金融综合指数与增速均恢复快速增长，充分展现出长三角 G60 科创走廊科创金融的高水平、可持续发展趋势。

科创金融综合指数稳步上涨的背后，是长三角 G60 科创走廊九城市近年来持续推动科创金融联动发展机制，从地区政策、引导基金、产品创新、服务平台等各方面聚力提质，促进要素资源的市场化配置，助力科创金融

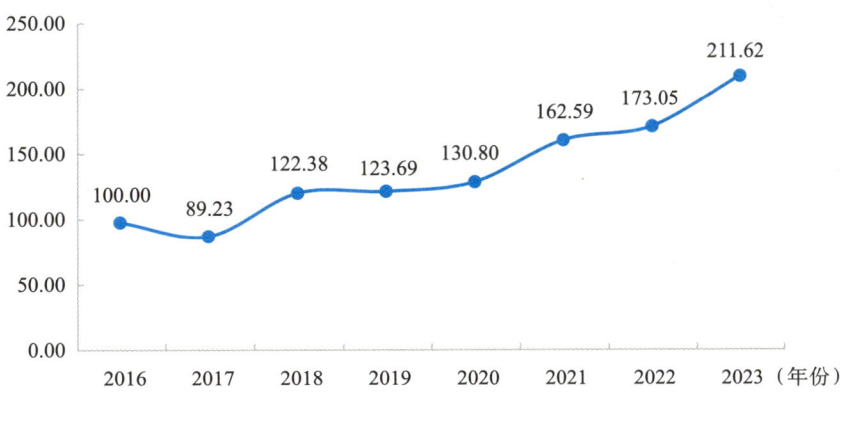

图 4-1　长三角 G60 科创走廊科创金融综合指数

服务的规模效率提升。

政府政策方面，积极应对特殊时期发展需求，长三角 G60 科创走廊九城市主要金融机构在长三角地区三省一市监管部门指导下，联合发起《金融支持长三角 G60 科创走廊先进制造业高质量发展综合服务方案》和《金融支持长三角 G60 科创走廊先进制造业产业链供应链稳链保供循环畅通的专项行动方案》，提出创新科技贷产品，深化投贷联动模式、拓宽发债渠道等措施，缓解科创金融适配性不足和信息不对称等问题，强化科创金融政策环境，助力长三角 G60 科创走廊科创与产业发展。

政府引导基金方面，长三角 G60 科创走廊科技成果转化基金于 2022 年成功备案，总规模 100 亿元。这是首支承接国家战略任务，由长三角 G60 科创走廊联席办牵头，九城市共同出资的跨区域科技成果转化基金，专注于重点投向长三角 G60 九城市集成电路、生物医药、人工智能等七大战略性新兴产业的中早期项目，支持科技成果转化和高新技术产业化，加强跨区域产业链供应链协同。截至 2024 年，基金已经投资了 17 个项目，总投资金额达 5.42 亿元。同时设立长三角 G60 科创走廊战略投资母基金，推动开展跨市场、跨区域资本合作，助力硬科技发展。

金融产品方面，长三角 G60 科创走廊推动建立完善的科创金融产品矩阵，满足科创企业不同生命周期的金融需求，支持企业实现从研发到量产质的飞跃。长三角G60科创走廊联席办与26家金融机构签署战略合作协议推动金融服务创新，银行信贷方面，交通银行、江苏银行、浦发银行等纷纷成立长三角一体化管理总部，推出长三角G60科创走廊人才贷、研发贷、知识产权质押贷、上市贷、科创贷、质量贷、标准贷等金融创新产品；证券产品方面，拓展科创债绿色债融资渠道，建立常态化科创债绿色债发行工作推进机制，建立科创债绿色债发行优质企业库，面向九城市89个县（区）宣讲最新政策、发行条件和典型案例；与上交所联合编制上证G60创新综合指数、上证G60战略新兴产业成份指数，并推出ETF产品和增强型基金。多维金融产品共振，推动长三角G60科创走廊科创金融体系发展进入快速通道。

金融服务平台方面，依托"互联网＋综合金融服务平台"模式，开通长三角G60科创走廊综合金融服务平台，跨区域提供股权投资、债权融资、融资租赁等6大板块40余项功能服务，有效解决信息不对称问题。目前已实现6个城市线上互联，有效注册企业111.6万余家，入驻金融机构529家，达成授信融资金额超2.8万亿元。同时依托上交所资本市场服务长三角G60科创走廊基地，为企业提供上市辅导和融资支持，助力科创板建设。

第三节　九城科创金融综合指数及指标分析

一、九城市科创金融综合指数分析

长三角G60科创走廊九城市科创金融发展具有一定的梯度差异。表4-1和图4-2展示了2016~2023年九城市的科创金融综合指数发展情况。整体而言，九城市的科创金融综合指数基本保持了上涨趋势，大部分城市的科创金融综合指数在2023年出现明显增长。其中，杭州、苏州科创金融指数整体水平较高，2016~2022年杭州科创金融指数一直位于九城市之首，2023年出现回落，但是8年间科创金融综合指数年均增速仍超10%；苏州的科创金融综合指数一直紧随其后，2023年增长提速，超越杭州位于九城市之首，8年间科创金融综合指数年均增速已超20%；上海松江和合肥的科创金融综合指数位于第二梯队，且近两年的增长速度显著提升，未来势头强劲。湖州、嘉兴、芜湖也展示出科创金融生态逐步完善的明显趋势。

表4-1　　　　　长三角G60科创走廊九城市科创金融综合指数

	2016年	2017年	2018年	2019年	2020年	2021年	2022年	2023年
杭州	156.11	131.21	185.38	205.10	208.59	312.26	304.67	267.15
合肥	98.28	90.62	120.48	111.12	153.20	147.71	177.01	249.26
湖州	77.33	68.04	121.03	125.34	143.00	131.82	146.49	214.95
嘉兴	59.67	57.79	90.19	117.94	116.56	161.16	164.21	205.99
金华	42.34	39.86	63.59	54.06	53.71	68.67	73.56	83.42
上海松江	139.09	125.92	146.46	137.42	129.28	162.28	165.54	234.44
苏州	137.28	129.27	186.75	204.81	213.95	263.72	288.81	344.67
芜湖	132.90	108.37	128.33	110.66	116.69	151.47	168.26	199.46
宣城	57.00	52.02	59.24	46.78	42.17	64.22	68.87	105.20

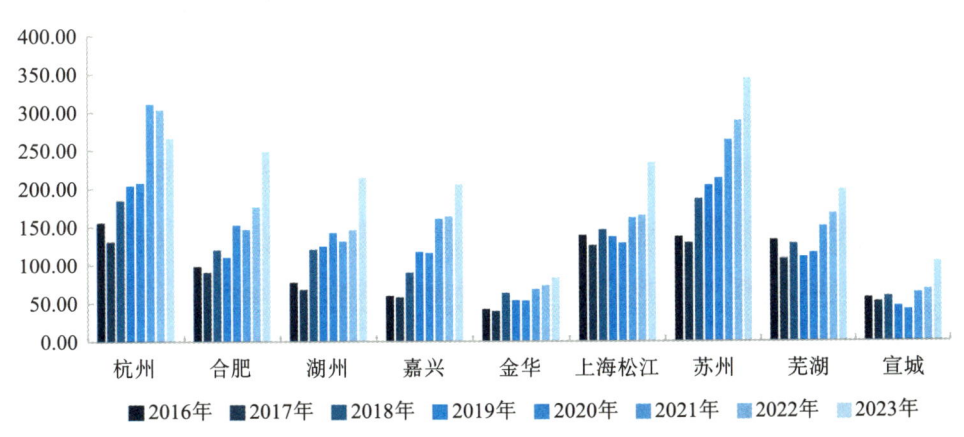

图4-2　长三角G60科创走廊九城市科创金融综合指数对比

从长三角G60科创走廊九城市2016~2023年的指数均值来看，如图4-3所示，杭州、苏州的指数值高位接近，与其他城市拉开明显差距，已经成为长三角 G60 科创走廊九城市中的中心节点城市,这与两个城市良好的科技创新生态、政府引导力度与市场参与主动性密切相关。上海松江紧随其后,作为长三角 G60 科创走廊策源地,依托上海国际金融中心与科技创新中心的支撑,上海松江科创金融在政策、平台、产品等各方面取得了长足进步,综合指数年度涨幅稳定且均值保持前列。而金华和宣城相较其他城市科创金融发展尚有较大提升空间。

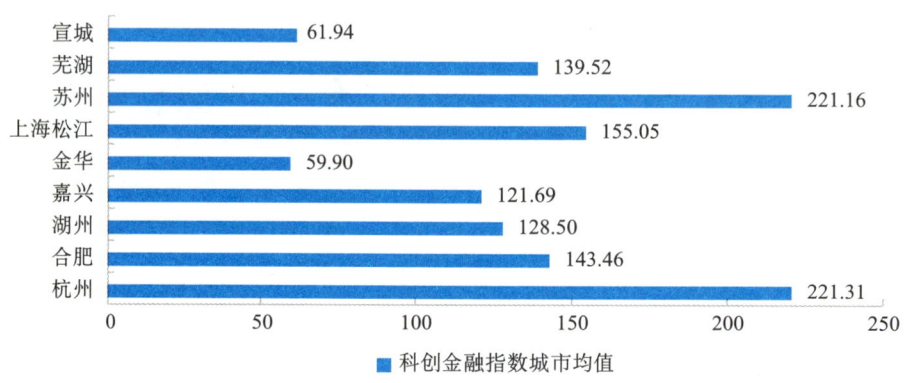

图 4-3　2016~2023 年长三角 G60 科创走廊九城市科创金融综合指数均值

杭州市具有强大的科技创新基础,高新技术产业、R&D 经费投入与有效发明专利数量等指标在长三角 G60 科创走廊九城市中持续领先,连续多年入选全球百强科技集群城市,创新指数位列全国前列,更是国内首屈一指的数字经济先行者。为了更好地助力科技创新发展,杭州市以科创金融改革试验区建设为指引,推动"凤凰行动"计划、融资畅通工程、科技金融平台矩阵等政策升级,做好科技企业成长的"长跑搭档"。"凤凰行动"计划带动杭州科创板上市企业数量位居全国前列;杭州科创基金和创新基金双千亿基金融入创新强市战略,重点投资人工智能、生物医药等硬科技领域,赋能培育国家专精特新"小巨人"企业、独角兽和准独角兽企业成长;"融资畅通工程"通过杭州金融综合服务平台("杭州 e 融")提供智能撮合匹配服务,破解金融供求双方信息不对称、信用不充分难题;2023年杭州市金融监督管理局牵头,率先探索科创金融标准体系。市场层面,杭州银行等金融机构借鉴硅谷银行的生态圈模式创新金融服务体系,创新推出科易贷、科保贷、成长贷等,以对接不同阶段科创企业的融资需求,为科创企业提供全生命周期的金融服务。杭州设立上交所、深交所杭州服务基地,为科技企业提供上市辅导,2023年新增上市公司中科技企业占比超70%。发行全国首单生物医药知识产权证券化产品,帮助企业盘活无形资产。持续提升现代金融服务科技创新能级,形成更多科技金融体系改革的标志性成果。

苏州市的科创金融发展得益于政府的政策支持与金融服务创新的不断推出。苏州市政府持续推动政策体系完善,促进科技与金融的深度融合。2023年苏州市发布《关于推进苏州市科创金融发展的工作意见》,鼓励金融机构加大对科技型企业的支持力度。同时,财政、科技、金融等多部门出台关于科技支行专项风险资金池、科技贷款贴息、科技保费补贴、科技金融风险共担等政策,对科技金融政策体系进行多维度的补充与完善;科技部门在全国率先搭建科技企业投融资对接平台,创新开展公益性科技金融服务等。市场服务方面,苏州相继推出科创指数贷、科贷通、苏知贷等特色产品,并通过"拨改投""揭榜挂帅"等机制为企业提供精准的融资支持;截至2024年8月,已有20家银行金融机构在苏州综合金融服务平台上线了22款科创金融产品。此外,苏州还设立了科技支行和科技保险中心,新增持牌金融机构超过30家,科创金融生态日益完善。

上海松江的科创金融综合指标保持逐年稳步提升的态势,2023年以来的指数增速表现更是抢眼。上海松江一直以来高度重视科创金融生态建设,政策、金融、人才要素全方位发力。科技履约贷、科创助力贷、小巨人信用贷等创新金融产品规模持续增长,截至2024年4月,相关贷款授信额度近17亿元。松江国投持续完善金融支持科技创新体系,通过股权投资方式投向长三角G60科创走廊"6+X"战略性新兴产业,开发长三角G60科创走廊综合金融服务平台,实现城市线上平台共联,缓解银企信息不对称问题。2024年12月,上海松江财政局印发《关于财政支持金融服务模式创新赋能科技型中小企业高质量发展的实施办法》，通过设立创新专项资金池、支持拨投结合、完善政策性融资担保机制、加大产业扶持资金倾斜等方式持续推动科创金融创新，金融支持科技创新的多层次体系正在加速形成。

合肥市已成为国内科创重镇，是全国4个综合性国家科学中心之一，拥有首批国家实验室，是全国大科学装置最多的城市之一，具有持续增长的科创金融需求。为此合肥市不断加快构建广渠道、多层次的科创金融服务体系，打造"科创出题、金融答题"特色服务品牌，促进科创企业融资高效对接。一方面，合肥市不断丰富科创金融产品种类，截至2024年9月，合肥科创金融产品增至225款，其中信用类产品占比76%，初创期产品占比75%。专精特新"小巨人"企业的融资覆盖率高达86%。另一方面，合肥市通过"创投城市计划"和"共同成长计划"等模式，引导股权、担保、保险等多业态专业机构加入计划，打造"贷投批量联动"科创金融服务支撑体系。2023年合肥市全面启动科创金融改革试验区建设，新增9家总行级科创金融中心，新增了10家科创金融专营机构，并设立了总规模超4200亿元的股权投资基金，进一步推动科创企业融资。

其他城市中，嘉兴作为长三角科创金融改革试验区城市之一，从设立金融发展专项资金、科技信贷风险补偿基金、出台《嘉兴市科创企业培育库管理办法》《深化科创金融改革实施意见》等政策措施多个层面，建立全方位的科创金融政策支持体系；成立嘉兴市政府产业母基金，发挥财政资金的引导作用；落地省股权交易中心"科创助力板"；推动科技支行全市全覆盖，持续完善科技信贷产品，初步形成了科技资源与金融资本高效对接的有效机制，科创金融嘉兴辨识度不断提高。湖州市2023年发布《关于科技金融改革创新的实施意见》，设立科技创业"种子资金"，逐步推动科创金融优惠政策精准落地，湖州科技金融"金名片"价值正在显现。

二、科创金融综合指数构成指标分析

科创金融综合指数的指标构成中，科技创新政策、科技创新生态与科创金融市场三个层面的具体指标对于科创金融综合指数发展表现出了不同的贡献度。

教育支出占比和科学技术支出占比是科技创新政策层面的重要指标，反映了各地政府为推动科技创新而持续投入的人力与资金资源。长三角G60科创走廊科技创新政策环境如图4-4所示，长三角G60科创走廊的教育支出占比整体保持稳定，说明九城市对教育投入的重视程度，疫情影响叠加经济承压情况下仍保持人才培养投入，展现出长三角G60科创走廊地区具有良好且稳健的科创人才环境。长三角G60科创走廊九城市的科学技术支出占比均值展现出波动性上涨趋势，从2016年的10.48%增长到2023年的19.53%，2021年、2022年出现明显下滑，主要原因在于疫情影响下财政收入承压，压缩了部分支出项目。但是2023年科学技术支出占比恢复正增长，且环比增长超1倍，显示出长三角G60科创走廊九城市将科技创新作为重点领域给予的有限保障，有助于实现高水平科技自立自强。

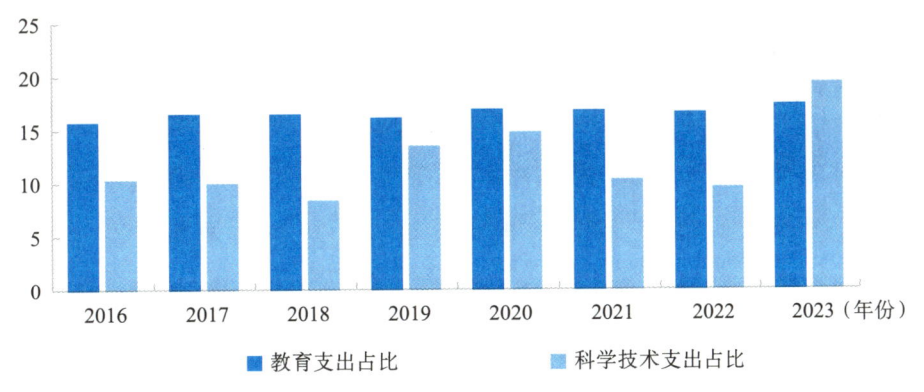

图4-4 长三角G60科创走廊科技创新政策环境

R&D经费投入强度和每万人有效发明专利数是科技创新生态层面的重要指标，反映了科技创新的投入水平与产出质量。长三角G60科创走廊科创生态发展情况如图4-5所示，长三角G60科创走廊R&D经费投入强度呈现出稳步上涨趋势，整体而言，从2016年的2.66增长至2023年的3.85，八年增幅近1.5倍。长三角G60科创走廊地区研发投入强度稳定提升离不开完善科创金融体系的坚实支撑。每万人有效发明专利数同样呈现出逐步上涨趋势，其中，2020~2022年上涨速度趋缓，但2023年增速回升，也反映出创新成果产出的基本规律，整体从2016年的20.8上涨至2023年的66.68，八年间增幅超3倍，说明长三角G60科创走廊城市创新投入产出间具有较高的转换效率，科技创新生态持续优化。

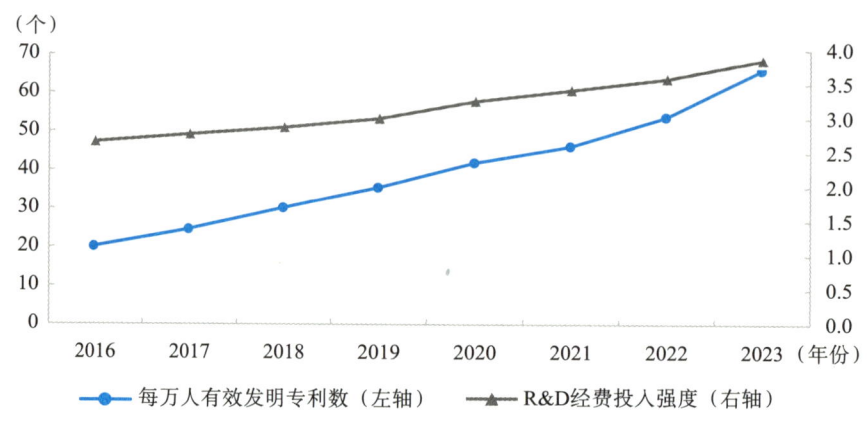

图4-5 长三角G60科创走廊科创生态发展情况

科创企业风险投资总额和科创企业IPO总额是科创企业获得金融支持的直接表现，一定程度上能够反映科创金融市场发展程度。长三角G60科创走廊科创金融市场发展情况如图4-6所示，长三角G60科创走廊的科创企业风险投资在2019年之前发展水平较低，之后进入跨越式发展阶段，虽然2022年出现短暂下滑，但2023年已恢复强势态势，科创企业风险投资总额指数增长至11.02，相较于2016年增长了7倍有余，这与各城市近年陆续成立的政府科创基金、股权投资基金等有密切关系。长三角G60科创走廊城市科创企业IPO总额自2019年呈现波动上涨趋势，这与科创板成立等制度创新以及上市辅导基地及对接等服务创新有关，科创企业IPO总额指数由2016年的2.75增长至2023年的6.51，增长了2.4倍。上市是科创企业重要的融资渠道，也为企业创新提供了稳定资金来源，如何进一步完善科创企业与资本市场的对接机制，提升金融赋能科技创新的质量和效能，应是九城市科创金融重点关注的问题。

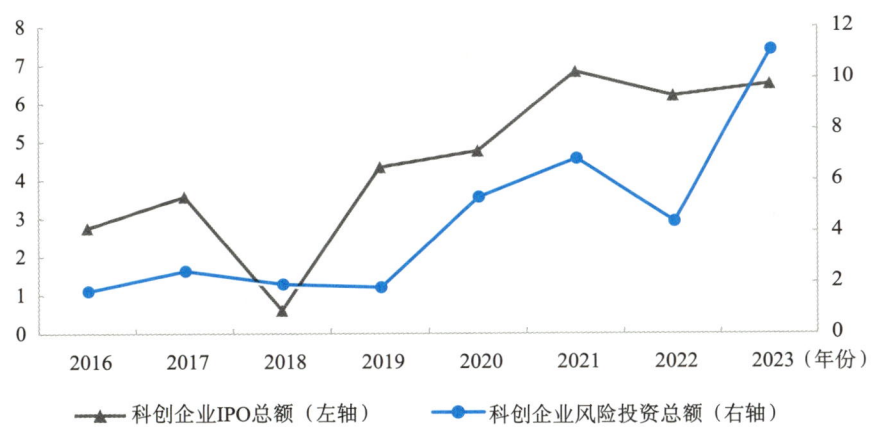

图4-6 长三角G60科创走廊科创金融市场发展情况

第四节 长三角G60科创走廊科创金融发展成效评价

长三角G60科创走廊自2016年启动建设以来,以"科创+产业+金融"深度融合为核心路径,积极推动科创金融体系发展,助力区域科技创新与产业升级取得显著成效,但也存在结构性短板。

一、科创金融生态趋优,城市发展差异尚存

科创金融是推动长三角G60科创走廊高质量发展的重要基础,受到国家和地方政府的高度重视。从体制机制到技术支持,近年来长三角G60科创走廊九城市全方位推动科创金融体系逐步完善。在体制机制方面,既有针对九城市的联合金融支持政策,例如,《金融支持长三角G60科创走廊先进制造业高质量发展综合服务方案》的"15+1"金融支持政策以及之后的28条金融支持政策,为科创走廊的金融支持提供全面的指导框架;也有各城市根据自身特色制定的创新政策,例如,杭州的"凤凰行动"计划推动企业上市,数字经济领域政策全国领先;合肥的"创投城市"计划通过财

政直投支持硬科技企业，政策与产业高度绑定；上海松江推出《关于财政支持金融服务模式创新赋能科技型中小企业高质量发展的实施办法》，通过政府补贴、税收优惠、风险补偿等方式引导资本流向科技企业等。2022年，上海、杭州、合肥、嘉兴等城市入选科创金融改革试验区，科创金融更是进入发展新阶段。在技术支持方面，长三角G60科创走廊地区大力推进金融科技应用持续深化，区块链、大数据等技术在供应链金融、信用评估等相关领域落地使用，极大提升了融资效率，如杭州推动区块链技术应用于知识产权质押融资、合肥推动量子通信技术在金融数据传输等场景的应用等；同时各城市纷纷推动建立综合金融服务平台，如"长三角G60科创走廊综合金融服务平台""杭州e融"平台、"苏州综合金融服务平台"等，大大降低了投融资方的信息不对称性，促使长三角G60科创走廊科创金融生态持续优化。

然而，九城市在科创金融发展中尚存在显著差距，杭州、苏州、上海松江、合肥等城市凭借自身产业、科创与金融资源的坚实基础及其城市虹吸效应，更快推动科创金融体系迅速发展，一直处于长三角G60科创走廊的第一梯队；嘉兴、湖州和芜湖等城市在产业与金融发展中各具特色，科创金融发展保持了相对稳定的增长速度，处于第二梯队；金华、宣城等城市的科创金融资源相对薄弱，发展速度和水平与第一、二梯队城市尚存不小差距。同时，九城市间的投融资活跃性与网络关系均存在明显不平衡特征。杭州、苏州的科创企业在2021～2024年获PE/VC机构支持的次数均在千次以上，而其他城市差距巨大。九城市与区域外的重要城市，如上海（除松江）、北京、深圳、宁波、广州等存在密切的资本互动，但是九城市间的投融资互动较少（吴友等，2025）。

二、金融产品矩阵丰富，供给适配尚待提升

金融产品是科创金融发展的基础，长三角G60科创走廊深化落实央行"15+1"和"28条"金融支持政策充分释放政策红利，激励各城市金融机

构主动参与，推动科创金融产品矩阵不断丰富。在银行信贷产品方面，逐步形成G60科创贷、园区贷、质量标准贷、人才贷、专精特新贷、知识产权贷等多元化的科创信贷产品，截至2023年，长三角G60科创走廊九城市科技型企业贷款余额超2.5万亿元，年均增速超20%。科创债、绿色债融资渠道不断拓展，建立常态化发行工作推进机制和优质企业库。截至2024年5月，共发行科创债（含科创票据等）172单，累计发行金额1095.52亿元；发行绿色债183单，累计发行金额968.06亿元。另外，长三角G60科创走廊依托上交所科创板，建立长三角G60科创走廊企业上市绿色通道。截至2023年，长三角G60科创走廊九城市共有超150家科创板上市企业，公司数量占全国约30%，主要集中在集成电路、生物医药等领域。上海股交中心、浙江股交中心等区域性股权市场设立了"科创专板"，为中小科创企业或科创早期项目提供充分的融资支持。同时，在政府科创资金的引导下，风险投资活跃度显著提升，2023年长三角地区私募基金管理规模占全国近30%，上海、苏州、杭州成为全国科创投资高地。

然而，长三角G60科创走廊九城市金融产品覆盖性与适配性仍有不足，更多产品聚焦于成长期与成熟期的企业，部分城市的资本要素仍偏保守，"投早投小"机制还不健全，针对种子期、初创期企业的"首贷难"问题依然突出，高风险偏好的耐心资本供给不足，长三角G60科创走廊科技成果转化基金的成效尚待进一步凸显。同时，人工智能、量子科技等长周期、高风险的硬科技项目仍缺乏匹配的金融产品，传统信贷依赖抵押物，知识产权质押融资规模占比较低。以新型研发机构为依托的"拨投结合"创新模式需要进一步推广。

三、区域平台效应初现，协同机制尚待深化

长三角G60科创走廊强调"一体化"与"高质量"发展，建立区域综合金融平台是促进区域金融资本要素融通的重要机制。基于数字技术建立的长三角G60科创走廊综合金融服务平台打通九城市政务与企业大数据，

构建涵盖运营状况、财务数据、经营风险等多维指标的信用评价模型，实现企业大数据精准画像，有效降低信息不对称，跨区域提供股权投资、债权融资、融资租赁等六大板块功能服务，提高企业融资成功率。目前，长三角 G60 科创走廊综合金融服务平台已实现六个城市线上互联。在依托线上平台提高投融资对接效率的同时，长三角 G60 科创走廊也十分重视线下平台的发展，建立长三角 G60 科创走廊金融服务联盟以及上交所资本市场服务长三角 G60 科创走廊基地等平台，以产融结合高质量发展示范园区为载体，搭建政府、园区、企业和金融机构交流合作平台，从产品、服务、渠道、机制各方面推动各城市科创金融协同发展，共同优化科创金融生态圈。

然而，长三角 G60 科创走廊科创金融的协调机制还存在较多不完善之处，影响了区域科创金融功能的发挥。例如，长三角 G60 科创走廊综合金融服务平台尽管开始运行，但是政务数据与企业科研数据仍使用属地化管理模式，跨城调用效率低，影响金融机构对企业全生命周期风险的精准评估。另外，九城市在科技企业认定、知识产权估值、风险补偿比例等政策上存在差异，导致跨区域金融产品难以标准化推广。同时，尚缺乏跨区域的再保险、资产证券化等工具，金融机构对科创企业贷款的风险敞口集中，直接影响了金融产品创新的积极性等。虽然就长三角 G60 科创走廊科技成果转化基金等跨区域引导基金建设达成了合作协议，但是常态化的金融合作机制仍未形成，亟须考虑进一步完善地区协同机制，实现科创金融供给一体化，助力跨区域科技创新共同体建设，为形成九城市优势互补、高质量发展的区域经济格局提供金融助力。

第五章　长三角 G60 科创走廊科创金融发展的政策建议

第一节　长三角 G60 科创走廊科技创新发展的政策建议

结合目前长三角 G60 科创走廊科技创新发展总体情况、各指标分析以及成效评估结果，本研究提出如下政策建议。

一、加速科技成果转化落地

近年来，长三角 G60 科创走廊九城在科技创新投入方面表现强劲，未来还需进一步建立健全科技咨询、研发测试、科技金融、成果转移转化等全链条科研服务体系，以加速科技成果转化落地。例如，建立科技创新平台，如实验室、工程技术研究中心等，提高科研成果的转化效率；加大对科技创新的支持力度，优化资源配置，同时鼓励企业与高校、科研机构开展深度合作，共同推动科技创新；鼓励建设要素合作平台，引领制造业高端化、智能化、绿色化、低碳化发展，优化整合人才、成果、资本和市场等要素，打通科技成果转化"最初一公里"。具体政策措施方面，建议借鉴杭州经验，在九城市层面建立概念验证中心，重点支持早期技术可行性验证；推广"杭转中心"模式，在九城设立技术交易分中心，依托区块链技术建立统一的科技成果交易平台，实现技术合同登记、评估、交易全流程线上化，推动技术合同成交额快速增长等。

二、加强区域协同创新

在 G60 科创走廊的背景下，全链条协同创新显得尤为重要。这不仅包括科研机构、高校与企业之间的合作，也包括政府、市场和社会各方面的共同参与。只有通过全链条的协同，才能更好地实现科技创新的目标。要狠抓全链条协同，加快探索新型举国体制的跨区域实践方式，打造更加紧密的科技创新共同体，共同发起和承担重大科技项目，协同攻关重大装备、关键材料和零部件，加快科技创新速度，提高科技创新效率。在实践中，可以探索建立 G60 科创走廊科技创新联合体，通过加强产学研合作、推动科技成果转化、促进产业升级等方式，提高科技创新的效率和效益。具体政策措施方面，建议推动长三角 G60 科创走廊"一网通办"平台建设，打破跨区域要素流动壁垒；建议继续大力推动科技创新券在长三角全域的通用通兑，打造长三角科技创新"同心圆"；建议建立 G60 科创走廊职称互认、人才积分共享机制，对跨区域工作的科研人员给予补贴和税收减免；建议出台政策，鼓励上海松江、杭州、苏州等科创高地在非高地城市（如宣城、金华）设立飞地孵化基地，共享沪杭苏的实验室资源和导师团队，孵化项目可享受两地政策叠加支持等。

三、错位发展，共锻长板

在 G60 科创走廊内，各地区和机构都有自己的优势和特色，只有通过错位发展、优势互补的方式，才能实现整体优势的最大化。例如，有的地区可能在人工智能领域具有优势，而有的地区可能在生物医药领域具有优势，可以通过跨区域合作的方式，实现资源共享、优势互补，共同推动科技创新的发展，同时引导上海、杭州、苏州溢出资源向中小城市流动。具体政策措施方面，可以考虑建立"优势产业溢出机制"，即：鼓励上海松江、杭州和苏州向九城市中小城市（如宣城、湖州）转移成熟技术；鼓励金华、芜湖等土地资源充裕地区建设"G60智造承接区",承接沪苏杭的智能工厂扩产需求等。

第二节 长三角G60科创走廊金融发展政策建议

长三角G60科创走廊可以在金融风险防范、金融集聚优化和金融服务实体经济三个方面取得更大突破,进一步提升金融发展指数,推动区域金融高质量发展,为长三角一体化发展提供更有力的金融支持。

一、强化金融风险防范能力,筑牢金融稳定防线

借助大数据与人工智能技术,搭建功能全面的金融风险动态监测平台。该平台不仅能实时追踪金融机构的资产负债、流动性及信用风险等关键指标,还能对各类风险数据进行深度分析。通过建立智能风险预警模型,结合宏观经济数据、金融市场波动情况以及企业经营数据,利用机器学习算法,提前精准预测系统性风险和局部风险,为监管部门和金融机构提供科学的决策依据。同时,定期针对长三角G60科创走廊的金融机构开展压力测试,模拟诸如经济衰退、市场大幅波动等极端市场情景,评估金融机构的风险承受能力,进而不断优化风险应对预案。

积极构建长三角G60科创走廊九城市之间的跨区域监管协调机制,通过定期召开监管联席会议、建立信息共享数据库等方式,实现常态化的信息共享与联合监管,有效避免监管空白和重复监管现象。大力推动金融科技监管沙盒机制在该区域落地,为金融创新产品和服务开辟一个安全可控的测试空间,在确保合规的框架内,鼓励金融机构大胆开展创新试点。针对金融科技带来的网络安全、数据隐私保护等新风险,制定专门的监管规则和技术标准,从技术规范、数据使用权限等多方面入手,保障金融科技

的健康有序发展。

鼓励金融机构通过联合授信、银团贷款、风险补偿基金等多种方式，共同承担科创企业的融资风险，降低单一机构独自承担风险的压力。搭建金融机构之间的信息共享平台，整合信贷信息、风险数据等，打破信息壁垒，实现信息互联互通，有效避免因信息不对称导致的重复授信和过度融资问题，提升金融机构对风险的整体把控能力。

二、优化金融集聚与资源配置，提升区域金融协同效应

依据长三角G60科创走廊各城市的产业基础和发展方向，明确各金融集聚区的功能定位。例如，上海松江依托陆家嘴金融贸易区等，凭借其国际化的金融资源和完善的金融市场体系，聚焦国际金融中心建设，吸引全球顶尖金融机构和金融人才；杭州钱塘江金融港湾依托互联网产业优势，重点发展金融科技，推动金融创新，打造金融科技研发与应用高地；苏州工业园区则结合自身强大的制造业基础，侧重科技金融和产业金融，为制造业转型升级提供金融支持。同时，加大对金融集聚区的基础设施投入，改善交通条件，确保交通便捷；升级通信网络，实现高速稳定的信息传输；完善办公设施，提供舒适的办公环境。此外，优化营商环境，设立一站式政务服务窗口，简化行政审批流程，提高服务效率，提升金融集聚区的吸引力。

通过政策引导和市场机制相结合的方式，推动金融资源向科技创新能力强、产业发展潜力大的区域流动。设立长三角G60科创走廊产业投资基金，吸引社会资本参与，重点投向集成电路、生物医药、人工智能等重点产业和重大项目。加强区域金融合作平台建设，进一步完善长三角资本市场服务基地等平台功能，推动区域内金融机构在项目对接、业务合作、资源共享等方面开展深度合作。建立跨区域的金融资产交易平台，规范信贷资产、股权资产等的流转程序，提高金融资产的流动性和配置效率。

在长三角G60科创走廊规划建设金融科技产业园区，出台一系列优惠

政策，吸引金融科技企业、科技研发机构入驻，形成产业集群效应。支持蚂蚁集团、京东科技等金融科技领军企业在区域内设立研发中心和创新实验室，开展前沿金融科技研究和应用创新。鼓励金融机构在支付结算领域，运用区块链技术实现快速、安全的跨境支付；在智能风控方面，利用大数据和人工智能技术建立精准的风险评估模型；在供应链金融领域，借助物联网和区块链技术，实现供应链信息的实时监控和融资的高效审批，提升金融服务效率和安全性。

三、提升金融服务实体经济的精准性，助力科技创新与产业升级

针对不同发展阶段的科创企业，制定细致的差异化金融支持政策。对于初创期企业，由于其面临较高的技术和市场风险，重点支持天使投资、风险投资，引导早期资本进入，帮助企业完成技术研发和产品初步推广；对成长期企业，随着其技术逐渐成熟，市场份额逐步扩大，重点支持知识产权质押融资、科技成果转化贷款，助力企业扩大生产规模、拓展市场；对成熟期企业，为实现进一步的扩张和产业整合，重点支持上市融资、并购重组，推动企业做大做强。在长三角G60科创走廊九城市分别设立专项扶持资金，通过风险补偿、贷款贴息、担保补贴等方式，降低金融机构为科创企业提供服务的风险和成本，引导金融机构加大对科创企业的支持力度。例如，浙江省的"凤凰行动"基金可进一步扩大规模，拓展投资领域，支持更多优质企业上市和并购重组。

推动科创板、创业板、新三板等多层次资本市场之间的互联互通，根据不同市场的定位和特点，为科创企业提供多元化的融资选择。加大对科创企业的培育力度，推动更多符合条件的科创企业在科创板上市，利用资本市场实现快速发展。同时，完善新三板的转板机制，为在新三板挂牌的企业提供向上发展的通道。在长三角G60科创走廊设立资本市场服务基地，整合专业机构资源，为企业提供上市辅导、融资对接、政策咨询等一站式

服务。例如，上海资本市场服务长三角 G60 科创走廊基地可进一步拓展服务范围，延伸至更多城市和企业，提高服务的覆盖面和质量。

长三角 G60 科创走廊广泛推广智能投顾、智能风控、供应链金融等金融科技应用场景。支持金融机构利用区块链技术开展跨境支付业务，实现资金的快速、安全到账；在供应链金融领域，借助区块链技术实现供应链信息的共享和追溯，降低交易成本，提高融资效率。加强金融科技人才培养，在区域内高校和职业院校设立金融科技专业，优化课程设置，培养既懂金融知识又掌握科学技术的复合型人才。鼓励金融机构与高校、科研机构开展深度合作，设立金融科技实习基地和联合实验室，为学生提供实践机会，促进科研成果转化，为金融科技发展提供坚实的人才支持。

第三节 长三角 G60 科创走廊科创金融发展政策建议

长三角 G60 科创走廊的科创金融发展需以制度突破为先导、以生态优化为根基、以全球链接为方向，通过政策协同、资本联动、服务创新，真正实现"科技—产业—金融"良性循环，助力将长三角 G60 科创走廊打造为具有全球影响力的科技创新策源地与金融资源配置中心，为中国经济高质量发展注入强劲动能。

一、强化顶层制度设计，完善一体化科创金融框架

完善跨区域协调机制对提升长三角 G60 科创走廊科创金融功能至关重要。考虑优化顶层制度设计，设立由九城市金融监管机构、科技部门、重点金融机构代表组成的长三角 G60 科创走廊金融委员会，统筹制定科创金融发展规划，协调解决跨区域金融支持政策壁垒。设立长三角 G60 科创走廊开发银行，重点支持跨市域科技基础设施建设和战略性新兴产业。统一

科创企业认定标准，联合制定《长三角 G60 科创走廊科技型企业分类目录》，明确高新技术企业、科技小巨人企业、专精特新企业等分类标准，实现九城市资质互认，避免重复审核。

在机构制度建设基础上，推动共建"长三角 G60 科创金融政策工具箱"，整合九城市现有政策，如松江"拨投结合资金池"、杭州"凤凰计划"、合肥"共同成长计划"等，形成覆盖企业全生命周期的政策包，允许企业跨区域申请适用最优政策。建立风险共担与收益共享机制，考虑试点九城市联合设立长三角 G60 科创走廊风险补偿基金，按城市经济规模分摊出资，对跨区域科技贷款损失按比例补偿，激励金融机构提升科创金融支持力度。

二、优化资金供给体系，优化耐心资本生态

优化资金供给规模和结构是发挥科创金融促进科技创新作用，实现科创和金融"双向奔赴"的根基。考虑进一步扩大政府引导基金规模，增加财政投入，吸引更多社会资本形成千亿级基金群，重点投资集成电路、生物医药、人工智能等战略性新兴产业的早期科创项目，积极引导养老金、保险资金等长期性质资金进入科创金融领域，丰富耐心资本形态，建立支持"长钱长投"的制度体系。同时对早期项目投资实行税收递延政策，鼓励社会资本"投早投小"。进一步完善基金的退出与循环机制，拓展政府引导基金的份额转让渠道，缩短退出周期至三年到五年，完善"募投管退"全链条制度体系。推动区域性股权交易市场的联动发展，推动区域 REITs 优化发展，推动三省一市区域股权市场与上海证券交易所共建科创企业培育体系，打响长三角 G60 科创走廊上市培育品牌。

进一步创新"拨投结合""投贷联动""投贷债保"等联动模式。考虑推广合肥"贷投批量联动"经验，要求商业银行对科创企业贷款额度中至少 30% 匹配风险投资机构跟投，形成"信贷支持＋股权增值"双重激励。发展知识产权证券化产品，联合上交所、深交所推出长三角 G60 科创走廊

知识产权 ABS 专项计划，允许企业以专利、商标等无形资产打包发行债券。

三、优化科创金融服务，提升融资精准程度

充分发挥长三角 G60 科创走廊综合金融服务平台的功能，切实打通整合九城市的政务数据、企业信用信息和知识产权数据，构建企业科创指数评价模型，从技术领先性、市场潜力、团队能力等维度量化评分，由此生成动态融资建议，比如评分 85 分以上企业自动匹配"信用贷+股权投资"组合方案。完善线下科创金融的服务网络，在九城市产业园、孵化器设立科创金融服务站，配备专职"金融顾问"，为企业提供政策解读、融资对接、上市辅导等一站式服务，逐步实现重点园区全覆盖。常态化举办"金融赋能·铸就品牌"产融对接活动，进一步助力产融结合高质量发展示范园区建设。

进一步深化科技信贷产品创新。开发"技术流"信贷产品：鼓励银行基于企业研发投入强度、专利数量等指标，发放纯信用贷款。可考虑借鉴部分金融机构先进经验，比如将杭州银行"科创指数贷"可扩展至九城市。试点"科研设备融资租赁"，联合金融机构设立长三角 G60 科创走廊科研设备租赁公司，为企业提供大型仪器"以租代购"服务，租金可按研发费用加计扣除，降低企业初始投入的经济成本。

四、推动国际化合作，链接全球创新资源

吸引境外资本积极参与科创投资，拓宽科创金融的资金供给渠道。考虑设立合格境外有限合伙人（QFLP）试点通道，允许外资机构通过长三角 G60 科创走廊 QFLP 基金投资本地科技企业，简化审批流程。举办长三角 G60 科创走廊国际科创金融峰会，联合世界银行、亚投行等国际组织，每年举办全球性论坛，发布 G60 科创走廊科创金融发展报告，持续提升国际影响力。

构建跨境科技金融服务网络，对接上海国际金融中心资源，进一步推

动长三角 G60 科创走廊与上海自贸区联动，试点"跨境双向人民币资金池"，允许科技企业集团境内外资金自由调配，降低汇兑成本。考虑在松江、合肥、苏州设立国际技术转移分中心，与国际高水平应用创新机构加强合作，搭建技术交易、专利授权、跨境融资一体化平台。

五、夯实基础资源支撑，优化科创金融生态环境

科创人才与智库建设是科创金融与科技创新的底层支撑。考虑实施"长三角 G60 科创走廊科创金融领军人才计划"，对区域内引进的科技金融复合型人才，比如兼具 CFA、专利代理人资格和金融科技能力的专家，给予丰厚安家补贴；联合上海、杭州、苏州、合肥等地高校开设"科创金融"硕博项目，定向培养人才。与高校、金融机构共建长三角 G60 科创走廊科创金融研究院，开展政策研究、案例库建设、风险预警模型开发，为政府决策提供智力支持。

同时，进一步健全风险防控与容错机制。考虑建立科技金融风险监测平台，实时监控九城市科创贷款不良率、基金投资失败率等指标，设定预警阈值，如不良率超 3% 触发干预。推行尽职免责制度，对因技术路线失败导致的科技贷款损失，经认定后免除信贷人员合规责任，鼓励金融机构敢贷愿贷。多措并举，推动长三角 G60 科创走廊科创金融体系真正迈向"制度融合"和"体系融合"，促进地区科技创新的可持续发展，为全国区域协同发展科创金融提供示范样本。

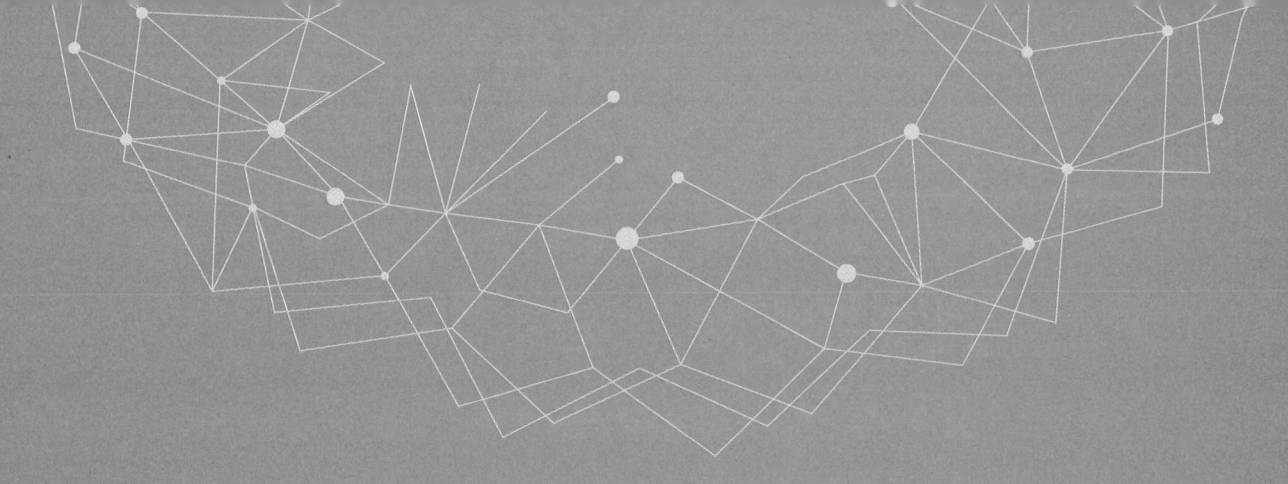

下篇

长三角G60科创走廊科创金融驱动新质生产力的创新实践研究

第六章　科创金融驱动新质生产力发展的机理研究

第一节　新质生产力发展的内涵及驱动因素研究

一、新质生产力的科学内涵

自2023年9月习近平总书记在黑龙江考察调研期间首次提出，"新质生产力"就成为社会关注的热点领域。2023年12月召开的中央经济工作会议提出，要以科技创新推动产业创新，特别是以颠覆性技术和前沿技术催生新产业、新模式、新动能，发展新质生产力。针对新质生产力的内涵，习近平总书记指出："新质生产力是创新起主导作用，摆脱传统经济增长方式、生产力发展路径，具有高科技、高效能、高质量特征，符合新发展理念的先进生产力质态。它由技术革命性突破、生产要素创新性配置、产业深度转型升级而催生，以劳动者、劳动资料、劳动对象及其优化组合的跃升为基本内涵，以全要素生产率大幅提升为核心标志，特点是创新，关键在质优，本质是先进生产力。"这一重要论述，深刻指明了新质生产力的特征、基本内涵、核心标志、特点、关键、本质等基本理论问题，为我们准确把握新质生产力的科学内涵提供了根本遵循。

新质生产力的提出是对马克思主义"生产力决定生产关系"基本原理的深化。传统生产力理论聚焦劳动者、劳动资料与劳动对象的三要素组合，而新质生产力强调通过技术革命性突破、要素创新性配置与产业深度转型，实现全要素生产率的跃升，体现了对马克思主义理论的创新性发展。

（一）新质生产力是以科技创新驱动为核心的生产力

新一轮科技革命和产业变革正持续深化，主要发达国家均将推动前沿技术创新视为夺取科技经济领域制高点、开拓全新发展赛道的关键路径。新质生产力的核心驱动力是科技创新，强调关键性颠覆性技术的突破。这一过程不仅涉及技术本身的革新，还包括科技创新成果在产业中的转化和应用，从而形成新的生产要素组合和产业生态。新质生产力赋能传统产业，使其焕发新生，技术水平得到显著提升；同时，它也助力新兴产业巩固并扩大其技术领先优势，开拓更广阔的市场空间。对于未来产业而言，新质生产力更是开辟全新赛道、成为推动发展的新动能。新质生产力鲜明的知识技术密集型特征，有效提升了整体产业的技术密集程度和产品的技术含量。

新质生产力的"新"首先体现在新技术层面。这些新技术不仅包括了前沿的科学技术，如人工智能、量子计算、生物技术等，还涵盖了新材料、新工艺、新能源等各个领域的创新成果。这些技术的突破和应用，为生产力的发展提供了强大的动力和支持。发展新质生产力，着力点之一在于全面落实科技创新驱动战略，发展原创性、颠覆式技术创新。原创性技术创新是新质生产力的源泉，要鼓励和支持科研人员开展基础研究，探索未知领域，攻克关键技术难题；通过加强科研投入、优化科研环境、激发科研人员的创新活力，不断推动科技创新成果的涌现。同时，还要注重科技成果的转化应用，将科研成果转化为实际生产力，推动产业升级和经济发展。颠覆式技术创新则是新质生产力的关键突破口，要敢于打破传统思维定式，勇于挑战现有技术体系，推动技术革新和产业变革；通过引进和培养一批具有创新精神和实践能力的科技人才，打造一批具有国际竞争力的创新型企业，形成颠覆式技术创新的强大合力。

（二）新质生产力是生产要素创新性配置的生产力

新质生产力的"新",其内涵之丰富,不仅体现在对传统生产力模式的超越上,更深刻地体现在生产要素的创新性配置上。这一概念不仅代表着对现有产业组织形态和要素配置方式的根本性革新与突破,更是推动经济社会高质量发展的强大动力。

在传统生产力框架下,土地、资本、劳动力等生产要素扮演着核心驱动角色。土地作为生产的基础载体,资本作为扩大再生产的血液,劳动力则是直接参与生产过程的主体。然而,随着科技的飞速发展和全球化的深入推进,这些传统要素的配置方式和效能逐渐显现出局限性。新质生产力的提出,正是对这一局限性的有力回应。新质生产力通过重新配置和优化劳动者、劳动资料、劳动对象等传统生产要素,赋予了它们新的生命力和活力。在劳动者方面,新质生产力要求的不再是简单的体力劳动或单一技能的操作者,而是需要具备新知识、新技能的高素质人才。这些人才不仅掌握着先进的科学技术,还具备创新思维和跨界融合的能力,能够适应快速变化的市场环境,推动产业升级和转型。在劳动资料方面,新质生产力引入了智能设备、数字化工具等新型生产资料。这些新型劳动资料不仅提高了生产效率,还降低了生产成本,使得生产过程更加精细化、智能化。智能设备的广泛应用,使得生产线上的每一个环节都能实现精准控制,大大提高了产品的质量和一致性。数字化工具的普及,则让信息处理和数据传输变得更加便捷高效,为企业的决策提供了更加准确、及时的数据支持。在劳动对象方面,新质生产力的触角从传统物质资源扩展到了数字空间、绿色资源等非物质化领域。数字空间的开发,为生产力的发展开辟了新的天地。电子商务、云计算、大数据等新兴产业的崛起,不仅改变了人们的消费方式,也重塑了产业格局。绿色资源的利用,则是新质生产力对可持续发展理念的践行。通过开发新能源、推广环保技术、实现资源循环利用等方式,新质生产力在推动经济增长的同时,也注重保护生态环境,实现了经济效益和生态效益的双赢。

此外，新质生产力还强调数据、知识、信息等新型要素的重要作用。数据作为新时代的"石油"，已经成为推动经济社会发展的关键要素。大数据产业作为以数据生成、采集、存储、加工、分析、服务为主的新兴产业，具有速度快、精度准、价值高等优势，能够激活数据要素潜能，推动生产力变革和创新，形成新质生产力。充分释放数据要素潜能，要推进数据标准化体系建设，建立全国统一的数据格式、接口、存储等软硬件通用标准，完善数据登记、交易和服务等通用规范，提升数据供给质量，形成更加完整贯通的数据链；推进数据确权、流动和共享，完善数据产权登记制度，建立完善数据定价体系和数据资产运营体系，确保数据可流动、可使用；创新数据开发利用机制，加强场景需求牵引，打通流通障碍，推动数据在智能制造、商贸流通、交通物流、金融服务、医疗健康等重点领域深化应用。

（三）新质生产力是产业深度转型升级的生产力

在新时代的经济浪潮中，新质生产力的"新"不仅是一种表象的革新，更是一种深层次的、根本性的变革，这种变革尤为体现在产业的深度转型升级上。随着科技的飞速进步和市场需求的不断变化，传统产业正面临着前所未有的挑战与机遇，它们正在经历着一场深刻的变革，而这场变革的推手，正是新质生产力。

传统产业，作为经济发展的基石，曾经为经济增长和社会进步作出了巨大贡献。然而，随着时代的变迁，这些产业逐渐暴露出了一些问题，如生产效率低下、资源消耗大、环境污染严重等。这些问题不仅制约了产业的进一步发展，也对环境和社会造成了不小的压力。因此，产业的转型升级成为势在必行的选择。而新质生产力的出现，为产业的转型升级提供了强有力的支撑。新兴产业如雨后春笋般涌现，它们以科技创新为核心，凭借着先进的技术、高效的生产方式和环保的理念，迅速在市场上崭露头角。这些新兴产业不仅为经济发展注入了新的活力，也推动着产业结构的优化和升级。

在新质生产力的推动下，传统产业开始了深度的转型升级。它们通过引进先进的技术和设备，提高生产效率，降低生产成本，提升产品质量。同时，传统产业还积极与新兴产业进行融合，借助新兴产业的技术和理念，改造和提升自身的产业水平。这种融合不仅让传统产业焕发出了新的生机，也让新兴产业在传统产业的基础上得到了更好的发展。新兴产业的崛起，不仅为经济带来了新的增长点，也为产业的转型升级提供了新的方向。以数字经济为例，随着大数据、云计算、人工智能等技术的不断发展，数字经济已经成为推动经济增长的重要力量。传统产业通过数字化转型，可以实现生产过程的智能化、自动化和高效化，大大提高生产效率和管理水平。同时，数字经济还为传统产业提供了新的营销渠道和商业模式，让传统产业能够更好地适应市场的变化和消费者的需求。除数字经济外，新能源、新材料、生物科技等新兴产业也在不断发展壮大，它们为产业的转型升级提供了更多的可能性和选择。新能源的广泛应用，可以降低对传统能源的依赖，减少环境污染，推动绿色可持续发展。新材料的研发和应用，可以为传统产业提供更高性能、更环保的材料选择，提升产品的附加值和市场竞争力。生物科技的发展，则可以为医疗、农业等领域带来革命性的变革，推动产业的升级和转型。

这种产业的深度转型升级，不仅提高了产业的竞争力和附加值，还为经济的持续增长提供了新的动力。通过转型升级，产业可以更好地适应市场的变化和消费者的需求，提高产品的质量和性能，降低生产成本和资源消耗，增强产业的可持续发展能力。同时，产业的转型升级还可以带动相关产业的发展和就业的增长，为经济社会的全面发展作出更大的贡献。

二、新质生产力的主要特征

党的二十大报告指出，高质量发展是全面建设社会主义现代化国家的首要任务。要实现高质量发展，必须积极培育战略性新兴产业和未来产业，形成新质生产力。与传统生产力相比，新质生产力更加重视创新、技术进步和智力资源对生产方式和生产效率的全面提升，具有技术创新导向，是信息化和智能化时代的重要标志。新质生产力的重要特征是数字化和绿色化，着力点在于科技创新，强化创新驱动，落脚点在于构建以战略性新兴产业和未来产业为主的现代化产业体系，目标是形成经济发展新动能，实现经济高质量发展。与传统生产力相比，新质生产力更加重视创新、技术进步和智力资源对生产方式和生产效率的全面提升。其主要特征可以概括为以下几个方面。

（一）高科技特征

新质生产力以高新技术为核心，包括但不限于人工智能、大数据、云计算、物联网等。这些技术的广泛应用极大地提高了生产效率和质量。例如，在制造业中，通过引入智能制造系统，可以实现生产过程的自动化和智能化，提高生产精度和效率；在服务业中，大数据和云计算技术的应用则能够更精准地满足客户需求，提升服务质量和效率。具体而言，人工智能技术在图像识别、语音识别、自然语言处理等方面取得了突破性进展，为智能制造、智慧城市等领域提供了强大的技术支持。大数据技术的应用则使企业能够更深入地了解市场需求和消费者行为，从而制定更为精准的市场策略。云计算技术则通过提供弹性可扩展的计算和存储资源，降低了企业的IT成本，提高了资源利用效率。

（二）高效能特征

新质生产力通过优化资源配置和生产流程，实现了更高的投入产出效率，降低了生产成本和资源消耗。这得益于先进的管理理念和技术手段的应用，例如，精益生产、六西格玛等管理方法的引入，使企业能够更精准地控制生产过程，减少浪费，提高生产效率。同时，物联网技术的应用则使企业能够实时监控生产设备和产品的状态，及时发现问题并进行处理，从而提高了生产效率和产品质量。此外,新质生产力还注重通过技术创新来优化生产流程。例如,在制造业中,通过引入3D打印技术,可以实现复杂零部件的快速制造和个性化定制;在农业领域,通过智能农业技术的应用,可以实现精准施肥、灌溉和病虫害防治,提高农作物产量和质量。

(三)高质量特征

新质生产力追求高质量发展,不仅关注数量的增长,更注重质量和效益的提升。这符合新发展理念的要求,即创新、协调、绿色、开放、共享。在新质生产力的推动下,企业更加注重产品和服务的品质和创新性,以满足消费者日益增长的多样化需求。同时,政府也加大了对质量和品牌的支持力度,推动企业和产业向高质量发展方向迈进。例如,在制造业中,通过引入先进的质量管理方法和手段,如全面质量管理(TQM)、六西格玛质量管理等,企业能够更精准地控制生产过程,提高产品质量和稳定性。在服务业中,通过提升服务质量和效率,企业能够赢得更多客户的信任和忠诚。此外,政府还通过制定相关政策和标准来引导和规范企业和产业的发展方向,推动其向高质量发展方向迈进。

(四)创新性特征

创新是新质生产力的灵魂,是推动其不断发展的动力源泉。新质生产力的创新性特征体现在多个方面,包括技术创新、管理创新、商业模式创新等。这些创新不仅推动了生产力的提升和经济效益的增长,还带动了产业结构的优化和升级。在技术创新方面,新质生产力注重通过自主研发和引进消化吸收再创新等方式来推动技术进步和产业升级。例如,在新能源汽车领域,通过引入先进的电池技术和驱动系统技术,实现了汽车动力系统的革命性变革;在生物医药领域,通过基因编辑和细胞治疗等技术的突破,为疾病治疗提供了新的手段和途径。在管理创新方面,新质生产力注重通过引入先进的管理理念和方法来提高企业的运营效率和竞争力。例如,在制造业中,通过引入精益生产和六西格玛等管理方法,实现了生产过程的优化和成本的控制；在服务业中，通过引入互联网思维和平台化运营模式，实现了服务模式的创新和客户体验的提升。在商业模式创新方面，新质生产力注重通过探索新的商业模式和盈利方式来拓展市场空间和提升盈利能力。例如，在共享经济领域，通过引入共享经济和平台化运营模式，实现了资源的优化配置和高效利用；在电子商务领域，通过引入大数据分析和人工智能等技术手段，实现了精准营销和个性化推荐等功能的实现。

三、新质生产力发展的驱动因素

（一）科技创新：核心驱动力

技术革命性突破是新质生产力发展的关键因素之一。随着科技的不断发展，新技术层出不穷，如人工智能、量子通信、生物技术等领域的突破，为新质生产力的发展提供了强大的技术支撑。例如，人工智能技术的广泛应用，使机器能够模拟人类的智能行为，进行自主学习和决策，从而在生产过程中实现更高效、更精准的控制和管理。技术革命性突破往往伴随着生产效率或效益的跨数量级跃升。例如，从手工生产到机械化生产，再到自动化、智能化生产，每一次技术革命都带来了生产效率的显著提升。

科技创新体系的建设是新质生产力发展的重要保障。这包括科研机构的设立、科研人员的培养、科研资金的投入等多个方面。通过构建完善的科技创新体系，可以激发科研人员的创新活力，推动新技术的研发和应用。我国近年来在科技创新方面取得了显著成效，建设了一批国家实验室、国家重点实验室等科研机构，培养了大量高素质科研人才，为科技创新提供了有力支撑。同时，政府还加大了对科技创新的投入力度，通过设立科研基金、提供税收优惠等政策措施，鼓励企业进行科技创新。

（二）生产关系优化：制度保障

生产关系与生产力是相互作用的。生产力的发展要求生产关系进行相应的调整和优化，以适应生产力的发展需求。新质生产力的发展同样需要优化生产关系，打破束缚生产力发展的体制机制障碍。根据马克思历史唯物主义的生产力与生产关系作用原理，生产力决定生产关系，生产关系反作用于生产力。因此，要发展新质生产力，就必须对现有的生产关系进行调整和优化，以适应新质生产力的发展需求。

政府在新质生产力发展中起着重要的政策引导和制度保障作用。通过出台相关政策文件，明确新质生产力的发展方向和目标，为新质生产力的发展提供政策支持和制度保障。我国政府在近年来出台了一系列鼓励科技创新和支持新兴产业发展的政策措施，包括加大科技研发投入、建设创新型国家、推动产业转型升级等。这些政策措施的出台为新质生产力的发展提供了有力的政策支持和制度保障。

（三）生产管理改进：关键途径

生产流程的优化是新质生产力发展的重要途径之一。通过引进先进的生产理念和技术手段，对生产流程进行重构和优化，可以提高生产效率和质量，降低生产成本和资源消耗。例如，在制造业领域，通过引入精益生产、智能制造等先进生产理念和技术手段，可以对生产流程进行精细化管理和优化。通过实施自动化、智能化生产设备和系统，可以实现生产过程的实时监控和精准控制，提高生产效率和产品质量。

管理创新也是推动新质生产力发展的重要途径之一。通过优化管理体系、提高管理水平和管理效率，可以更好地整合和利用各种资源，推动新质生产力的发展。例如，在企业管理方面，通过引入敏捷管理、数字化管理等新型管理模式和方法，可以提高企业的组织效率和决策水平。通过实施数字化转型和智能化升级等措施，可以实现企业运营的自动化和智能化管理，提高企业的市场竞争力和可持续发展能力。

（四）劳动者素质提升：人力资本支撑

劳动者是新质生产力的主体和核心要素之一。劳动者素质的提升对于推动新质生产力的发展具有重要意义。通过加强教育培训、提高技能水平、培养创新意识等措施，可以提高劳动者的知识水平和劳动技能，使其更好地适应新质生产力发展的需要。新质生产力的发展需要高素质的劳动者作为支撑。这些劳动者不仅具备扎实的专业知识和技能水平，还具备较强的创新意识和创新能力，能够不断推动新技术的研发和应用。

人才培养和引进是推动新质生产力发展的重要手段之一。通过加强高等教育和职业教育体系建设、培养高素质专业人才等措施，可以为新质生产力的发展提供充足的人才保障。同时，通过制定优惠政策、提供良好的工作和生活环境等措施，可以吸引和留住优秀人才为新质生产力的发展贡献力量。

（五）市场拓展：价值实现途径

市场需求的拉动作用是推动新质生产力发展的重要因素之一。随着全球化和互联网经济的发展市场空间不断拓展为新质生产力的价值实现提供了更广阔的舞台。通过抓住市场机遇、拓展国内外市场等措施可以推动新质生产力的快速发展。例如，在新能源汽车领域随着消费者对环保、节能、智能等方面需求的不断增加新能源汽车市场呈现出蓬勃发展的态势。这为新能源汽车产业的发展提供了广阔的市场空间和发展机遇。

商业模式创新是推动新质生产力发展的重要途径之一。通过开辟新的市场领域、创造新的需求和价值等措施可以拓展新质生产力的市场空间和发展潜力。例如，在共享经济领域通过创新商业模式和运营模式实现了资源的优化配置和高效利用。这种商业模式创新不仅为消费者提供了更加便捷、高效的服务体验还为共享经济的发展注入了新的活力。

（六）环境保护与可持续发展：外部约束与内在动力

环境保护和可持续发展是推动新质生产力发展的重要外部约束和内在动力之一。随着全球环境问题的日益严峻和人们对环境保护意识的不断提高环境保护和可持续发展已经成为新质生产力发展的重要考量因素之一。新质生产力的发展必须注重环境保护和可持续发展通过推广绿色技术、实施节能减排、加强环境治理等措施可以减少生产过程中的环境污染和生态破坏为新质生产力的发展提供可持续的生态环境支持。

绿色生产力是新质生产力发展的重要方向之一。通过推广绿色技术、发展绿色产业等措施可以实现经济效益和环境效益的双赢。例如，在农业领域通过推广生态农业、有机农业等绿色农业发展模式可以实现农业生产的高效、环保和可持续发展。这不仅提高了农产品的质量和安全性，还促进了农业生产的可持续发展。

第二节　科创金融驱动新质生产力的机理研究

一、科创金融影响新质生产力发展的理论基础

（一）创新驱动理论

创新驱动理论是现代经济增长理论的重要组成部分，其根源可追溯至熊彼特的创新理论。熊彼特在其经典著作中首次提出了"创新"的概念，并将其视为经济发展的核心驱动力。他强调，创新不仅是技术上的新发明或新应用，更是一种通过引入新产品、新工艺、新市场、新原材料或新组织方式，用来打破现有经济均衡并创造新均衡的过程。这一理论为后来的创新驱动发展理论奠定了坚实基础。

熊彼特创新理论揭示了创新的本质是"创造性破坏"，核心在于企业家通过"新组合"打破旧有经济结构，建立新的生产函数。而在这一过程中，金融起着至关重要的作用。银行信贷是创新的重要支持工具，金融市场的完善能够为创新企业提供必要的资金支持，促进技术创新和市场拓展。科创金融则在此框架下发挥三重作用：一是风险共担机制。通过股权投资、

知识产权质押等工具，分散技术创新的高风险性（如美国硅谷银行对早期科创企业的投贷联动模式）。二是价值发现功能。多层次资本市场通过价格信号识别高潜力创新方向，如科创板对半导体、生物医药等领域的估值溢价。三是要素聚合效应。区块链技术在供应链金融中的应用案例显示，金融科技可降低交易成本50%以上，加速技术扩散速度。

在科创金融的推动下，创新驱动发展理论得到了新的诠释和应用。科创金融作为金融与科技深度融合的产物，核心在于通过金融手段为科技创新提供资金支持，进而推动新技术、新产业、新业态的蓬勃发展。这一过程中，科创金融不仅关注科技创新本身的资金需求，还注重通过金融创新来优化资源配置、分散风险、提高资本效率，从而为科技创新创造更加有利的外部环境。创新驱动发展理论在科创金融影响新质生产力发展的过程中，起到了重要的理论支撑作用。一方面，它强调了科技创新在推动经济发展中的核心地位，为科创金融的发展提供了明确的方向和目标；另一方面，它也揭示了科创金融如何通过提供资金支持、优化资源配置等方式，促进科技创新成果的转化和应用，进而推动新质生产力的形成和发展。

在具体实践中，科创金融通过设立风险投资基金、科技贷款、知识产权质押融资等多种金融产品，为科技创新企业提供了多元化的融资渠道。这些金融产品的设计，不仅考虑了科技创新企业的资金需求特点，还充分考虑了其风险较高、回报周期较长的特性，从而在一定程度上降低了科技创新的融资门槛，激发了创新活力。此外，科创金融还通过构建科技金融服务体系，为科技创新企业提供了全方位的金融服务。这一体系包括科技金融政策制定、科技金融平台建设、科技金融人才培养等多个方面，旨在通过政策引导、平台支撑和人才培养等方式，为科技创新企业提供更加全面、专业的金融服务，推动其快速发展壮大。

可以看到，熊彼特的创新理论不仅揭示了创新在经济发展中的核心作用，还为理解科创金融的重要性提供了理论基础。通过金融市场的支持，创新活动能够不断涌现，推动经济结构的优化和升级，实现持续的经济增长。

(二) 要素配置理论

要素配置理论是经济学中的核心理论之一，它关注的是如何最有效地利用和分配各种生产要素，以实现经济的最优增长。在科技金融的框架下，要素配置理论得到了新的应用和发展。科技金融作为一种新型的金融模式，其核心在于通过金融手段促进科技与创新资源的有效配置，从而推动经济的高质量发展。

科技金融通过提供多元化的融资渠道和金融服务，使科技企业和创新项目能够更容易地获得所需的资金支持。这种资金支持不仅来自传统的银行贷款，还包括风险投资、天使投资、股权众筹等多种融资方式。这些融资方式的多样性，为不同阶段的科技企业和创新项目提供了更加灵活和适应性的融资选择，有助于优化资金要素的配置。科技金融还通过促进信息要素的流动和共享，提高了创新资源的配置效率。在科技金融的推动下，各种创新资源（如技术、人才、知识等）能够更容易地在不同企业和项目之间流动和共享，从而实现了创新资源的优化配置。这种优化配置不仅有助于提高创新效率，还有助于降低创新成本，推动经济的持续发展。此外，科技金融还通过促进金融资本与创新资源的深度融合，推动了新质生产力的形成和发展。金融资本作为经济发展的重要驱动力，其与创新资源的深度融合有助于形成新的生产力和经济增长点。在科技金融的推动下，金融资本能够更加精准地投向具有创新潜力和市场前景的科技企业和项目，从而推动了新质生产力的快速发展。

要素配置理论在科技金融框架下的应用和发展，不仅有助于优化资金、信息等生产要素的配置，提高创新资源的利用效率，还有助于推动金融资本与创新资源的深度融合，形成新的生产力和经济增长点。因此，在推动新质生产力发展的过程中，应充分重视要素配置理论的作用，通过科技金融手段促进生产要素和创新资源的优化配置，实现经济高质量发展。

（三）资本优化理论

MM 理论（Modigliani–Miller Theorem）是现代资本结构理论的重要基石，由 Modigliani 和 Miller 于 1958 年提出。该理论在不同条件下对资本结构与企业价值的关系进行了深入探讨，为资本结构优化提供了理论基础，为我们理解科创金融如何驱动新质生产力提供了重要的理论视角。MM 理论指出，在完美的资本市场中，企业的价值与其资本结构无关，即企业的债务与股权比例不会影响其总价值。然而，在现实世界中，资本市场并非完美，信息不对称、税收、破产成本等因素使企业的资本结构对其价值产生显著影响。

科创金融通过多层次、多样化的融资渠道，为企业提供了优化资本结构的机会。科技创新企业往往具有高风险、高成长性的特点，传统的融资渠道可能难以满足其融资需求。科创金融的出现，如风险投资、天使投资、私募股权基金等，为这些企业提供了更加灵活、适应性更强的融资方式。这些融资方式不仅能够帮助企业筹集到所需的资金，还能够通过股权结构的调整，优化企业的资本结构，降低融资成本，提高企业的资本效率。科创金融通过促进企业创新，提高了资本的使用效率。科技创新是推动经济发展的重要动力，而科创金融正是通过为科技创新提供资金支持，促进了新技术的研发和应用。这些新技术的应用，不仅能够提高企业的生产效率，还能够开拓新的市场，创造新的商业模式，从而提高企业的盈利能力。这种盈利能力的提升，反过来又能够吸引更多的资本投入，形成良性循环，进一步推动新质生产力的发展。科创金融还通过风险分散机制，降低了企业的融资风险。科技创新企业由于其高风险性，往往难以获得传统金融机构的融资支持。科创金融通过构建多元化的投资组合，将风险分散到多个项目和企业中，降低了单一项目或企业的融资风险。这种风险分散机制，不仅使科创金融能够更加积极地支持科技创新企业，还能够通过风险共担，促进科技创新企业之间的合作与交流，进一步推动新质生产力的发展。

资本优化理论在科创金融驱动新质生产力的过程中发挥了重要作用。科创金融通过多层次、多样化的融资渠道，优化了企业的资本结构；通过促进企业创新，提高了资本的使用效率；通过风险分散机制，降低了企业的融资风险。这些作用机制共同推动了新质生产力的发展，使得科创金融成为推动经济高质量发展的重要力量。

（四）信息价值理论

信息价值理论，根植于德鲁克的知识经济理论，强调在当代社会，知识和信息已成为核心的生产要素，其流动与共享对于经济体系的创新与发展具有不可估量的价值。在科创金融的视角下，这一理论为我们理解金融如何促进新技术和商业模式的创新，进而加速新质生产力的形成，提供了深刻的洞见。

知识经济时代，信息和知识的有效管理成为企业竞争力的关键。科创金融通过提供融资、风险投资、信贷等多种金融服务，不仅为科技创新项目提供必要的资金支持，更重要的是，它促进了知识、技术和市场信息的快速流动与共享。这种流动与共享机制，使得创新资源能够跨越组织和地域界限，实现优化配置，从而加速了新技术的研发和应用，以及新商业模式的探索和实践。科创金融平台作为信息交流的枢纽，扮演着至关重要的角色。这些平台通过聚集投资者、创业者、科研机构等多方参与者，不仅提供了资金对接的渠道，还成为知识交流、技术转移和经验分享的重要场所。在这种互动中，隐性知识得以显性化，新知识得以创造，从而极大地丰富了社会的知识库，为持续创新提供了源源不断的动力。信息价值理论还强调了信息不对称问题的解决对于提高金融市场效率的重要性。在科创金融领域，由于科技创新项目的高风险性和不确定性，信息不对称问题尤为突出。因此，建立有效的信息披露机制、信用评级体系和风险评估模型，成为保障科创金融市场健康运行的关键。这些机制的完善，有助于降低融资成本，提高资金配置效率，进一步促进科技创新和新质生产力的发展。

此外，根据信息价值理论，科创金融的发展不仅在于提供资金支持，更在于构建一个开放、包容、协同的创新生态系统。在这个系统中，政府、企业、科研机构、金融机构等各方应共同参与，形成合力，通过政策引导、资源共享、风险共担等方式，促进知识和信息的有效流动与利用，推动新技术和商业模式的持续创新，加速新质生产力的形成和发展。

二、科创金融驱动新质生产力发展的机理分析

科创金融与新质生产力的互动本质上是金融资本与创新要素的深度融合。科创金融通过资本配置机制、风险管理机制、公司治理机制和信息反馈机制四大核心功能，为科技创新提供全生命周期支持；而新质生产力以"技术革命性突破、生产要素创新性配置、产业深度转型升级"为特征，其发展高度依赖金融资源对创新链的精准灌溉。科创金融赋能新质生产力发展是一个复杂而多维度的过程，涉及金融、科技、产业等多个领域的深度融合。本部分构建"金融资本—创新资源—科技创新—产业升级—新质生产力发展"的分析框架，阐释科创金融赋能新质生产力发展的作用机理。

（一）科创金融通过创新资源的有效配置影响新质生产力发展

科创金融在创新资源的有效配置中扮演着至关重要的角色。创新资源，包括资金、人才、技术、信息等，是科技创新活动的基石。然而，这些资源往往分散在不同的领域和主体中，需要通过有效的机制进行整合和配置，才能发挥出最大的效益。科创金融正是这样一种机制，它通过资本的力量，引导创新资源向最具潜力和前景的科技领域和项目聚集。

1. 资本配置机制

科创金融的资本配置机制是其核心功能之一。它通过风险投资、私募股权、信贷融资、债券融资等多种金融工具，为科技创新项目提供资金支持。这些金融工具具有不同的风险收益特征和投资期限，能够满足不同阶

段科技创新项目的融资需求。例如，风险投资主要投资于初创期的科技创新企业，为其提供启动资金和市场验证的机会；私募股权则更多地投资于成长期的企业，帮助其扩大规模和市场份额；而信贷融资和债券融资则更适合于成熟期的企业，为其提供稳定的资金来源和较低的融资成本。科创金融在资本配置过程中，不仅注重资金的投入，还关注资金的使用效率和回报。它通过专业的投资管理和风险控制，确保资金能够精准地投入到最具潜力的科技创新项目中，实现资金的价值最大化。同时，科创金融还通过市场化的定价机制，引导创新资源向高效益的领域和项目流动，促进创新资源的优化配置。

2. 人才吸引与培养机制

科创金融还通过人才吸引与培养机制，促进创新资源的有效配置。科技创新活动离不开高素质的人才队伍，而科创金融通过提供优厚的薪酬待遇、广阔的发展空间和良好的工作环境，吸引和留住了一批批优秀的科技人才。这些人才在科技创新活动中发挥着举足轻重的作用，他们不仅能够提出创新的想法和解决方案，还能够将科技成果转化为实际的生产力，推动新质生产力的发展。此外，科创金融还通过与高校、科研机构等合作，共同培养和造就一批具有创新精神和实践能力的科技人才。这些人才在科技创新活动中不断积累经验和知识，这为未来的科技创新活动提供了源源不断的人才储备。

3. 技术获取与转化机制

科创金融还通过技术获取与转化机制，促进创新资源的有效配置。科技创新活动需要不断获取新的技术和知识，而科创金融通过投资研发、技术引进、产学研合作等方式，帮助科技创新企业获取先进的技术和知识。同时，科创金融还通过提供技术支持和咨询服务，帮助科技创新企业将科技成果转化为实际的产品和服务，实现科技成果的商业化应用。科创金融在技术获取与转化过程中，注重技术的先进性和实用性。它通过专业的技术评估和市场分析，确保所获取的技术具有领先优势和市场需求，为科技创新企业提供有力的技术支撑。同时，科创金融还通过搭建技术交易平台和产学研合作平台，促进技术的交流和合作，推动技术的传播和应用。

可以看到，科创金融通过资本配置机制、人才吸引与培养机制和技术获取与转化机制，促进了创新资源的有效配置，为新质生产力的发展提供了有力的支撑。它引导创新资源向最具潜力和前景的科技领域和项目聚集，推动了科技创新活动的深入进行和科技成果的商业化应用，为新质生产力的发展注入了强大的动力。

（二）科创金融通过科技创新与产业升级的良性循环影响新质生产力发展

科创金融不仅通过创新资源的有效配置直接影响新质生产力的发展，还通过促进科技创新与产业升级的良性循环，间接推动新质生产力的不断提升。科技创新是产业升级的驱动力，而产业升级则是科技创新的成果体现。科创金融在这一过程中发挥着桥梁和纽带的作用，它连接着科技创新和产业升级两个关键环节，促进了两者的良性互动和协同发展。

1. 科技创新推动产业升级

科技创新是产业升级的核心动力。在知识经济时代，科技创新已经成为推动产业发展的主要驱动力。新的科技革命和产业变革正在孕育兴起，人工智能、大数据、云计算、物联网等新技术不断涌现，为产业升级提供了前所未有的机遇。科创金融通过投资和支持科技创新项目，推动了新技术的研发和应用，为产业升级提供了有力的技术支撑。科技创新不仅推动了新技术的产生和应用，还促进了传统产业的改造和升级。科创金融通过支持传统产业的技术改造和升级，提高了传统产业的生产效率和产品质量，增强了传统产业的竞争力。同时，科创金融还通过引导传统产业向高端化、智能化、绿色化方向发展，推动了传统产业的转型升级和可持续发展。

2. 产业升级促进科技创新

产业升级是科技创新的成果体现，也是科技创新的持续动力。产业升级不仅带来了经济效益的提升和产业结构的优化，还为科技创新提供了更广阔的市场和应用场景。科创金融通过支持产业升级项目，推动了科技成果的商业化应用和市场拓展，为科技创新提供了有力的市场支撑。产业升级还促进了科技创新资源的集聚和整合。在产业升级过程中，企业需要不断获取新的技术和知识，以提高自身的竞争力和适应能力。科创金融通过搭建科技创新平台和产学研合作平台，促进了科技创新资源的集聚和整合，为产业升级提供了有力的创新支撑。

3. 科创金融促进科技创新与产业升级的良性循环

科创金融在科技创新与产业升级的良性循环中发挥着至关重要的作用。首先，它通过投资和支持科技创新项目，推动了新技术的研发和应用，为产业升级提供了有力的技术支撑。其次，科创金融还通过支持产业升级项目，推动了科技成果的商业化应用和市场拓展，为科技创新提供了有力的市场支撑。这种良性循环不仅促进了科技创新和产业升级的协同发展，还推动了新质生产力的不断提升。在科创金融的推动下，科技创新与产业升级形成了相互促进、相互依存的良性循环。科技创新为产业升级提供了源源不断的动力和支持，而产业升级则为科技创新提供了广阔的市场和应用场景。这种良性循环不仅推动了经济高质量发展，还促进了社会进步和民生改善。最后，科创金融还通过风险管理和公司治理机制，为科技创新和产业升级提供了有力的保障。在科技创新和产业升级过程中，存在着诸多风险和不确定性。科创金融通过专业的风险管理和公司治理机制，有效地控制了风险和不确定性，为科技创新和产业升级提供了稳定的环境和条件。

由此可见，科创金融通过促进科技创新与产业升级的良性循环，间接推动了新质生产力的不断提升。它连接着科技创新和产业升级两个关键环节，促进了二者的良性互动和协同发展。同时，科创金融还通过风险管理和公司治理机制，为科技创新和产业升级提供了有力的保障。这种良性循环和保障机制不仅推动了经济的高质量发展，还为新质生产力的发展注入了强大的动力。

（三）科创金融通过风险分担与激励机制的建立影响新质生产力发展

科创金融在推动新质生产力发展的过程中，不仅通过资本配置和创新资源整合等直接手段发挥作用，还通过建立风险分担与激励机制，为科技创新活动提供有力的制度保障，间接促进新质生产力的发展。风险分担与激励机制是科创金融体系中的重要组成部分，它们能够有效地降低科技创新活动的风险，激发创新主体的积极性，推动科技创新成果的转化和应用。

1. 风险分担机制

科技创新活动具有高风险性，这是由科技创新本身的不确定性和复杂性所决定的。科创金融通过提供多样化的金融产品和服务，为科技创新活动提供了风险分担的渠道和方式。风险投资是科创金融中重要的风险分担方式之一。风险投资机构通常会采用分阶段投资的方式，根据科技创新项目的进展情况和市场前景，逐步投入资金。这种投资方式不仅能够降低投资风险，还能够为科技创新项目提供持续的资金支持。同时，风险投资机构还会通过参与公司治理、提供管理咨询等方式，帮助科技创新企业规范运作、提高管理水平，进一步降低风险。除了风险投资，科创金融还可以通过保险、担保等金融工具为科技创新活动提供风险保障。保险机构可以开发针对科技创新活动的保险产品，如科技研发保险、知识产权保险等，为科技创新企业提供风险转移和补偿的渠道。当科技创新项目遇到风险或损失时，保险机构可以按照合同约定给予赔偿，减轻企业的经济负担。担保机构则可以为科技创新企业提供融资担保服务，帮助其获得银行贷款等融资支持。当企业无法按时偿还贷款时，担保机构将承担部分或全部还款责任，降低银行的贷款风险，从而鼓励银行为科技创新企业提供更多的融资支持。

2. 激励机制

激励机制是科创金融体系中另一个重要的组成部分。科技创新活动需要创新主体具有高度的积极性和创造力,而激励机制正是激发创新主体积极性的重要手段。股权激励是科创金融中常用的激励方式之一。通过给予创新主体一定的股权或期权,使其能够分享到科技创新成果带来的收益,从而激发其创新积极性和创造力。这种激励方式不仅能够吸引和留住优秀的科技人才,还能够促使他们更加努力地投入到科技创新活动中去。利润分享也是科创金融中常见的激励方式。科创金融机构可以与科技创新企业约定一定的利润分享比例,当企业实现盈利时,按照约定比例分享利润。这种激励方式能够让创新主体更加关注企业的长期发展,而不仅仅是短期的盈利目标,从而推动科技创新成果的持续转化和应用。科研成果转化奖励也是科创金融中重要的激励方式。为了促进科技创新成果的转化和应用,科创金融机构可以设立科研成果转化奖励基金,对成功转化科研成果的创新主体给予一定的奖励和支持。这种奖励机制不仅能够激发创新主体的积极性,还能够推动科技创新成果的商业化进程,加速新质生产力的发展。

3. 风险分担与激励机制的协同作用

风险分担机制与激励机制在科创金融体系中发挥着协同作用,共同推动新质生产力的发展。首先,风险分担机制降低了科技创新活动的风险,为创新主体提供了更多的安全保障,使其能够更加大胆地尝试和创新。而激励机制则激发了创新主体的积极性和创造力,使其更加主动地投入到科技创新活动中去。在风险分担机制的保障下,创新主体能够更加专注于科技创新本身,而不用担心因风险而导致的经济损失。这种安全保障使得创新主体能够更加大胆地尝试新的想法和技术,推动科技创新的不断进步。其次,激励机制的建立使得创新主体能够更加积极地投入到科技创新活动中去,追求更高的创新成果和收益。最后,风险分担机制与激励机制的协同作用还能够促进科技创新成果的转化和应用。在风险分担机制的保障下,创新主体更加愿意将科技创新成果转化为实际的产品和服务,因为即使遇到风险或损失,也能够得到一定的补偿和支持。而激励机制的建立则使得创新主体更加关注科技创新成果的商业化进程，努力将科技成果转化为市场竞争力强的产品和服务，从而推动新质生产力的发展。

第三节 科创金融驱动新质生产力发展的研究思路与框架

在新时代背景下，科技创新已成为推动经济社会发展的核心动力，而金融作为现代经济的血液，对科技创新的支持作用日益凸显。长三角G60科创走廊作为连接上海、嘉兴、杭州、金华、苏州、湖州、宣城、芜湖、合肥九城市科技创新和产业发展的重要平台，正积极探索科创金融与新质生产力深度融合的新路径。本研究构建"金融资源供给 → 科技创新活动 → 新质生产力形成 → 经济高质量发展"的因果链，重点分析科创金融在该链条中的催化作用。具体来讲，以长三角G60科创走廊为研究对象，深入剖析科创金融在科技创新、企业数字化转型、绿色化转型以及产业链供应链升级等方面的创新实践，提炼总结创新模式，并提出相应的政策机制设计建议。

一、科创金融、科技创新与新质生产力

科创金融是金融体系与科技创新活动深度融合的产物。科创金融、科技创新与新质生产力之间形成闭环的"金三角"互动关系：科创金融通过资本供给、风险治理和市场发现三重机制，为科技创新注入"耐心资本"和"风险缓冲垫"，驱动技术突破与产业转化；科技创新经由技术产业化、产业链重构和范式变革三大路径，将知识资本转化为新质生产力，重塑经济增长动力；新质生产力的壮大进一步催生市场扩容、工具创新与生态升级需求，反哺科创金融的迭代进化，形成"金融赋能创新—创新转化生产

力—生产力反哺金融"的螺旋上升循环。

长三角 G60 科创走廊作为科技创新和产业发展的高地,高度重视科创金融在推动科技创新中的作用。近年来,走廊内各地政府、金融机构和企业共同努力,构建了多层次、多元化的科创金融服务体系。政府通过设立引导基金、提供财政补贴、优化营商环境等方式,引导金融资本向科技创新领域流动。金融机构则创新金融产品和服务,如风险投资、私募股权、科技贷款、知识产权质押融资等,满足科技创新企业不同阶段的融资需求。企业则积极利用科创金融资源,加大研发投入,推动技术创新和产业升级。本研究拟全面分析长三角 G60 科创走廊在科创金融领域的探索与实践,包括科创体系构建、政策支持、金融服务科技创新核心成果等;探讨科创金融如何促进科技创新活动,加速科技成果转化,提高科技创新能力;选取 G60 成果转化基金作为典型案例分析金融服务科技创新的模式,包括金融供给与产业协同模式、融资与上市服务模式等,并在此基础上提出完善长三角 G60 科创走廊金融服务科技创新的政策机制和相关建议。

二、科创金融、企业数字化转型与新质生产力

随着信息技术的飞速发展,企业数字化转型已成为提升竞争力和实现可持续发展的关键路径。科创金融作为创新驱动发展的"金融引擎",通过资本适配、风险共担和生态赋能三大机制,为企业的数字化转型注入强劲活力。在资本适配层面,科创金融突破传统信贷逻辑,创新推出"数字信贷""转型债券"等专项金融产品,精准匹配企业数字化设备升级、系统改造等资金需求;在风险共担机制上,通过设立政府引导的数字化转型风险池,引入科技保险、知识产权质押等风险缓释工具,有效分担企业技术采纳过程中的不确定性;生态赋能则体现在构建"金融+技术+产业"的数字化生态,如搭建数字化转型服务超市,整合云计算服务商、SaaS 提供商、行业专家等资源,为企业提供一站式转型解决方案。

企业的数字化转型并非简单的技术应用,而是通过效率革命、模式创

新和生态重构，催生出颠覆性的新质生产力。在效率革命维度，工业互联网、智能供应链等技术的应用，使生产要素配置效率得到指数级提升；模式创新则体现在服务型制造、C2M反向定制等新业态的涌现，重构了传统价值链；而生态重构则表现为产业互联网生态的形成，如海尔卡奥斯工业互联网平台已赋能超5000家产业链伙伴数字化转型，构建起协同进化的产业生态。这种由科创金融驱动、数字化转型实现的"生产力跃迁"，正在重塑经济增长的底层逻辑。新质生产力不仅体现在技术层面的突破，更在于其通过数据要素资产化、组织形态平台化等变革，创造出全新的价值创造模式。

长三角G60科创走廊作为科技创新和产业发展的前沿阵地，高度重视企业数字化转型工作。走廊内各地政府、金融机构和企业共同努力，推动企业数字化转型与科创金融的深度融合。政府通过制定相关政策、提供财政支持等方式，引导企业加快数字化转型步伐。金融机构则创新金融产品和服务，如数字化改造贷款、供应链金融等，满足企业数字化转型的融资需求。企业则积极利用科创金融资源，加大数字化投入，推动生产模式、商业模式和管理模式的创新。本研究具体分析长三角G60科创走廊金融服务企业数字化转型的驱动力与优势；探讨金融服务在促进企业数字化转型过程中的作用、现状与挑战；以浦发银行为例对长三角G60科创走廊金融服务企业数字化的模型进行分析并提出对策建议。

三、科创金融、绿色化转型与新质生产力

在全球气候变化和可持续发展的背景下，企业绿色化转型已成为必然趋势。科创金融通过创新金融工具与绿色技术深度融合，正加速推动传统产业绿色化转型，催生以清洁能源、循环经济为特征的新质生产力。这种转型不仅重构了产业链价值分配，更通过碳交易市场、绿色债券等机制形成正向循环：金融资本助力绿色技术突破，技术转化衍生新产业形态，新质生产力反哺金融创新，三者协同构建出低碳高效的现代产业体系，为经

济可持续发展注入绿色动能。

长三角 G60 科创走廊积极响应国家绿色发展战略，利用科创金融手段推动企业绿色化转型，不仅有助于提升区域生态环境质量，也是实现经济高质量发展的关键路径。本研究首先对长三角 G60 科创走廊企业绿色化转型的驱动力与优势、现状与挑战进行分析；进一步以湖州银行为例研究科创金融在推动企业绿色化转型中的作用，对其创新模式进行分析并提出政策设计相关建议。

四、科创金融、产业链供应链与新质生产力

产业链供应链的升级和优化是提升区域经济竞争力和实现高质量发展的关键。科创金融通过创新金融工具与产业链供应链深度融合，正加速推动传统产业升级，催生以智能制造、数字经济为特征的新质生产力。这种融合不仅重构了产业链价值分配，更形成"资本赋能—技术突破—生态重构"的良性循环：金融资本精准滴灌关键核心技术，助力产业链突破"卡脖子"环节；技术转化推动产业链向高端化、智能化延伸，衍生出新业态新模式；新质生产力反哺金融创新，催生供应链金融、知识产权证券化等新工具。三者协同构建出高效协同的现代产业体系，如中国"链长制"整合产业链资源突破技术壁垒，长三角依托科创金融打造集成电路、生物医药等产业集群。这种升级不仅提升产业竞争力，更通过绿色供应链、循环产业链等路径促进可持续发展，形成经济增长新动能。随着产业链安全、韧性需求的提升，科创金融将进一步深化与产业链供应链的耦合，为经济高质量发展注入持久动力。

长三角 G60 科创走廊通过科创金融手段，有效支持了产业链供应链的升级和优化，为区域经济的持续健康发展提供了有力支撑。本研究通过对长三角 G60 科创走廊科创金融服务产业链供应链升级的概况进行阐述，进一步以松江区金融服务人工智能产业为例对其创新发展模型进行分析，最后从资金支持、风险防控等方面提出相关政策建议。

综上所述，本研究拟从科技创新、企业数字化转型、绿色化转型和产业链供应链升级四个方面，深入剖析科创金融在驱动新质生产力发展中的作用机制和实践路径。通过典型案例分析，提炼总结创新模式，为长三角G60科创走廊及其他区域的科创金融发展提供有益的参考和借鉴。研究思路如图6-1所示。

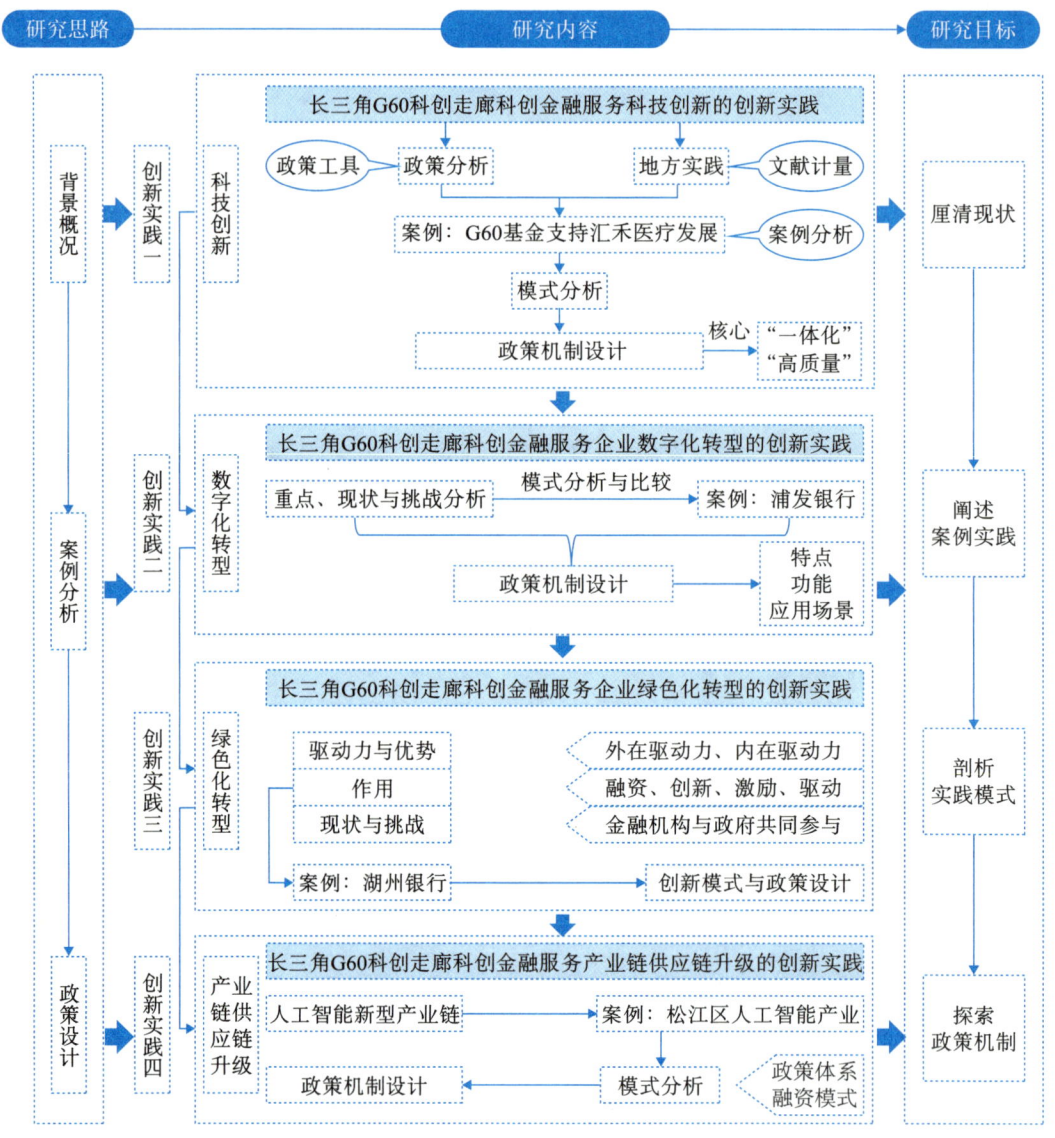

图6-1 研究思路

第七章　长三角 G60 科创走廊科创金融服务科技创新的创新实践研究

第一节　长三角 G60 科创走廊金融服务科技创新的概况

作为国家战略科技力量的重要承载区，长三角 G60 科创走廊以《长江三角洲 G60 科创走廊建设方案》为政策指引，通过构建多层次、立体化的金融服务科创体系，实现了科技要素与金融资本的系统性耦合，从债权、股权到基金、上市，已形成一个"七位一体"的综合金融服务体系，实现对科创企业从初创期至成熟期的全生命周期覆盖。例如，长三角 G60 科创走廊科技成果转化基金的设立与运作建立起包含从市场研发到技术应用的近 600 家的项目储备库；"1 + 7 + N"产业联盟体系和产融结合示范园区的建设推动区域经济的高质量一体化发展；金融创新特色产品 G60 科创贷、质量贷等，推动了产业链、创新链、价值链的深度融合。在长三角一体化发展国家战略框架下，G60 科创走廊作为"中国制造"向"中国智造"转型的试验田，已构建起具有示范意义的科技金融生态系统，为长三角地区的高质量发展提供了坚实支撑。

一、金融服务科技创新的体系构建与完善

（一）服务体系："七位一体"综合金融服务

长三角 G60 科创走廊在金融服务体系基于对科技创新企业发展规律和

金融需求的深入研究，进行了全方位、深层次的探索与实践，逐步完善和建设债权、股权、基金、上市等联动的"七位一体"综合金融服务体系，致力于为科创企业提供全牌照、全产业链、全生命周期的金融服务。其中，"七位"具体包括政策、园区、平台、基金、基地、联盟、活动七个方面，每一个方面都发挥着独特而关键的作用。

政策方面，积极落实央行等部门支持长三角G60科创走廊"28条"政策，通过制定一系列针对性强、含金量高的政策措施，引导金融机构加大对科创企业的支持力度，为科创企业的发展营造了良好的政策环境；园区方面，打造了一批专业化、特色化的科创园区，为科创企业提供物理空间和配套服务的同时，也吸引了大量的金融资源集聚，形成了产业与金融相互促进、协同发展的良好局面；平台方面，搭建了综合金融服务平台等各类金融服务平台，通过整合金融资源、创新金融产品和服务模式，为科创企业提供一站式、多元化的金融服务；基金方面，设立了各类产业基金、引导基金等，为科创企业提供了强大的资金支持，缓解了科创企业融资难题；基地方面，建设了一批科创基地，为科创企业提供孵化、加速等服务，助力科创企业快速成长；联盟方面，成立了产融合作联盟等各类联盟组织，加强了金融机构、科创企业、高校科研院所等各方之间的沟通与合作，促进了科技与金融的深度融合；活动方面，定期举办各类金融活动，如项目路演、金融培训、论坛峰会等，为科创企业与金融机构搭建了交流合作的桥梁，促进了金融资源与科技资源的有效对接。

通过"七位一体"综合金融服务体系的构建，长三角G60科创走廊实现了金融服务对科创企业从种子期、初创期、成长期到成熟期的全生命周期覆盖，满足了不同发展阶段科创企业的多样化金融需求，有力地推动了科创企业的快速发展，也为区域经济的转型升级和高质量发展提供了强大动力。

（二）重大基础项目建设支持：沪苏湖高铁

重大项目建设是推动区域经济发展的重要引擎，在长三角G60科创走廊的建设发展中，沪苏湖高铁的建设具有举足轻重的地位。沪苏湖高铁于2024年12月26日全线开通运营，这一重大交通基础设施项目的建成通车，标志着长三角核心区"轨道上的城市群"建设取得突破性进展，为后续长三角基础设施互联互通提供了可复制的协同机制范本，也为区域经济一体化发展提供了有力支撑。

沪苏湖高铁的开通运营，进一步吸引高端产业在沿线集聚，点燃了"轨道上的长三角"和区域一体化高质量发展的新引擎。高铁沿线城市凭借便捷的交通优势，能够更加紧密地融入长三角G60科创走廊建设中，形成产业链、创新链、价值链深度融合的发展格局。在产业链方面，沿线城市可以充分发挥各自的优势，加强产业协作与分工，实现产业链的延伸与完善，提高产业整体竞争力；在创新链方面，高铁的开通促进了人才、技术、信息等创新要素在沿线城市的快速流动与共享，加速了创新资源的集聚与整合，为科技创新提供了丰富的源泉和动力；在价值链方面，通过优化资源配置，提升产业附加值，实现区域价值的最大化。

与此同时，沪苏湖高铁的开通运营，使区域内各类要素能够更加高效地流动，资源配置效率得到显著提升。人员的流动更加便捷，促进了人才的交流与合作，有利于吸引高端人才汇聚到沿线城市，为科技创新和产业发展提供智力支持；物资的运输更加高效，降低了企业的物流成本，提高了企业的运营效率；资金的流动更加顺畅，吸引了更多的金融资源投入到沿线地区，为区域经济发展提供了强大的资金保障。此外，科创资源的共享与协同创新也得到了加速，沿线城市的科研机构、高校和企业之间能够更加方便地开展合作与交流，实现科创资源的共享与互补，共同推动科技创新和产业升级。

（三）信息共享与平台建设：综合金融服务平台

在信息时代，信息共享与平台建设对于金融服务科创具有至关重要的作用。长三角G60科创走廊积极打造综合金融服务平台，通过相互链接、数据互通、信息共享等方式，实现了跨区域的金融服务协同与创新，为科创企业提供了更加便捷、高效的金融服务。长三角G60科创走廊综合金融服务平台涵盖了股权投资、债权融资、融资租赁、信用查询、咨询管理六大板块，共四十余项功能，涵盖科创企业所需的各种金融服务。综合金融服务平台实现了企业征信信息更大范围的互联互通，打破了信息孤岛，使金融机构能够更加全面、准确地了解企业的信用状况和融资需求，提高金融服务的精准性和有效性。同时，综合金融服务平台也实现了企业需求与金融资源的有效对接，企业可以通过平台发布融资需求信息，金融机构可以根据自身的优势和业务范围，快速找到合适的企业进行对接，提高获得金融服务的效率和成功率。

目前，长三角G60科创走廊综合金融服务平台已经取得了显著的成效。截至2024年，长三角G60科创走廊实现了多个城市线上平台互联，有效注册企业113.68万余家，入驻金融机构550家，达成授信融资金额超3.28万亿元。这些数据充分展示了综合金融服务平台的强大影响力和吸引力，也体现了其在金融服务科创方面的重要作用。通过这一平台，众多科创企业获得了及时、有效的金融支持，解决了融资难题，实现了快速发展；金融机构也通过平台拓展了业务范围，提升了服务质量和效益，实现了互利共赢。

（四）人才要素优化：人才与创新生态

人才是科技创新的第一资源，创新生态是科技创新的土壤。长三角G60科创走廊高度重视人才与创新生态建设，通过一系列举措，营造了良好的人才发展环境和创新生态环境，为科技创新提供了强大的人才支撑和创新动力。

在人才政策方面，创新深化互认互通的人才政策体系，打破地域限制和人才流动壁垒，为人才的自由流动和合理配置提供了制度保障。轮值举办G60人才峰会，为人才交流与合作搭建了高端平台，吸引了大量高层次人才汇聚到G60科创走廊。发布高层次紧缺人才需求近1.5万个，精准对接企业的人才需求，为企业发展提供了有力的人才支持。征集各地博士后校企（地）合作项目13个，促进了产学研深度融合，培养了一批高层次创新型人才。

在人才交流与合作方面，组织125家国有企事业单位和重点民营企业参加沪苏浙地区校园招聘会，为企业与高校毕业生搭建了对接平台，吸引了大量优秀高校毕业生到G60科创走廊就业创业，为区域发展注入了新鲜血液。通过这些举措，长三角G60科创走廊在科技人才流动、专利输出等方面对长三角的支撑度约40%，对全国的贡献度达12%，逐步展现出对标全球创新走廊的实力，为我国科技创新和经济发展作出了积极贡献。

在未来的发展中，长三角G60科创走廊将继续深化金融服务科创体系构建与完善，不断优化金融服务模式，加强重大项目建设，提升信息共享与平台建设水平，营造更加良好的人才与创新生态，为科技创新提供更加优质、高效的服务和支持，推动区域经济高质量发展和长三角一体化发展迈上新的台阶。

二、金融服务科技创新的核心成果

在金融服务科技创新的征程中，长三角G60科创走廊作为区域性科技创新合作平台，发挥着重要作用。通过一系列创新举措和战略布局，长三角G60科创走廊在金融服务科技创新方面取得了令人瞩目的核心成果，这些成果不仅为科创企业提供了精准而有力的支持，有效促进其技术研发与成果转化，还有力地推动了区域经济的高质量发展，为整个长三角地区的经济转型升级注入了源源不断的动力。更为重要的是，这些成果的影响范围不仅限于直接应用领域，其在人才集聚方面也产生了显著效应，同时在创新生态的构建方面也发挥了关键作用，逐步培育出一个充满活力、协同共进的创新生态系统，为科技创新的持续发展提供了肥沃的土壤和良好的环境。

(一) 科技成果转化基金

长三角 G60 科创走廊科技成果转化基金的成立，无疑是金融服务科技创新实践中的浓墨重彩的一笔。该基金于 2021 年 11 月宣告成立，作为金融支持科技创新的重要实践，旨在促进科技成果转化和科技企业发展。经过精心筹备和积极努力，该基金于 2022 年 6 月在中国证券投资基金业协会成功备案，标志着其正式获得市场化运作资质，进入实质性投资阶段。

长三角 G60 科创走廊科技成果转化基金总规模高达 100 亿元，首期规模也达到了 20 亿元，如此庞大的资金规模，彰显了各方对科技创新的高度重视和大力支持。出资方阵容强大，由九城市政府和原海通证券共同出资，这不仅体现了地方政府对科技创新的积极推动作用，也展现了专业金融机构对 G60 科创走廊发展潜力的信心。值得一提的是，国家科技成果转化引导基金在基金成立后以增资形式出资，这无疑为基金的发展注入了一剂强心针，进一步增强了基金的实力和影响力。

截至 2024 年，首期基金认缴资金 8.1 亿元已全部到位，这一资金的及时足额到位，为基金的顺利运作提供了坚实的保障。更为令人欣喜的是，基金已投项目达到了 36 个，投资金额接近 12 亿元，这些资金已通过市场化运作机制有效配置于国家战略性新兴产业领域涵盖集成电路、生物医药、人工智能、高端装备、新材料、新能源、新能源汽车等高新技术领域，为这些领域的科技成果转化提供了强有力的资金支持，助力众多创新项目从实验室走向市场，实现了科技成果的商业化和产业化。

同时，基金还建立了首批 500 多家拟投项目库，其中早中期项目 320 余家，中后期项目 200 余家，该储备体系通过科学分类管理，形成了涵盖不同成长阶段的梯度化投资布局，为基金后续投资决策提供了充足的项目储备及结构化配置选择，也预示着基金在未来将继续发挥重要作用，为更多科技创新项目提供资金助力，推动科技创新的持续发展。

(二) 金融服务产业联盟与合作

长三角 G60 科创走廊构建的"1+7+N"产业联盟体系，是其在推动产业协同发展方面的一项重要举措，也是金融服务科技创新的重要成果之一。该体系将九城市的相关产业紧密连接在一起，形成了一个协同共进、互利共赢的产业发展共同体。

其中，以苏州工业园区为核心的产业园区联盟，发挥着重要的引领和示范作用，通过整合各方资源，促进了园区之间的合作与交流，实现了园区的共同发展。集成电路和人工智能等七大产业联盟，则聚焦于特定的产业领域，深入挖掘产业潜力，推动产业技术创新和升级。这些联盟通过直接对接需求，实现了双向合作，打破了地域限制，促进了九城市产业的协同发展，补链强链，提升了整个产业链的竞争力。

在这一产业联盟体系的推动下，各个产业合作示范园区取得了显著成效。长三角G60科创走廊物联网产业合作示范园区已落地项目总投资达15亿元，这一巨额投资为物联网产业的发展注入了强大动力，推动了物联网技术的创新和应用。生物医药产业合作示范园区已成功签约项目10个，这些项目的签约落地，将进一步提升生物医药产业的创新能力和产业化水平，为人类健康事业作出更大贡献。金融科技产业合作示范园区在册企业数量达40余家，基金规模超过100亿元，这表明金融科技产业在G60科创走廊得到了快速发展，金融科技的创新应用将为金融服务科技创新提供更加有力的支持。

（三）金融产品创新与支持

金融服务科技创新的核心在于创新，长三角G60科创走廊在金融创新与支持方面进行了积极探索和大胆尝试，取得了显著成果。长三角G60科创走廊联合人民银行上海总部，赴九城市开展科创债绿色债宣传辅导、走访调研、面对面交流会，建立了常态化工作机制和培训宣讲机制，这一系列举措不仅为科创企业提供了精准的金融知识普及和政策指导，也帮助科创企业更好地了解和运用金融工具，拓宽了科创企业的融资渠道。

截至2024年5月，九城合计发行科创债172单，科创+绿色债累计发行金额 1716 亿元，这一庞大的债券发行规模，为科创企业提供了大量的资金支持，有力地推动了科技创新项目的实施和企业发展。同时，结合不同科创企业要素禀赋差异，联合金融机构形成了 G60 科创贷、质量贷、标准贷、人才贷、专精特新贷等特色产品矩阵，这些金融产品犹如量身定制的工具，精准地满足了不同科创企业的多样化融资需求。

江苏银行专为 G60 企业量身定制免抵押、免担保、单一客户信用贷款额度最高可至 1 亿元的特色金融产品，这一创新举措打破了传统贷款模式的限制，为科创企业提供了更加便捷、高效的融资途径。对接服务企业百余家，投放专项贷款已达 30 多亿元，这些资金的投入，为众多科技企业提供了关键性支持，帮助其解决了资金难题，推动了企业的创新发展。

（四）产融结合示范园区建设

产融结合示范园区建设是金融服务科技创新的重要载体，也是推动金融服务实体经济的重要举措。启动第二批产融结合高质量发展示范园区建设工作，综合评审确定正泰智电港等 15 家园区为第二批示范园区，并在第六届进博会 2023 长三角 G60 科创走廊高质量发展要素对接大会上进行授牌，该举措确立了金融服务科技创新的战略框架，为金融服务科技创新提供了明确的方向性指引。

通过持续在债券发行、科创板培育、基金落地等五大类 20 个方面为园区综合赋能，发挥示范引领作用，形成可复制推广机制和互补共赢发展格局，这些示范园区将成为金融服务科技创新的试验田和示范区，通过不断探索和创新，总结出一套行之有效的金融服务模式和经验，为其他地区提供借鉴和参考。同时，示范园区的建设也将促进金融服务与实体经济的深度融合，推动区域经济的高质量发展。

在未来的发展中，长三角 G60 科创走廊将继续深化金融服务科技创新的核心成果，不断探索创新金融服务模式和产品，加强产业联盟与合作，推动产融结合示范园区建设，为科技创新提供更加优质、高效的金融服务，助力科创企业在科技创新的道路上不断前行,为区域经济的高质量发展和长三角一体化发展贡献更大的力量。

三、金融服务科创的未来展望与挑战

长三角 G60 科创走廊在金融服务科技创新的征程中已取得丰硕成果,但需持续展望并积极应对挑战,以进一步提升金融服务科创的效能,推动科创走廊迈向更高质量的发展阶段,为我国科技创新驱动战略贡献更大力量,在全球科技创新竞争格局中占据更为重要的地位。

(一)金融服务科创的未来展望

第一,体系深化与拓展,构建多元金融服务生态。长三角 G60 科创走廊需持续深化"七位一体"金融服务体系,不断拓展金融服务边界,探索更多创新金融工具与服务模式。例如,开展知识产权证券化试点,这一创新举措有望为科创企业开辟全新的融资渠道。知识产权作为科创企业的核心资产,往往具有巨大的潜在价值,通过证券化可以将这些无形资产转化为可交易的金融产品,吸引更多的投资者参与,从而为科创企业提供更丰富多元的资金来源渠道。同时,满足不同类型、不同发展阶段科创企业的个性化金融需求,进一步完善全生命周期金融服务链条,从初创期的种子资金、天使投资,到成长期的风险投资、银行信贷,再到成熟期的上市融资、债券发行等,全方位覆盖科创企业的发展需求,助力科创企业在科技创新的道路上稳步前行。

第二,区域协同升级,打造全球创新高地。长三角 G60 科创走廊需加强九城市间金融与科创资源的深度协同,打破行政区域壁垒,实现更高水平的要素自由流动与资源配置效率提升。同时,推动金融服务标准统一、政策协同,促进跨区域金融合作项目落地生根,形成更具规模效应和协同优势的区域创新生态系统;通过整合九城市的金融资源、科技资源、人才资源等,实现优势互补,共同打造具有全球影响力的科技创新高地,吸引全球高端创新要素集聚，提升区域在全球科技创新格局中的竞争力和话语权，为我国科技创新发展树立新的标杆。

第三，科技金融融合创新，赋能金融服务新变革。长三角G60科创走廊还紧跟科技发展前沿趋势，加强金融与人工智能、大数据、区块链等新兴技术的深度融合，利用科技手段提升金融服务的精准度、效率和风险防控能力。例如，通过大数据分析实现对企业创新能力的精准画像，金融机构可以收集和分析企业的研发数据、专利数据、市场数据等多维度信息，构建企业创新能力评估模型，为金融决策提供更科学依据，提高金融服务的精准性和有效性；利用区块链技术构建可信的金融交易环境，区块链的去中心化、不可篡改等特性可以确保金融交易信息的真实性和透明度，降低信息不对称风险，促进科技金融创新发展，为金融服务科创提供更加安全、高效、可靠的支撑。

（二）风险挑战及应对

随着金融服务科创的深入推进，风险防控压力逐渐增大。科创企业具有高风险、高收益的特点，其技术研发、市场推广等环节都面临不确定性。为应对这一挑战，需建立健全风险评估与预警机制，加强对科创企业风险的动态监测与管理。通过构建科学合理的风险评估体系，对科创企业的技术风险、市场风险、财务风险等进行全面评估和实时监测，及时发现潜在风险，并发出预警信号，以便金融机构提前采取风险防控措施。同时，鼓励金融机构创新风险分担模式，如通过投贷联动、保险保障等方式，分散金融服务科创的风险，确保金融体系的稳健运行。投贷联动模式下，银行与投资机构合作，共同为科创企业提供资金支持，银行提供信贷资金，投资机构进行股权投资，通过股权与债权的结合，分散风险，实现金融机构与科创企业的互利共赢；保险保障则可以为科创企业提供风险保障，降低企业因技术创新失败、市场波动等风险导致的损失，增强企业抵御风险的能力。

第七章　长三角G60科创走廊科创金融服务科技创新的创新实践研究

金融服务科技创新需要既懂金融又懂科技的复合型人才，但目前这类人才相对短缺。为解决这一问题，应加大人才培养与引进力度，加强高校、科研机构与金融机构、科创企业之间的合作，开展针对性的人才培养项目与培训课程。高校和科研机构可以设置相关专业课程和研究方向，培养具有金融和科技知识背景的复合型人才；金融机构和科创企业可以为高校学生提供实习基地和实践机会，让他们在实践中提升专业技能和综合素质。同时，优化人才政策环境，提供具有吸引力的薪酬待遇、职业发展空间等，吸引更多的复合型人才投身于长三角G60科创走廊金融服务科创事业。通过制定优惠的人才政策，如住房补贴、子女教育优惠、科研经费支持等，解决人才的后顾之忧，为人才提供良好的工作和生活环境，激发人才的创新活力和工作积极性，打造一支高素质、专业化的金融服务科创人才队伍。

在金融服务科技创新领域，各地竞争日益激烈。长三角G60科创走廊需不断提升自身金融服务的核心竞争力，加强品牌建设与宣传推广，提高在国内外金融市场的知名度与影响力。通过打造具有特色的金融服务品牌，展示长三角G60科创走廊在金融服务科创方面的优势和特色，吸引更多金融资源和科创企业集聚。进一步优化营商环境，为金融机构与科创企业提供更加优质、高效、便捷的服务，简化办事流程，提高政务服务效率，降低企业运营成本，营造良好的创新创业生态环境。同时，加强与其他地区的合作与交流，学习借鉴先进经验，不断创新金融服务模式和产品，巩固和提升在金融服务科技创新方面的领先地位，以应对日益激烈的市场竞争，引领金融服务科创的发展前沿。

第二节　长三角 G60 科创走廊科技成果转化基金服务科技创新的案例分析：以汇禾医疗为例

一、案例背景与政策环境

为推动科技创新，国家和地方政府出台了一系列支持政策，为科创企业提供良好的发展环境。例如，国家层面的"科技创新 2030"计划和"中国制造 2025"战略，为科技创新和产业升级提供了政策指引。地方政府也积极响应，通过财政补贴、税收优惠、人才引进等政策，支持科创企业发展。在国家战略背景下，长三角 G60 科创走廊被赋予了推动长三角一体化发展的重要使命，通过"央地联动+九城协同"机制构建跨区域创新生态，成立由科技部和上海市共同领导的"建设专责小组"，并出台《推进长三角 G60 科创走廊建设专责小组工作规则》等文件，形成央地协同的组织保障。长三角 G60 科创走廊突破了行政区划限制，形成了"政府引导+社会资本+专业运营"模式，重点支持集成电路、生物医药等七大战略性新兴产业，缓解科创企业融资难、融资贵的问题。这一架构直接服务于长三角打造"具有全球影响力的科技创新高地"的战略目标。

长三角 G60 科创走廊科技成果转化基金通过产业链、价值链、供应链、数据链、创新链的协同路径，推动生物医药等七大战略性新兴产业的集群化发展。《长三角 G60 科创走廊"十四五"先进制造业协同发展规划》明确聚焦生物医药领域，要求"强化区域联动、共建世界级产业集群"，这一顶层设计为基金支持汇禾医疗提供了明确的产业导向。长三角 G60 科创走廊科技成果转化基金（以下简称 G60 成果转化基金）聚焦中早期项目的差异化支持机制，50%的份额定向投向九城市中早期科创项目，并通过"项目清单制"筛选优质标的。对于生物医药领域,基金特别关注具有原创技术且处于临床试验或产业化前期的企业,与汇禾医疗在2019～2023年的发展阶段(产品研发至临床验证)高度契合。

二、汇禾医疗案例概况

(一)公司历程与发展现状

上海汇禾医疗科技股份有限公司成立于2019年5月,总部位于上海松江区,定位为全球领先的心血管介入平台型公司,专注于结构性心脏病、血管介入、智能介入等领域的医疗器械研发、生产与商业化。创始人林林为心内科医生出身,凭借20年临床经验及对瓣膜手术痛点的深刻理解,推动公司技术革新。

汇禾医疗与复旦大学附属中山医院葛均波院士工作站、上海交通大学医疗机器人联合研发中心等机构深度合作,推动技术转化。核心产品线如表7-1所示,具体包括:(1) K-Clip,全球首创的经导管三尖瓣环修复系统,已完成中国NMPA确证性临床试验及欧洲CE确证性研究,在中欧美完成超250例手术,打破外资垄断。(2) C-Wave,首个国产血管内冲击波导管系统,全球第二款上市的血管内冲击波IVL产品,用于治疗血管钙化。(3) Vispearl,全球首款可显影聚乙烯醇栓塞微球,已获批上市,用于肿瘤介入治疗。(4) S-Wan,国内首个双极可调弯鞘管产品,适配多种医疗场景。

表7-1 核心产品线

产品	适应证	研发阶段	全球专利布局	市场竞争力
K-Clip	三尖瓣反流	商业化阶段(中国)	中、美、欧	全球唯一针对三尖瓣反流的介入修复系统,技术领先同类产品
C-Wave	血管钙化	确证性临床	中、美	国产替代突破,填补国内IVL技术空白

续表

产品	适应证	研发阶段	全球专利布局	市场竞争力
Vispearl	肿瘤栓塞治疗	已上市	全球PCT	肝癌介入治疗领域的全球首款显影微球,提升治疗精准度
S-Wan	复杂血管介入手术	已上市	中国发明专利+PCT专利	国内唯一双极可调鞘管,性能对标进口产品,价格优势显著,专家认可度高

公司在2021年完成K-Clip首个人道主义临床试验,2023年完成股份制改革,估值近40亿元,2024年入选"上海市独角兽(潜力)企业"。公司获得了诸多荣誉,包括2021年中国医疗器械创新创业大赛一等奖,2023年进一步获得上海市生物医药产业重点项目第一名,2024年荣获长三角G60科创走廊科技与产业创新大赛一等奖。

(二) 财务与融资情况

目前公司已完成7轮融资,累计融资额近十亿元,估值达40亿元,投资方包括IDG资本、元禾原点、国方资本、G60成果转化基金等。融资阶段概览如表7-2所示。

表7-2　　　　融资阶段概览

日期	轮次	人民币规模	投资方
2022-12-07	C+轮	数亿	上海科创基金;海富产业基金;松江国投;IDG资本;夏尔巴投资;国方创新
2022-11-23	C轮	未披露	国泰君安创投
2021-09-15	B+轮	未披露	夏尔巴投资
2021-07-02	B轮	数亿	国方创新;IDG资本;联想之星;上海科创基金;诺庚资本;香塘创投;衍盈投资
2021-03-10	A+轮	未披露	国方创新;博远资本;联想之星
2020-11-12	A轮	近亿	博远资本;国投创合;国方创新;元禾原点
2020-04-20	天使轮	数千万	元禾原点

研发投入占比中，2021年前100%投入研发，2022年收缩至50%，总金额突破1.3亿元，2023年因商业化收入增长调整至30%～35%，研发投入下降至1.19亿元，计划2025年实现收支平衡。

公司构建六大核心技术平台，覆盖心脏介入、血管介入、介入机器人等领域，累计申请了260余项专利，已获70余项发明专利授权，通过PCT（专利合作条约）路径申请了12项专利，其核心专利在美国、加拿大和欧盟均已获得授权。通过ISO13485质量体系认证，获NMPA生产许可。知识产权贯标企业，专利覆盖全球主要市场。

（三）汇禾医疗发展的问题分析

汇禾医疗在技术研发方面取得了显著进展，但在企业发展过程中仍面临诸多挑战。作为一家处于快速成长期的科创企业，汇禾医疗在产品研发、临床试验和市场推广方面需要大量资金支持。公司需在维持技术领先的同时，确保现金流可持续性，预留3～5年运营资金。2022年，公司主动收缩研发管线，将研发投入占比从100%降至50%，以加速商业化盈利。因此，鉴于传统金融机构对科创企业的融资支持相对有限，企业面临资金短缺的困境。

汇禾医疗在技术研发方面已经取得多项突破，但如何将技术成果快速转化为市场产品是一个关键问题。技术转化过程中，需要解决核心产品K–Clip完成大规模确证性临床试，同步推进海外注册（如FDA、CE），以及市场推广等一系列问题。同时，三尖瓣介入术式复杂，需建立长期医生培训体系，拉长市场推广周期。K–Clip虽成本低于外科手术，但终端价格仍需优化以提升渗透率。目前，患者自费比例高，需推动医保覆盖或商保合作。

另外，汇禾医疗尚需拓展国内外市场，尤其是在国际市场上建立品牌影响力。国际市场竞争激烈，海外巨头爱德华生命科学等在瓣膜介入领域布局成熟，汇禾需通过专利防御（如全球12项PCT）避免技术侵权，同时企业需要克服技术标准、市场准入、品牌认知等海外市场本土化的多方面挑战。政策与行业也面临不确定性。2022年，医疗器械行业面临集采扩面（如心血管耗材）、UDI全覆盖等政策，企业需灵活调整定价策略。此外，新冠疫情导致供应链波动，影响原材料采购和生产效率。

三、G60成果转化基金投资汇禾医疗的案例分析

面对技术转化周期长、市场推广成本高、国际竞争加剧等多重挑战，汇禾医疗亟须外部资源注入以突破发展瓶颈。长三角G60科创走廊科技成果转化基金的介入，正是通过资本、政策、生态的立体化赋能，为其提供了破局关键。一方面缓解研发与市场化的资金缺口，另一方面借助长三角一体化协同机制，加速技术成果从实验室到临床、从区域到全球的转化进程。这一案例不仅体现了金融资本对科创企业的精准支持，更展现了长三角区域通过制度创新破解"卡脖子"难题的示范意义。

（一）G60成果转化基金投资梳理

1. 项目调研与尽职调查

2022年6月，汇禾医疗进入长三角G60科创走廊科技成果转化基金的调研名单。长三角G60科创走廊联席办组织专家团队对汇禾医疗进行了实地考察和尽职调查。调查内容包括企业的技术研发能力、市场前景、团队构成、财务状况等多个方面。在尽职调查过程中，长三角G60科创走廊科技成果转化基金重点关注了汇禾医疗的核心产品K-Clip经导管三尖瓣环修复系统的技术先进性和市场潜力。经过多轮评估，基金认为汇禾医疗的技术创新能力强，产品具有广阔的市场前景，符合长三角G60科创走廊科技成果转化基金的投资方向。

2. 资金注入与资源整合

2022年9月，长三角G60科创走廊科技成果转化基金正式决定对汇禾医疗进行投资，投资金额达4000万元。这笔资金主要用于支持汇禾医疗的核心产品K-Clip经导管三尖瓣环修复系统的技术研发和市场推广，还用于

支持松江生产基地建设,年产能达1万套。除了资金支持,长三角G60科创走廊科技成果转化基金还通过资源整合为汇禾医疗提供全方位的支持。例如,基金协助汇禾医疗与长三角地区的高校、科研机构建立合作关系,推动技术研发和创新。同时,基金还帮助汇禾医疗对接国内外市场资源,拓展销售渠道。

3. 合作模式与协同创新

长三角G60科创走廊科技成果转化基金与汇禾医疗的合作模式体现了金融与科技创新的深度融合。基金不仅提供资金支持,还通过资源整合和政策引导,推动企业技术创新和市场拓展。在协同创新方面,长三角G60科创走廊科技成果转化基金支持汇禾医疗与长三角地区的医疗机构合作开展临床试验。在K-Clip临床研究中,全国牵头单位上海中山医院完成50余例手术,浙大二院、浙大一院和邵逸夫医院等三家浙江三甲医院完成70例手术,江苏两家三甲医院和安徽省立医院也是临床研究的核心单位。三省一市大医院的联动,完成了汇禾医疗核心产品的多项临床试验,验证了中国原创介入瓣膜修复器械的安全性和有效性,还为企业获取医疗器械注册证提供了重要依据。对生物医药企业来说,长三角临床资源也是一体化发展的重要支撑。

(二)汇禾医疗融资效果分析

1. 缓解资金瓶颈和助推产品创新

长三角G60科创走廊科技成果转化基金的4000万元投资为汇禾医疗解决了资金瓶颈问题,支持其完成多项临床试验和产品迭代。在资金支持下,K-Clip完成两项关键临床试验:(1)Tristar I 研究(单组目标值)——术后30分钟完成手术,患者ICU停留时间平均0.8天,反流程度从重度降至轻中度。(2)Tristar II 研究(随机对照)——1年随访显示反流改善率达92.4%,且无严重并发症。这些数据为2025年3月NMPA获批上市奠定基础。此外,长三角G60科创走廊科技成果转化基金的支持还吸引了其他社会资本的关注。在基金投资后,汇禾医疗获得了多家知名投资机构的青睐,进一步缓解了资金压力。这些资金的注入不仅支持了企业的技术研发,还为其市场拓展和产业化提供了有力保障。

2. 推动技术转化与市场拓展

在长三角 G60 科创走廊科技成果转化基金的支持下,汇禾医疗的核心产品 K–Clip 经导管三尖瓣环修复系统成功完成了注册临床研究。2025 年 3 月 11 日,NMPA 官网显示,国家药品监督管理局批准了上海汇禾医疗科技股份有限公司的"经导管三尖瓣环成形系统"创新产品注册申请,标志着技术成果的快速转化。在市场拓展方面,汇禾医疗在长三角 G60 科创走廊科技成果转化基金的支持下,成功拓展了国际市场。在美国成功完成全球首例仅用 4D ICE(四维心脏腔内超声)引导的 K–Clip 三尖瓣环修复术。全球首款全尺寸可显影载药微球 Vispearl®获得国家食品药品监督管理局(NMPA)上市批准。K–Clip 经导管三尖瓣环修复系统已助力完成 250 例以上临床手术,其中 25 例以上手术在国外医院完成,包括美国、欧盟、英国等发达国家和地区。这款全球首创的医疗器械使原本需要开胸、建立血液体外循环的外科手术变成微创手术,平均手术时间从 7 小时缩短至 25 分钟,围手术期死亡率从 9.6% 降至 0。在知识产权布局上,汇禾医疗申请了 12 项 PCT(专利合作条约)国际专利,在美国、加拿大和欧盟已获得 PCT 专利授权。它还在四大国际心脏介入学术会议上亮相,被国外专家评价为"Game Changer"(游戏规则改变者)。

3. 提升企业成长与行业影响

在长三角 G60 科创走廊科技成果转化基金的支持下,汇禾医疗实现了快速成长。金融供给一体化打造产业集群,企业参加了长三角 G60 科创走廊科技成果转化基金组织的医疗器械注册制度培训,同时苏州子公司研发的两款医疗器械产品在松江顺利投产,松江工厂的 K–Clip 经导管三尖瓣环修复系统年产能达到 1 万套。企业营业收入从 2022 年的 500 万元增长到

2024 年的 3000 万元，市场份额显著提升。汇禾医疗的成功不仅为其自身发展奠定了坚实基础，还对所在行业产生了积极影响。汇禾医疗的核心产品 K-Clip 经导管三尖瓣环修复系统填补了全球心血管介入医疗器械领域的空白。该产品的成功上市不仅提升了中国医疗器械行业的国际竞争力，还为全球心血管疾病患者提供了新的治疗选择。

（三）地区型科创基金驱动企业创新的模式分析

长三角 G60 科创走廊科技成果转化基金对汇禾医疗的赋能，是长三角 G60 科创走廊构建债权、股权、基金联动创新生态的标杆实践。通过定向投资、区域资源协同及制度创新三重赋能，基金系统性破解了企业研发投入与商业化的周期矛盾、区域创新要素分散矛盾及国际市场竞争壁垒。

第一，金融与科技深度融合模式。长三角 G60 科创走廊科技成果转化基金的 4000 万元投资为汇禾医疗提供了重要的资金保障，支持其完成多项临床试验和产品迭代。这笔资金不仅缓解了企业的资金压力，还吸引了其他社会资本的关注，进一步扩大了企业的融资渠道。基金通过资金注入、资源整合及协同创新，解决科创企业资金瓶颈、技术转化与市场拓展难题。通过"早期孵化＋中后期加速"的多元化投资策略，结合国家战略背书与市场化运作，降低企业风险，同时撬动社会资本，形成多元化资金支持体系。

第二，政策驱动与创新生态优化模式。长三角 G60 科创走廊科技成果转化基金协助汇禾医疗与长三角地区的高校、科研机构和医疗机构建立合作关系，推动技术研发和创新。通过与上海交通大学医学院附属瑞金医院、复旦大学附属中山医院等知名医疗机构的合作，汇禾医疗的核心产品完成了多项临床试验，验证了产品的安全性和有效性。依托"金融支持 G60 科创走廊 15 条"等政策，推动金融机构创新服务模式，缓解融资难题。基金与人才政策、综合金融服务平台协同，构建"资金—技术—市场—人才"的完整生态链，吸引高层次人才并优化区域产业结构。

第三，跨区域协同创新合作机制。在协同创新方面，长三角 G60 科创走廊科技成果转化基金支持汇禾医疗与长三角地区的医疗机构合作开展临床试验，推动了技术成果的快速转化。这种协同创新模式不仅提高了企业的研发效率，还为企业获取医疗器械注册证提供了重要依据。长三角 G60 科创走廊科技成果转化基金通过打破长三角九城市的行政壁垒，整合区域资源，构建"资本 + 政策 + 资源"的全周期支持体系。其运作模式以跨区域投资布局为核心，推动产业链、创新链与金融链的深度融合，形成联合招商、资源共享、税收分成等协同机制，促进要素自由流动。

第四，全周期科技成果转化模式。整合区域资源建立跨区域基金，可打破行政分割，促进科技、金融与产业协同，为创新提供资金与制度保障。长三角 G60 科创走廊科技成果转化基金聚焦战略性新兴产业，建立项目储备库与严格筛选机制，确保投向核心技术企业；通过精准投资加速技术产业化，形成从研发到市场的快速转化闭环。长三角 G60 科创走廊科技成果转化基金"早期孵化 + 中后期加速"策略兼顾盈利性与公益性，降低科创企业风险，引导社会资本参与，国家战略与市场化结合。另外，长三角 G60 科创走廊科技成果转化基金严格项目筛选机制确保资金效率，推动高质量项目产业化。

第三节　长三角 G60 科创走廊金融服务科技创新的创新模式分析

一、金融供给与产业协同模式

（一）金融供给一体化模式

在当今区域经济一体化加速推进的时代背景下，长三角地区凭借其独

第七章 长三角G60科创走廊科创金融服务科技创新的创新实践研究

特的地理区位优势、雄厚的产业基础以及丰富的人才资源，成为了我国经济发展的重要增长极。而长三角G60科创走廊作为长三角一体化发展的重要引擎，在推动区域协同创新、产业升级等方面发挥着关键作用。其中，金融供给一体化模式的构建，为长三角G60科创走廊的发展注入了强大动力，成为促进区域内资源高效配置、产业集群协同发展以及科技创新突破的核心支撑。

长三角G60科创走廊的金融供给一体化模式，以创新的基金运作模式为重要载体，致力于打破跨区域出资的传统限制。这一模式通过整合九城市金融资源，促进区域内基金与银行、融资租赁等各类金融机构的深度合作，从而推动跨区域产业集群一体化布局和科技创新共同体建设。其核心要义在于提升金融资源配置效率，为科技创新活动提供多元化、多层次的资金支持，以满足不同类型、不同发展阶段科创企业的融资需求，激发区域创新活力，增强长三角地区在全球科技创新竞争格局中的整体实力。

1. 设立跨区域基金，打破地域壁垒

G60科创走廊创新性地设立了跨区域基金，这一举措成功打破了传统金融资源受地域限制的困境。九城市共同出资成立的科技成果转化基金，成为区域内金融合作的重要纽带。该基金汇聚了各地的资金优势，形成了强大的资金合力，为科创企业提供了稳定且充足的资金来源。以往，由于地域限制，各地金融资源往往难以有效整合，一些具有潜力的科创项目因资金短缺而难以推进。而跨区域基金的设立，打破了这种地域分割的局面，使得资金能够在更大范围内流动和配置，为区域内科创企业的发展创造了有利条件。

跨区域基金不仅直接为科创企业提供资金支持，还积极与银行、融资租赁等金融机构开展广泛合作，构建起多层次的金融服务体系。例如，基金与银行合作推出的"科创贷"产品，是针对科创企业融资难问题的创新解决方案。科创企业通常具有轻资产、高风险、高成长性的特点，传统的银行信贷模式往往难以满足其融资需求。"科创贷"产品通过创新风险评估机制，为科创企业提供免抵押、免担保的信用贷款，有效解决了科技企业在发展初期面临的融资困境。这种合作模式不仅拓宽了科创企业的融资渠道，还促进了金融机构之间的业务协同，提高了金融服务的整体效率和质量。

融资租赁作为一种重要的金融工具，在支持科创企业发展方面也发挥着独特作用。跨区域基金与融资租赁公司合作，为科创企业提供设备融资租赁服务。对于一些需要大量资金购置先进设备的科创企业来说，融资租赁模式可以使其在不占用大量自有资金的情况下，快速获得所需的生产设备，从而加快项目落地和产品投产。通过与银行、融资租赁等金融机构的紧密合作，跨区域基金构建起了涵盖信贷、租赁、投资等多种金融服务的多层次金融服务体系，为科创企业提供了全方位、个性化的金融解决方案，有力地推动了区域内科技创新活动的蓬勃发展。

2. 产业集群一体化布局

金融供给一体化模式在促进长三角地区产业集群一体化布局方面发挥了关键作用。通过跨区域的金融合作，基金能够引导资金流向战略性新兴产业领域，从而推动区域内产业的协同发展。以新能源汽车领域为例，基金通过投资支持产业链上下游企业的合作，促进了新能源汽车产业集群的形成和发展。在新能源汽车产业集群中，涵盖了电池研发制造、电机电控生产、整车组装以及相关配套服务等多个环节。基金的资金支持使得这些环节的企业能够加强合作，实现资源共享、优势互补，共同提升产业竞争力。

产业集群一体化布局的形成，不仅有助于提升区域内产业的整体规模和效益，还能够促进产业之间的协同发展。在长三角G60科创走廊的金融供给一体化模式下，不同城市的优势产业通过金融纽带紧密连接在一起。例如，一些城市在高端装备制造领域具有较强的技术实力和产业基础，而另一些城市在新材料研发、电子信息等领域表现突出。通过跨区域基金的引导和扶持，这些优势产业之间能够开展深度合作，形成产业链上下游的协同创新和协同发展。这种产业协同效应不仅提高了区域内产业的整体竞争力，还推动了长三角地区产业结构的优化升级，为区域经济的可持续发展奠定了坚实基础。

3. 科技创新共同体建设，加速科技成果转化

金融供给一体化模式通过整合九城市的科技资源和金融资源，为科技创新共同体建设提供了强大支撑。在长三角地区，九城市各自拥有丰富的科研机构、高校以及科技企业等创新资源。然而，以往这些资源往往分散在各个城市，缺乏有效的整合和协同。通过跨区域基金的运作，这些科技资源得以与金融资源紧密结合，形成了强大的创新合力。基金不仅为科技研发项目提供资金支持，还通过与科研机构、高校的合作，促进科技成果的转化和应用。

在科技创新共同体建设过程中，跨区域基金积极支持长三角地区的科技成果转化项目，加速了科技成果从实验室到市场的转化过程。例如，基金支持的华熔科技在高端装备制造领域实现了技术突破，这一成果不仅提升了华熔科技自身的核心竞争力，还带动了整个长三角地区高端装备制造产业的发展。华熔科技的技术突破使得相关产品在性能和质量上得到了显著提升，满足了市场对高端装备的更高需求。同时，这一成果的转化也促进了区域内相关产业链的升级和优化，带动了上下游企业的协同发展，提升了长三角地区在全球产业链中的地位。

总之，长三角G60科创走廊的金融供给一体化模式通过跨区域基金合作、推动产业集群一体化布局以及建设科技创新共同体等多方面举措，为区域内的科技创新和产业发展提供了有力支持。这一模式不仅打破了传统金融资源的地域限制，提升了金融资源配置效率，还促进了区域内产业的协同发展和科技的快速创新，为长三角一体化高质量发展提供了宝贵经验。在未来的发展中，随着金融供给一体化模式的不断完善和深化，长三角G60

科创走廊必将在推动我国科技创新和区域经济发展方面发挥更加重要的作用。

（二）科技成果转化基金模式

在长三角 G60 科创走廊的建设进程中，科技成果转化基金模式扮演着至关重要的角色。该基金作为首只跨区域科技成果转化基金，自设立以来，致力于强化产业能力优势互补，搭建合作载体，推动科技成果转化项目落地，为长三角一体化战略的实施和区域科技创新体系的完善提供了有力支撑。

1. 强化产业能力优势互补

科技成果转化基金通过整合 G60 科创走廊九城市的产业资源，有效强化了区域内的产业能力优势互补。九城市各自在不同产业领域具有独特的资源禀赋和发展优势，如有的城市在集成电路产业方面拥有先进的制造工艺和完善的产业链配套，有的城市在生物医药领域聚集了大量的科研人才和创新企业，还有的城市在人工智能、高端装备等领域具备较强的技术研发能力和市场应用潜力。科技成果转化基金充分发挥资金的引导作用，将这些分散在不同城市的产业资源进行整合，促进各城市之间的产业协同合作，形成了优势互补、协同发展的良好格局。

基金支持的项目涵盖了集成电路、生物医药、人工智能、高端装备等多个战略性新兴产业，这些产业领域不仅是当前全球科技竞争的焦点，也是长三角地区产业升级和经济转型的关键方向。通过对这些产业的精准投资和支持，科技成果转化基金推动了区域内产业的协同发展，提升了长三角地区在战略性新兴产业领域的整体竞争力。例如，在集成电路产业，基金支持的芯三代半导体项目在半导体芯片研发方面取得了显著进展。芯三代半导体凭借基金提供的资金支持，吸引了国内外优秀的研发人才，加大了研发投入，突破了多项关键核心技术，成功研发出具有自主知识产权的高性能半导体芯片。这一成果不仅提升了芯三代半导体自身的核心竞争力，也带动了长三角地区集成电路产业链上下游企业的协同发展，促进了区域内集成电路产业的整体升级，提升了长三角地区在半导体领域的自主创新能力，使长三角地区在全球集成电路产业竞争中占据了一席之地。

2. 搭建合作载体，促进科技、金融与产业深度融合

科技成果转化基金通过搭建合作载体，促进了区域内科技、金融与产业的深度融合。基金与长三角地区的产业园区、高校和科研院所建立了紧密的合作关系，共同打造了多个科技成果转化基地。这些科技成果转化基地为科创企业提供了一个集技术研发、成果转化、企业孵化、市场推广等功能于一体的综合性服务平台。例如，基金与某知名高校合作建立的科技成果转化基地，依托高校在科研创新方面的优势资源，吸引了众多科创企业入驻。基地为入驻企业提供了一系列的优惠政策和优质服务，包括办公场地租金减免、科研设备共享、技术咨询、人才培训等，帮助企业降低了运营成本，提高了研发效率。同时，基金还通过基地与高校的科研团队建立了深度合作，将高校的科研成果与企业的市场需求相结合，加速了科技成果的转化和应用。

通过这些合作载体，科技成果转化基金为支持的项目提供了从技术研发到市场推广的全链条服务。在技术研发阶段，基金为科创企业提供资金支持，帮助企业解决研发资金短缺的问题，同时依托合作载体的科研资源，为企业提供技术咨询和指导，帮助企业提高研发水平和创新能力。在成果转化阶段，基金通过合作载体的平台优势，为企业提供中试生产、产品测试、技术评估等服务，帮助企业将科研成果转化为具有市场竞争力的产品。在市场推广阶段，基金利用自身的市场资源和渠道，为企业提供市场调研、产品推广、客户对接等服务，帮助企业拓展市场，提高产品的市场占有率。例如，基金支持的汇禾医疗项目在心脏介入手术器械领域取得了显著进展。在项目研发过程中，基金通过合作载体为汇禾医疗提供了资金支持和技术咨询，帮助企业解决了研发过程中遇到的技术难题。在成果转化阶段，基金依托合作载体的中试生产平台,为汇禾医疗提供了中试生产服务,帮助企业成功完成了产品的中试生产。在市场推广阶段,基金利用自身的市场资源,为汇禾医疗提供了市场推广和客户对接服务,帮助企业的创新产品迅速进入市场,推动了心脏介入手术器械领域的技术创新和市场拓展。

3. 精准投资,推动科技成果转化项目落地

科技成果转化基金通过精准投资,推动了一批科技成果转化项目的落地。基金在项目筛选和投资过程中,注重项目创新性、市场前景和产业化潜力,对具有核心技术优势和市场竞争力的优质项目进行重点投资。截至 2024 年,基金已投资项目 36 个,投资金额近 12 亿元,涵盖多个高新技术领域。这些投资项目不仅在技术研发方面取得了显著成果,而且在产业化应用方面也取得了重要突破,为长三角地区的科技创新和产业升级注入了新的动力。例如,基金投资的某人工智能项目,专注于智能语音识别技术的研发和应用。基金通过对项目的精准投资,帮助企业解决了研发资金和市场推广等问题。该项目在基金的支持下,公司成功研发出具有自主知识产权的智能语音识别系统,并应用于智能家居、智能客服、智能教育等多个领域,实现了产业化应用,取得了良好的经济效益和社会效益。

科技成果转化基金推动科技成果转化项目落地,加速了创新成果的产业化进程,提升了长三角地区的区域创新能力。通过基金的支持,一批原本停留在实验室阶段的科研成果得以快速转化为具有市场竞争力的产品和服务,填补了国内相关领域的技术空白,提升了长三角地区在全球科技创新领域的地位。同时,这些科技成果转化项目的落地也带动了区域内相关产业的发展,促进了产业结构的优化升级,为长三角地区的经济高质量发展提供了有力支撑。例如,基金支持的某高端装备项目,研发出了一种新型的高端制造装备,该装备具有高精度、高效率、智能化等特点,填补了国内在该领域的技术空白。项目的落地不仅提升了企业的核心竞争力,还带动了区域内上下游相关产业的发展,形成了一个以高端装备为核心的产业集群，提升了长三角地区在高端装备制造业领域的整体实力，为长三角地区的产业升级和经济转型提供了有力支持。

总之，G60科创走廊的科技成果转化基金模式通过强化产业能力优势互补、搭建合作载体、推动科技成果转化项目落地等多方面举措，为长三角地区的科技创新和产业升级提供了有力支持。在未来的发展中，科技成果转化基金将继续发挥重要作用，为推动长三角地区成为具有全球影响力的科技创新高地和产业创新中心做出更大贡献。

（三）金融服务联盟模式

在长三角G60科创走廊的建设与发展过程中，金融服务创新扮演着至关重要的角色。G60金融服务联盟的成立，便是其中一项具有里程碑意义的重要创新模式。该联盟汇聚了银行、券商、基金、保险、会计师事务所、律师事务所等各类头部金融机构，通过充分发挥各成员的专业优势以及强大的资源整合能力，为示范园区提供全方位、多元化的金融服务，有力地推动了金融服务与科技创新的深度融合，为科创企业的成长和发展提供了坚实的金融支持。

1. 联盟成员的专业优势

G60金融服务联盟中的银行机构，凭借其在金融领域的深厚底蕴和专业能力，为科创企业提供了稳健的信贷支持和高效的资金结算服务。银行作为金融体系的核心，拥有丰富的资金来源和完善的风控体系，能够根据科创企业的不同发展阶段和资金需求特点，量身定制个性化的信贷产品和服务方案。对于处于初创期的科创企业，银行可以通过评估其核心技术、团队实力和市场前景等因素，提供一定额度的信用贷款，帮助企业解决启动资金短缺的问题；对于成长期和成熟期的科创企业，银行则可以根据企业的经营状况和资产规模，提供更大额度的抵押贷款、流动资金贷款等，满足企业在扩大生产、技术研发、市场拓展等方面的资金需求。同时，银行还为企业提供了便捷的资金结算服务，通过先进的电子银行系统和支付结算工具，确保企业资金的快速流转和安全结算，提高了企业的资金使用效率。

券商作为资本市场的专业服务机构，在企业上市辅导和融资方案设计方面具有独特的优势。在G60金融服务联盟中，券商机构充分发挥其专业能力，为科创企业提供了全方位的资本市场服务。对于有上市意愿的科创企业，券商从早期的规范运作指导、股权结构优化，到中期的上市材料制作、审核沟通，再到后期的发行定价、承销等环节，提供全程跟踪服务，帮助企业顺利登陆资本市场，实现股权融资和品牌提升。此外，券商还根据企业的不同需求和市场环境，设计多样化的融资方案，如定向增发、债券发行、并购重组等，为企业提供多元化的融资渠道，满足企业不同发展阶段的资金需求，助力企业实现快速成长和战略布局。

基金机构在G60金融服务联盟中扮演着重要的角色，通过灵活的股权投资方式，为科创企业提供了长期稳定的资金支持，同时也发现了企业的潜在价值。基金机构通常具有专业的投资团队和丰富的投资经验，能够深入挖掘科创企业的创新能力和成长潜力，通过投资于企业的早期阶段，分享企业成长带来的高额回报。基金机构的投资方式灵活多样，可以根据企业的实际情况和需求，选择天使投资、风险投资、私募股权投资等多种方式，为企业提供资金支持。同时，基金机构还为企业提供了战略规划、资源整合、管理提升等增值服务，帮助企业提升核心竞争力，加速企业成长进程。

保险机构作为风险管理的专业机构，在G60金融服务联盟中为科创企业提供了全面的风险保障和管理服务。科创企业在发展过程中面临着各种风险，如技术研发风险、市场风险、信用风险、财产风险等，保险机构通过设计多样化的保险产品，为企业提供全方位的风险保障。例如，针对科创企业的技术研发风险，保险机构可以提供科技研发保险，对企业在研发过程中因技术失败、研发中断等原因造成的损失进行赔偿；针对企业的财产风险，保险机构可以提供财产一切险、机器损坏险等，保障企业的固定资产和流动资产安全；针对企业的信用风险，保险机构可以提供信用保证保险，帮助企业降低应收账款坏账风险，提高企业的资金周转效率。此外，保险机构还通过风险评估、风险预警、风险控制等手段，帮助企业加强风险管理，提升企业的抗风险能力。

会计师事务所和律师事务所作为专业的中介服务机构，在G60金融服务联盟中为科创企业提供了专业的财务审计和法律服务。会计师事务所通过对企业财务报表的审计，确保企业财务信息的真实性和准确性，为企业融资、上市等重大事项提供了可靠的财务依据。同时，会计师事务所还为企业提供了财务管理咨询、税务筹划等服务，帮助企业优化财务结构，降低税务成本，提高财务管理水平。律师事务所则为企业提供了全面的法律服务，包括企业设立、股权结构设计、合同管理、知识产权保护、劳动用工等方面的法律咨询和法律文书起草服务，确保企业的经营活动合法合规，为企业的发展提供了坚实的法律保障。

2. 资源整合，提升金融服务效率与质量

长三角G60金融服务联盟通过建立信息共享平台，打破了成员机构之间的信息壁垒，实现了金融机构与科创企业之间的精准对接。在联盟的信息共享平台上，金融机构可以发布各类金融产品和服务信息，包括信贷政策、投资偏好、保险产品等，让科创企业能够及时了解和掌握最新的金融动态和产品信息；同时，科创企业也可以在平台上发布自身的融资需求、项目信息、经营状况等，使金融机构能够更加全面地了解企业的需求和特点，从而实现精准匹配和高效对接。例如，一家从事生物医药研发的科创企业，在平台上发布了其新药研发项目的融资需求和项目进展情况，银行、基金、券商等金融机构看到后，根据自身的业务特点和投资偏好，主动与该企业联系，为企业提供了包括信贷支持、股权投资、上市辅导等在内的综合金融服务方案，帮助企业解决了项目研发资金短缺的问题，加速了新药研发进程。

金融服务联盟通过促进成员机构之间的业务协同，发挥了强大的协同效应，为科创企业提供了一站式金融服务。在联盟的框架下，银行、券商、基金、保险等机构之间建立了紧密的合作关系，通过业务协同，为企业提供了涵盖融资、投资、风险管理、财务顾问等全方位的金融服务。例如，当一家科创企业需要进行股权融资时，券商机构可以为企业提供上市辅导和融资方案设计，同时引入基金机构作为战略投资者，为企业提供股权投资；银行机构则可以为企业提供配套的信贷支持和资金结算服务，确保企业资金的稳定供应；保险机构可以为企业提供科技研发保险、企业财产保险等风险保障服务，降低企业的经营风险。通过这种业务协同模式，联盟成员机构之间实现了资源共享、优势互补，为科创企业提供了一站式、综合性的金融服务解决方案，满足了企业在不同发展阶段的多样化金融需求。

为了进一步促进金融机构与科创企业之间的合作与交流，G60金融服务联盟通过组织各类活动，搭建了高效的交流平台。联盟定期组织银企对接会、项目路演、金融论坛、培训讲座等活动，为金融机构和科创企业提供了面对面交流的机会。例如，在银企对接会上，银行机构详细介绍各类信贷产品和服务，企业则现场提出融资需求，双方进行深入沟通和对接，提高了企业的融资成功率；在项目路演活动中，科创企业展示其创新项目和技术成果，吸引基金、券商等投资机构的关注，为企业获得股权投资和资本市场支持创造了机会；在金融论坛和培训讲座上，专家学者、行业精英就金融政策、市场趋势、创新模式等话题进行深入探讨和分享，为金融机构和科创企业提供了前沿的信息和思路，促进了双方的合作与交流。通过这些活动的组织，金融服务联盟不仅加强了金融机构与科创企业之间的联系和沟通，还提升了联盟的凝聚力和影响力，为金融服务科技创新营造了良好的生态环境。

3. 提供多元化的金融服务，支持企业全生命周期发展

长三角 G60 金融服务联盟针对示范园区内处于初创期的科创企业，提

第七章 长三角G60科创走廊科创金融服务科技创新的创新实践研究

供了创业投资和孵化服务，帮助企业迈出发展的第一步。在创业投资方面，联盟中的基金机构发挥其专业优势，对具有创新性和潜力的初创项目进行投资，为企业提供启动资金，缓解企业资金压力。同时，基金机构还为企业提供了战略规划、市场调研、技术评估等增值服务，帮助企业明确发展方向，提升项目质量。在孵化服务方面，联盟与示范园区合作，建立了创业孵化基地，为初创企业提供办公场地、设备设施、网络通信等硬件支持，以及创业辅导、政策咨询、人才招聘等软件服务，帮助企业降低创业成本，提高创业成功率。例如，一家从事人工智能算法研发的初创企业在金融服务联盟的支持下，获得了种子轮融资，入驻了创业孵化基地，在基地的孵化服务和基金机构的指导下，企业顺利完成了产品研发和市场推广，实现了快速成长。

对于处于成长期的科创企业，金融服务联盟提供了风险投资和融资支持，助力企业加速成长。在风险投资方面，联盟中的基金机构根据企业的成长特点和资金需求，加大投资力度，为企业提供风险投资，帮助企业扩大生产规模、加强技术研发、拓展市场份额。同时，基金机构还引入战略投资者，为企业提供产业资源和市场渠道，促进企业与产业链上下游企业的合作与协同发展。在融资支持方面，联盟中的银行机构根据企业的经营状况和信用评级，提供更高额度的信贷支持，满足企业流动资金需求；券商机构则为企业提供债券发行、定向增发等融资方案设计，帮助企业拓宽融资渠道，降低融资成本。例如，一家从事新能源汽车零部件制造的成长期企业在金融服务联盟的支持下，获得了风险投资和银行贷款，成功扩大了生产规模，提升了市场占有率，实现了营业收入的快速增长。

针对示范园区内处于成熟期的科创企业，金融服务联盟提供了股权融资和上市服务，助力企业实现更高层次的发展。在股权融资方面，联盟中的券商机构和基金机构为企业提供了专业的股权融资方案设计和投资服务，帮助企业引入战略投资者，优化股权结构，提升企业价值。在上市服务方面，券商机构作为企业的上市辅导机构，全程指导企业完成上市过程中的各项工作，包括规范运作、财务审计、法律合规、招股说明书撰写等，确保企业顺利通过审核，登陆资本市场。同时，联盟还为企业提供了上市后的持续服务，包括再融资、并购重组、市值管理等，帮助企业实现可持续发展。例如，一家从事高端装备制造的成熟期企业在金融服务联盟的支持下，成功在主板上市，通过上市募集资金，企业进一步加大了研发投入和市场拓展力度，提升了企业的核心竞争力和行业地位，实现了企业的跨越式发展。

二、创新大赛与平台建设模式

（一）科技与产业创新大赛模式

"创赢未来"创新创业大赛是长三角G60科创走廊推动科技创新的重要活动之一。通过大赛，为创新主体提供了展示平台和融资机会，推动了人才、技术、资本等要素的集聚，加速了科技成果的落地转化。

1. 大赛的成功经验

"创赢未来"创新创业大赛是长三角G60科创走廊推动科技创新的重要活动之一，通过聚焦科创领域的前沿技术和创新项目，为创业者提供了展示平台和融资机会。大赛吸引了来自长三角地区的1500多个创新团队参加，其中120个优质项目获奖。例如，上海美克生储能科技有限公司在首届大赛中获得一等奖，并在近3年内完成6轮融资，快速成长为全球最早推出商业化锂电池安全故障预警应用平台及数字化电池管理系统的企业。

2. 推动要素集聚

大赛通过搭建政府、园区、企业、金融机构交流合作的优质平台，推动了人才、技术、资本等要素的集聚。通过大赛，参赛团队不仅获得了资金支持，还获得了技术指导、市场推广等多方面的支持。例如，大赛通过组织专家评审、项目路演等活动，促进了参赛团队与金融机构的对接，提高了项目的融资成功率。

3. 加速科技成果落地转化

大赛通过评选优质项目,推动了科技成果的落地转化。通过大赛,一批具有核心技术和市场潜力的项目获得了资金支持和政策扶持,加速了从实验室到市场的转化过程。例如,大赛获奖项目汇禾医疗在基金支持下完成了多项创新医疗器械的研发和临床试验,推动了心脏介入手术器械领域的技术创新。

(二)综合金融服务平台模式

G60 综合金融服务平台的建设是长三角 G60 科创走廊金融服务科技创新的重要创新模式之一。该平台依托"互联网+"模式,提供股权投资、债权融资、融资租赁等服务,解决了信息不对称问题,提高了企业融资成功率。

1. 平台的功能与服务

G60 综合金融服务平台的建设是长三角 G60 科创走廊金融服务科技创新的重要创新模式之一。该平台依托"互联网+"模式,提供股权投资、债权融资、融资租赁等服务,解决了信息不对称问题,提高了企业融资成功率。平台提供股权投资、债权融资、融资租赁、信用查询、咨询管理等六大板块 40 余项功能服务。通过平台,企业可以在线发布融资需求,金融机构可以在线提供融资服务,实现了企业需求与金融资源的有效对接。例如,平台通过实时政务大数据处理和分析,建立了涵盖运营状况、财务数据、经营风险等 8 个维度 36 类指标的信用评价模型,构建了企业信用信息体系,提高了企业的融资成功率。

2. 解决信息不对称问题

平台通过信息共享和数据互通,解决了金融机构与企业之间的信息不对称问题。通过平台,企业可以获取金融机构的融资产品信息,金融机构可以获取企业的信用信息和融资需求信息。例如,平台通过与政府部门、金融机构、企业等多方合作,实现了企业征信信息的互联互通,提高了金融机构的风控能力和企业的融资效率。

3. 提高企业融资成功率

平台通过精准匹配和高效对接，提高了企业的融资成功率。通过平台，企业可以快速找到适合自己的融资产品，金融机构可以快速找到优质项目。例如，平台通过组织线上线下的融资对接活动，促进了金融机构与企业的对接，提高了企业的融资成功率。

（三）产融结合高质量发展示范园区模式

产融结合高质量发展示范园区是长三角G60科创走廊推动产融结合的重要创新模式之一。通过示范园区的建设，为园区企业提供全方位的赋能支持，推动了产融结合高质量发展。

1. 示范园区的赋能清单

产融结合高质量发展示范园区是长三角G60科创走廊推动产融结合的重要创新模式之一。通过示范园区的建设，为园区企业提供全方位的赋能支持，推动了产融结合高质量发展。《长三角G60科创走廊产融结合高质量发展示范园区赋能清单》围绕政策支持、金融服务、人才培养、技术创新等多个维度，为示范园区提供了全方位的赋能措施。例如，清单中包括政策支持措施，如税收优惠、土地政策支持等；金融服务措施，如债券发行、科创板培育等；人才培养措施，如人才引进、人才培训等。

2. 全方位赋能支持

示范园区通过全方位的赋能支持，推动了园区企业的成长和发展。通过政策支持，园区企业可以享受税收优惠、土地政策支持等；通过金融服务，园区企业可以获取债券发行、科创板上市等金融服务；通过人才培养，园区企业可以引进和培养高素质人才。例如，示范园区通过与高校、科研院所合作，建立了人才培养基地，为园区企业提供了高素质人才支持。

3. 推动产融结合高质量发展

示范园区通过全方位的赋能支持，推动了产融结合高质量发展。通过政策支持、金融服务、人才培养等措施，示范园区为企业提供了良好的发展环境，促进了企业的技术创新和市场拓展。例如，示范园区通过组织企业参加国际展会、行业论坛等活动，帮助企业拓展国内外市场，提升了企业的国际影响力。

（四）创新大赛与平台建设模式的综合效应

1. 促进创新要素集聚与协同创新

创新大赛与平台建设模式通过多种方式促进了创新要素的集聚与协同创新。一方面，大赛吸引了大量的创新团队和项目，为人才、技术和资本等要素的集聚提供了平台。另一方面，综合金融服务平台和产融结合高质量发展示范园区为企业提供了全方位的金融服务和赋能支持，促进了创新要素的协同创新。例如，通过大赛，参赛团队可以获得技术指导、市场推广等多方面的支持，同时还可以与金融机构进行对接，获得资金支持。通过综合金融服务平台，企业可以获取多种金融服务，解决融资难题。通过产融结合高质量发展示范园区，企业可以获得政策支持、金融服务和人才培养等全方位的赋能支持。

2. 加速科技成果落地转化与产业化

创新大赛与平台建设模式通过多种方式加速了科技成果的落地转化与产业化。一方面，大赛通过评选优质项目，为科技成果的落地转化提供了资金支持和政策扶持。另一方面，综合金融服务平台和产融结合高质量发展示范园区为企业提供了全方位的金融服务和赋能支持，促进了科技成果的产业化。例如，通过大赛，获奖项目可以获得资金支持和政策扶持，加速从实验室到市场的转化过程。通过综合金融服务平台，企业可以获取多种金融服务，解决融资难题，加速科技成果的产业化。通过产融结合高质量发展示范园区，企业可以获得政策支持、金融服务和人才培养等全方位的赋能支持，促进科技成果的产业化。

3. 提升区域创新能力和竞争力

创新大赛与平台建设模式通过多种方式提升了区域创新能力和竞争力。一方面，大赛吸引了大量的创新团队和项目，为区域创新提供了人才和技术支持。另一方面，综合金融服务平台和产融结合高质量发展示范园区为企业提供了全方位的金融服务和赋能支持，促进了区域创新能力和竞争力的提升。例如，通过大赛，参赛团队可以获得技术指导、市场推广等多方面的支持，同时还可以与金融机构进行对接，获得资金支持，提升区域创新能力。通过综合金融服务平台，企业可以获取多种金融服务，解决融资难题，提升区域竞争力。通过产融结合高质量发展示范园区，企业可以获得政策支持、金融服务和人才培养等全方位的赋能支持，提升区域创新能力和竞争力。

总之，创新大赛与平台建设模式通过促进创新要素集聚与协同创新、加速科技成果落地转化与产业化、提升区域创新能力和竞争力等多种方式，为长三角G60科创走廊的科技创新和企业发展提供了有力支持。未来，创新大赛与平台建设模式将继续优化，加强区域创新合作与协同发展，推动科技创新与产业升级，为长三角G60科创走廊的高质量发展做出更大贡献。

三、融资与上市服务模式

（一）科创债与绿色债融资模式

科创债与绿色债融资模式是长三角G60科创走廊拓展融资渠道的重要创新模式之一。通过建立常态化发行机制，提高企业对科创债和绿色债的认知度和参与度，推动更多企业通过债券融资。

1. 拓展融资渠道

科创债与绿色债融资模式为长三角地区的科创企业提供了新的融资渠道。通过发行科创债和绿色债，企业可以获取低成本的资金支持，用于技术研发、项目建设和市场拓展。例如，截至2024年，九城市合计发行科创债、绿色债共 314 单，累计发行金额 1819.05 亿元。

2. 常态化发行机制

科创债与绿色债融资模式建立了常态化发行机制，提高了企业对科创债和绿色债的认知度和参与度。通过组织培训宣讲活动，向企业宣传科创债和绿色债的发行条件、优惠政策等，提高了企业的发行意愿。例如，G60 科创走廊通过与人民银行上海总部合作，赴九城市开展科创债绿色债宣传辅导活动，建立了常态化工作机制和培训宣讲机制。

3. 推动企业债券融资

科创债与绿色债融资模式推动了更多企业通过债券融资。通过发行科创债和绿色债，企业可以获取长期稳定的资金支持，用于技术研发和项目建设。例如，科创债的发行帮助企业解决了技术研发的资金瓶颈问题，推动了企业的技术创新和市场拓展。

（二）科创板上市服务模式

科创板上市服务模式是长三角 G60 科创走廊推动企业上市融资的重要创新模式之一。通过优化科创属性判断机制，动态更新拟上市企业储备库，加速高成长性企业登陆科创板。

1. 优化科创属性判断机制

科创板上市服务模式通过优化科创属性判断机制，提高了企业上市的效率和成功率。通过建立"4+5"科创属性实质性判断预咨询、预沟通、预推荐机制，帮助企业提前了解上市条件和要求，提高了企业上市的准备效率。例如，G60 科创走廊通过与上海证券交易所合作，建立了常态化的上市服务机制，为企业提供上市辅导和咨询服务。

2. 动态更新拟上市企业储备库

科创板上市服务模式通过动态更新拟上市企业储备库，为企业提供持续的上市支持。通过建立拟上市企业储备库，G60 科创走廊为企业提供上市培育、政策支持等服务，帮助企业提升上市能力。例如，截至 2024 年，九城市受理企业 174 家，占全国 18.5%；已发行上市企业 119 家，占全国 21%。

3. 加速高成长性企业登陆科创板

科创板上市服务模式通过优化服务机制，加速了高成长性企业登陆科创板。通过提供上市辅导、政策支持等服务，G60 科创走廊帮助企业快速完成上市流程，提升了企业的市场竞争力。例如，G60 科创走廊通过组织企业参加上市培训活动，提高了企业的上市意识和能力，推动了企业的快速发展。

（三）金融服务模式的优化与创新

金融服务模式的优化与创新是长三角 G60 科创走廊提升金融服务能力的重要创新模式之一。通过优化金融服务模式，建立长效机制，持续支持企业上市融资，提升区域资本市场的活跃度。

1. 优化金融服务模式

金融服务模式的优化与创新通过整合区域内的金融资源，提升了金融服务的效率和质量。通过优化金融服务流程，G60 科创走廊为企业提供了更加便捷、高效的金融服务。例如，G60 金融服务联盟通过信息共享、业务协同等方式，为企业提供一站式金融服务，提高了企业的融资成功率。

2. 建立长效机制

金融服务模式的优化与创新通过建立长效机制，持续支持企业上市融资。通过建立常态化的上市服务机制，G60 科创走廊为企业提供持续的上市支持，帮助企业提升市场竞争力。例如，G60 科创走廊通过与上海证券交易所合作，建立了常态化的上市服务机制，为企业提供上市辅导和咨询服务。

3. 提升区域资本市场的活跃度

金融服务模式的优化与创新通过提升区域资本市场的活跃度，推动了区域经济的高质量发展。通过优化金融服务模式，G60 科创走廊提升了区域资本市场的活跃度，促进了区域内的资本流动和资源配置。例如，G60 科创走廊通过组织企业参加国际展会、行业论坛等活动，帮助企业拓展国内外市场，提升了企业的国际影响力。

第四节 长三角 G60 科创走廊金融服务科技创新的政策机制设计

一、政策机制的总体框架

长三角 G60 科创走廊的金融服务科技创新政策机制设计，以《长三角 G60 科创走廊建设方案》为指导方针，紧密围绕"一体化"与"高质量"两大核心关键词。在市场化、法治化的导向引领下，以"科创 + 产业"为关键抓手，以高标准创新能力建设为坚实支撑，致力于促进长三角基层紧密合作以及跨行政区域的协调联动。通过这一系列举措，旨在打造科技创新策源地，培育世界级产业集群，树立产城融合典范，营造一流营商环境，进而形成资金共同投入、技术共同转化、利益共同分享的协同创新共同体，最终建成科技和制度创新双轮驱动、产业和城市一体化发展的先行先试走廊。

二、政策机制的具体设计

（一）健全跨域金融协同治理体系

1. 健全实体化平台共建机制

依托长三角 G60 科创走廊联席会议机制及其办公室，制定《跨区域金融协作权责清单》，明确信贷资源配置、数据共享等核心职责。建立季度联席会商机制，重点协调跨区信贷投放障碍；实施年度考核评估，将企业跨城授信覆盖率、金融数据互通率纳入地方政府绩效考核，对达标城市给予财政转移支付奖励，破解行政壁垒导致的资源错配问题。

2. 优化分级出资利益分配机制

长三角 G60 科创走廊科技成果转化基金创新性地打破跨区域出资限制，由九城共同认缴出资，可以同步建立税收分成机制，按项目注册地、投资来源地、生产要素贡献度进行"三三制"分配；设置刚性约束条款，要求基金 70% 资金投向九城市"硬科技"项目，30% 跨区域投资须承诺三年内返投长三角，形成资金闭环流动生态。

（二）优化产创赛训融合生态

1. 健全赛道化揭榜机制

按集成电路、生物医药等八大产业链设立专项赛道，由龙头企业牵头制定《产业级技术需求榜单》，明确关键指标与研发周期。组建由院士、产业专家、风投代表构成的评审委员会，重点评估技术成熟度与市场适配度。对揭榜成功项目，直接纳入长三角 G60 科创走廊科技成果转化基金优先投资目录，并匹配上交所"科创板直通车"辅导资源，实现"一榜定资源"。

2. 构建全链赋能资源包机制

鼓励有条件的地方和单位创建国家级双创示范基地和众创空间，大力建设科技企业孵化器、留学人员创业园、大学科技园、产教融合实训基地、人才资源服务园等创新创业平台，通过标准化资源注入缩短项目从实验室到产业化的转化周期。

（三）构建数智金融服务矩阵

1. 升级云端集成服务机制

开发长三角 G60 科创云数字化平台，运用 NLP 技术解析长三角政策，生成企业专属申报方案；资本导航系统，接入金融机构的专属产品，实现融资需求智能匹配；搭建区块链数据保险箱，建立企业征信、专利等数据的跨域可信共享通道，破解信息孤岛导致的融资梗阻。

2. 强化网格化终端服务机制

在九城市产业园区设立实体化服务驿站，配置"金融管家"团队，通过平台实现金融资源开放共享，有效化解信息不对称矛盾，为企业提供全方位金融服务，提高金融服务的效率和精准度，协调上交所、证监局专家现场诊断，有效压缩上市问询问题解决周期。

（四）强化科创绿色双债融资增信支撑

1. 完善风险缓释池共建机制

建立常态化科创债绿色债发行工作推进机制，建立科创债绿色债发行优质企业库，面向九城市89个县（区）宣讲最新政策、发行条件和典型案例，拓宽企业融资渠道，降低融资成本，优先支持拥有3项以上核心发明专利或省部级科技奖项企业，降低科创债发行门槛。

2. 创新资产证券化试点机制

在长三角要素交易平台试点发行科创债/绿色债ABS产品，对持有满1年的投资者实施税收激励；提高企业对科创债和绿色债的认知度和参与度，推动更多企业通过科创债和绿色债融资，同步建立二级市场流动性支持机制，引入做市商提供双边报价服务，提升产品市场吸引力。

（五）创新星级园区赋能模式

1. 完善三维密度评级机制

在《长三角G60科创走廊产融结合高质量发展示范园区赋能清单》基础上制定《产融结合示范园区星级评价标准》，围绕产融结合的关键环节和企业需求，从政策支持、金融服务、人才培养、技术创新等多个维度，为示范园区提供全方位的赋能措施，助力园区企业发展壮大。

2. 深化飞地共建共享机制

推行"总部+基地"飞地共建模式，建立GDP分计与税收共享机制；

定期评选产融结合高质量发展示范园区，表彰在推动产融结合方面表现突出的园区，树立良好榜样，发挥示范引领作用，同步建立环境指标、能耗指标跨区域流转机制，破解要素流动的制度性障碍。

（六）深化金融服务联盟机制

1. 优化三优服务备案机制

要求 G60 金融服务联盟成员签署《优先服务承诺书》，备案年度服务计划，积极发挥自身的专业优势和资源整合能力，为示范园区提供更加优质、高效的金融服务和支持，满足园区企业多样化的金融需求；履约情况纳入央行长三角征信评估体系，对违约机构实施区域联合惩戒，暂停其参与政府项目招投标资格。

2. 升级痛点产品开发机制

定向研发以研发费用发票为质押的信用贷款、基于核心企业订单的供应链金融产品和科技人才期权质押融资工具，鼓励联盟成员之间开展更深入的合作，提供更加多元化的金融服务，形成金融服务合力，提升金融服务的整体质量和水平，为企业发展提供全方位、多层次的金融支持。

（七）升级科技成果转化生态

1. 完善分段分级投资机制

建立概念验证期、中试熟化期、产业扩张期梯度投资体系，由九城市和相关社会资本认缴出资，国家科技成果转化引导基金成立后以增资形式出资，为科技成果转化项目提供资金保障。

2. 加速推动科技成果转化

通过基金支持，推动科技成果转化项目落地，加速科技成果产业化、项目化，提高科技成果转化为现实生产力的效率和效果，促进区域内科技水平提升和产业升级。

（八）打造科创上市培育体系

1. 完善健康度数据穿透机制

持续深入落实九城市与上交所签订的战略合作协议，构建上市健康度监测平台，接入税务、海关、知识产权等多部门数据，生成科创属性指数，优化预咨询、预沟通、预推荐机制，加速高成长性企业登陆科创板，助力企业利用资本市场实现快速发展。

2. 优化全周期品牌培育机制

建立覆盖企业上市全流程的培育体系，在申报前阶段，组织券商、律所专家团队提供股权架构优化、财务合规等专项辅导，开展模拟问询演练；在审核阶段，设立监管预沟通通道，协助企业完成核心技术认定及知识产权风险排查；在上市冲刺期，整合财经媒体资源进行品牌集中曝光，组织投资者反向路演提升市场关注度。

三、政策机制的保障措施

（一）加强组织保障

发挥党统揽全局的作用，充分发挥党总揽全局、协调各方的领导核心作用，加强党对长三角G60科创走廊建设的全面领导。设立专责小组，由科技部牵头会同有关部门设立长三角G60科创走廊建设专责小组，统筹本方案的实施，确保各项政策措施落到实处，为科创走廊建设提供坚强的组织保障。

（二）强化政策支撑

建立多元投入机制，重点支持先进制造业集群和战略性新兴产业集群、重大产业项目、产业协同创新中心建设，引导社会资本参与科技创新和产业发展，形成多元化的投入格局，为科创走廊建设提供充足的资金支持。健全区域政策协同机制，加强区域政策制定、执行和评估的衔接，组织开展重大前瞻性课题研究，做好政策储备，提高政策的协同性和有效性，为科创走廊建设提供有力的政策支撑。探索协同机制，探索建立联合招商、资源分享、产值核算、税收分成等协同机制，推进资源、能耗、产权、技术等要素资源跨行政区域交易，促进区域资源优化配置和协同发展，提升科创走廊整体发展水平。

（三）完善评估机制

完善评估指标体系，聚焦创新研发投入、创新产业发展、创新资源集聚、创新生态构建、创新协作共享等重点领域，建立科学实用、系统规范的一体化发展评估指标体系，引入第三方评估，加强动态监测，科学评价G60科创走廊建设情况，及时发现问题并加以改进，确保科创走廊建设取得实效。

（四）营造良好氛围

加强宣传引导，彰显品牌效应和资源集聚能力，创新宣传方式，提高公众参与度，营造全社会关注支持推动G60科创走廊建设的浓厚氛围。通过多种渠道和方式，广泛宣传科创走廊建设的政策举措、工作进展和成效成果，吸引更多创新资源向科创走廊集聚，为科创走廊建设注入强大动力。

第八章　长三角 G60 科创走廊金融服务企业数字化转型的创新实践研究

第一节　长三角 G60 科创走廊金融服务企业数字化转型的概况

长三角 G60 科创走廊作为我国重点打造的区域创新示范区，汇聚了大量科技创新资源和优质企业资源。近年来，在区域一体化和全球数字经济浪潮推动下，金融服务企业正以数字化转型为契机，不断重构业务模式、优化产业链协同，并在市场竞争中谋求突破。本文将从企业数字化转型的驱动力与优势、金融服务在数字化转型中的作用，以及长三角 G60 科创走廊企业数字化转型现状与挑战三个方面，全面解析区域内企业数字化转型的内外部因素、所具备的独特优势及面临的现实问题，旨在为区域金融服务企业的数字化转型升级提供理论依据和实践借鉴。

一、长三角 G60 科创走廊企业数字化转型的驱动力与优势

（一）企业数字化转型的外在驱动力

在全球经济数字化转型的背景下，外部环境不断发生深刻变革。长三角 G60 科创走廊的企业数字化转型，受到多重外在驱动作用：

1. 政策引导与区域战略

国家和地方政府高度重视数字经济和产业转型升级。近年来，国务院、

工信部及长三角区域各级政府相继出台《长三角一体化发展规划纲要》《长三角 G60 科创走廊建设实施方案》等系列政策文件，明确提出要大力推进数字化、智能化建设，鼓励企业利用先进信息技术重塑生产、经营和管理模式。这些政策文件不仅为企业提供了资金、税收、人才等多方面的优惠措施，还通过建立专项扶持基金、创新激励机制、绿色通道审批等方式，为区域企业的数字化转型扫清了制度性障碍。区域政策的倾斜和政策红利的释放，使得长三角 G60 科创走廊内的企业在转型过程中能够迅速获得外部支持，从而加快转型步伐，形成了区域内协同创新、优势互补的良好局面。

2. 市场竞争与全球化压力

随着全球化进程不断深入，传统产业面临着跨国竞争的严峻挑战。尤其是在制造、物流、服务等领域，企业之间的竞争已从产品和价格竞争转向技术与数据驱动的竞争。数字化技术的应用成为企业在国际市场上提升核心竞争力的重要手段。面对来自国外先进企业的冲击以及全球供应链重构的趋势，长三角 G60 科创走廊内的企业不得不加快数字化转型步伐，借助先进的信息技术来提高生产效率、降低运营成本、优化产品质量和服务水平，从而在激烈的市场竞争中保持领先地位。此外，随着跨境电商、国际物流、供应链金融等新型业态的崛起，企业需要借助数字平台实现信息互通与资源共享，以适应国际贸易和全球市场的变化。

3. 技术进步与数字经济浪潮

新一代信息技术——云计算、大数据、人工智能、物联网、区块链等迅猛发展，为企业数字化转型提供了坚实的技术支撑。长三角作为我国经济和科技创新的前沿阵地，拥有雄厚的科研实力和技术积累，区域内高校、科研院所与企业之间形成了良好的产学研协同机制。技术的不断进步不仅为企业提供了高效、智能的生产管理工具，还推动了商业模式和运营模式的根本性变革。例如，通过大数据分析，企业可以实时监控生产流程、预

第八章　长三角G60科创走廊金融服务企业数字化转型的创新实践研究

测市场需求、优化资源配置；利用人工智能和物联网技术，企业能够实现智能生产、精细化管理以及全流程的数字化管控。这种以技术进步为核心的外部推动力量，使长三角G60科创走廊内的企业在数字化转型过程中具备了前沿优势。

4. 国际合作与开放竞争

全球数字经济的快速发展要求企业不断进行跨国合作和技术交流。长三角G60科创走廊内的企业通过与国际知名企业、跨国技术机构以及外资金融机构的合作，不仅可以引进先进技术和管理经验，还能借助国际资本市场的力量推动自身数字化升级。国际化合作使得企业在全球供应链中占据更有利的位置，同时也为企业提供了走向国际市场的资本和平台。区域内企业通过积极参与"一带一路"等国际合作项目，在数字化技术、信息共享和资源整合方面不断提升，从而在全球化竞争中形成独特优势。

（二）企业数字化转型的内在驱动力

除外部驱动力外，企业内部诸多因素也是推动数字化转型的重要内生力量，这些内在驱动力具体体现在以下几个方面。

1. 效率提升与成本优化驱动企业数字化转型

高效运营与降本增效的需求是推动企业数字化转型的重要内在动力。面对日益激烈的市场竞争和持续上升的运营成本压力，企业需要在管理效率和资源利用率上实现突破。这种需求驱动了企业引入ERP（企业资源计划）、MES（制造执行系统）、SCM（供应链管理）、CRM（客户关系管理）等信息系统，通过全流程数字化管控和精准决策支持，实现业务流程的自动化和资源的优化配置。同时，数据驱动的管理模式显著降低了人工干预中的误差风险，使企业能够更加灵活地应对市场变化，缩短产品研发周期，提高产品质量，并提高供应链协同效率。这些内在动力推动企业从单纯的成本节约向价值创造转型，为其在数字经济时代构建长期竞争力奠定了坚实基础。

2. 数据资产沉淀驱动企业数字化转型

数据资产沉淀与增值是推动企业数字化转型的关键内在动力。在日常经营过程中，企业会生成大量多维度数据，如客户信息、交易记录和生产数据，这些数据蕴藏着巨大的潜在价值。然而，缺乏有效的管理和应用机制，企业难以充分挖掘数据的真正价值。数字化转型的核心正是建立统一的数据平台与完善的数据治理体系，通过这些体系，企业能够对海量数据进行全面采集、整合和深度分析，确保数据资产的有效沉淀。随着数据质量的提升与应用场景的拓展，数据的增值效应逐步显现，成为企业核心竞争力的重要组成部分。例如，企业可通过对历史销售数据与市场趋势的分析，精准预测未来销售，优化库存管理、降低运营成本并提高资金周转率。数据资产的积累与增值不仅为企业带来了直接的经济效益，也为其在数字化时代的长期发展提供了战略性支持。

3. 技术创新驱动企业数字化转型

技术创新需求是推动企业数字化转型的重要内在动力。随着市场环境和消费者需求的快速变化，企业必须不断提升自身的创新能力，以确保在激烈竞争中占据优势。数字化转型不仅提供了先进的工具和平台，能够显著提升技术研发效率，还打破了传统创新模式的限制，实现跨部门、跨行业的资源整合和协同创新。同时，数字技术的广泛应用使得企业能够更高效地进行产品迭代和技术攻关，推动从传统制造向智能制造的转型升级。此外，开放的数字创新平台为企业营造了良好的创新生态，激励员工提出创意和改进建议，从而持续激发内部创新活力。

4. 组织文化变革驱动企业数字化转型

组织文化变革和管理理念升级是推动企业数字化转型的重要内在动力。传统企业往往面临层级分明、信息孤岛和决策链条冗长的问题，难以及时响应外部变化，亟须通过数字化转型重塑管理理念和组织文化，构建扁平化、协同化和数据驱动的管理体系，实现从"人治"向"数治"的转变。

这种转型不仅可以打破部门壁垒，增强跨部门协同，还能营造鼓励创新、持续学习和数据赋能的文化氛围，激发全员参与数字化变革的积极性。只有当组织文化与数字化转型理念高度契合，企业才能充分释放数字技术的潜力，优化业务流程、提升管理效率，并增强客户体验，从而在激烈的市场竞争中保持长期优势。

（三）长三角 G60 科创走廊企业数字化转型的优势与意义

长三角作为我国经济最活跃、开放程度最高、创新能力最强的区域之一，拥有雄厚的科研实力和完善的产业链。长三角 G60 科创走廊作为区域重点建设项目，聚集了大量高新技术企业、创新平台、风险投资机构及政策资源，这为企业数字化转型提供了得天独厚的外部环境和资源保障。区域内形成的产学研合作、跨行业协同和多元化金融支持机制，使得企业在转型过程中能够迅速获取先进技术、资本支持和管理经验，推动数字化转型走向深入。

长三角 G60 科创走廊内的企业在数字化转型过程中，通过技术共享、数据互联和业务协同，逐步构建起一个开放、共享和互利共赢的创新生态系统。该生态系统不仅涵盖了研发、生产、销售、服务等各个环节，还将金融、信息技术、风险投资等多方力量有机融合在一起，形成了以数据驱动为核心、跨界协同为纽带的全新商业模式。通过生态系统的构建，企业能够实现资源的最优配置和高效利用，从而大幅提升整体竞争力和可持续发展能力。

长三角 G60 科创走廊的数字化转型不仅得到了国家和地方政府的大力支持，还受到了资本市场和国际市场的积极响应。政府在政策、资金、人才等方面给予的支持，为企业转型提供了充足保障；而资本市场的青睐和国际合作的深入，也为企业开辟了广阔的发展空间。企业通过数字化转型，不仅可以实现内部管理的优化和运营效率的提升，还能在市场竞争中获得先机，进一步增强品牌影响力和市场话语权。

对于长三角 G60 科创走廊内的企业而言，数字化转型不仅是应对当前竞争压力的必要选择，更是未来实现高质量发展的战略方向。数字化转型有助于企业打破传统产业的固有模式，实现从传统制造到智能制造、从单一业务向多元化生态系统的跨越。通过数字技术的赋能，企业可以更精准地把握市场动态、快速响应客户需求、持续优化生产流程和服务模式，从而在全球经济变革中占据有利地位。长远来看，数字化转型将成为企业提升核心竞争力、实现可持续创新和长远发展的重要引擎。

二、金融服务在数字化转型中的作用

金融服务在推动企业数字化转型过程中发挥着至关重要的作用。金融机构不仅为企业提供必要的资金保障，还通过多维度支持技术创新、引导政策激励和吸引市场投资，从而构成企业数字化转型过程中不可或缺的外部驱动力。

（一）提供资金支持与融资保障

数字化转型是一个高投入、长周期的系统工程，企业在进行数字化转型过程中往往面临资金紧张、融资难、融资贵等问题。金融服务在此过程中发挥着关键的资金保障作用。一方面，金融机构通过创新金融服务模式，为企业提供多样化、全生命周期的融资支持。例如，通过"在线审批""全流程电子化信贷""投贷联动"等方式，金融机构可以大幅缩短贷款审批时间，降低融资成本，使企业能够及时获得所需资金，保障技术改造、设备升级和信息系统建设的顺利推进。另一方面，政府和地方政策也在不断加大对数字化转型企业的财政扶持力度，如专项资金支持、税收优惠、担保服务等，都为金融机构向科技型企业提供资金支持创造了有利条件。这种以资金支持为核心的金融服务模式，不仅为企业提供了必要的资本保障，而且降低了企业在转型过程中的财务风险，推动了区域内企业数字化转型的深入开展。

（二）优化信息共享与融资体验

在企业数字化转型过程中，信息孤岛和数据壁垒常常成为企业融资的重要阻碍。为解决这一问题，金融服务通过开放 API、数据互联平台和跨机构合作，推动了企业风险信息的实时共享与动态更新。这种信息共享机制不仅打破了传统金融体系的信息封闭格局，还显著提升了企业融资的效率与精准度。例如，金融机构可以实时获取企业在生产、销售、物流和技术研发等方面的数据，结合财务信息和行业大数据进行多维度风险分析，为企业提供更加精准的融资解决方案。此外，通过与第三方征信机构、政府部门和供应链上下游企业的数据对接，金融服务机构能够全面了解企业的信用状况和市场表现，降低信息不对称带来的融资风险。这种基于数据互联和协同的金融服务模式，不仅优化了企业的融资体验，还增强了金融服务对企业在数字化转型过程中多样化需求的响应能力，为企业在复杂多变的市场环境中提供了更强的抗风险能力和可持续发展动力。

（三）推动科技创新与产业升级

数字化转型不仅是企业内部管理和业务流程的变革，更是一场以技术创新为核心的产业升级运动。金融服务在推动科技创新方面发挥了桥梁和纽带作用。首先，金融机构通过设立科技创新专项基金、绿色金融产品和创新型信贷产品，为企业研发和技术改造提供了必要的资本支持，使企业能够加大研发投入，推动技术创新与成果转化。其次，通过与科技企业、科研院所和产业联盟的合作，金融服务实现了技术与金融的深度融合。金融机构利用自身数据优势和风险管理能力，为企业提供个性化、定制化的金融服务，从而加速了从传统模式向数字化、智能化模式的转型升级。再次，金融服务机构还借助线上平台和开放 API 等方式，促进企业间的信息共享与资源整合，推动产业链、供应链和价值链的数字化转型。最后，数字化的风控系统和智能审批平台不仅提高了金融服务效率，还推动了企业在产品设计、生产流程、市场营销和服务体系等方面的创新，从而为整个产业升级提供了有力支持。金融服务的这一作用，不仅有助于解决企业在转型过程中的资金和技术瓶颈，还推动了区域内产业结构的优化升级和经济高质量发展。

（四）促进跨界融合与生态构建

在数字化转型过程中，金融服务的作用不仅体现在资金和风险管理层面，更在于其能够促进跨界融合、构建开放共享的数字生态系统。当前，全球经济正朝着融合发展、协同创新的方向迈进，单一的金融服务模式已无法满足企业在数字化转型过程中日益多样化和个性化的需求。长三角G60科创走廊作为我国重要的科技创新集聚区，凭借其区域资源、政策优势和产业集聚效应，在推动跨界融合和生态构建方面展现出独特优势。金融机构充分发挥自身平台优势，通过构建跨界合作联盟，整合政府、金融、科技、产业和资本市场等多方资源，形成从资金支持、技术研发到风险控制、信用评估的全链条协同服务网络。这样不仅可以实现资源共享和优势互补，还能打破信息孤岛，促进各环节协同发展，从而形成一个健康、开放、互利共赢的数字金融生态系统。此外，开放平台和数据共享机制的建立，使得区域内各主体之间可以进行实时信息互通与合作，加速创新成果转化和产业链协同发展，为企业提供更加精准和高效的综合金融服务。跨界融合与生态构建是推动数字化转型向纵深发展的关键路径，也是实现金融服务现代化和智能化的重要保障。

三、长三角 G60 科创走廊金融驱动企业数字化转型的现状与挑战

（一）长三角 G60 科创走廊金融驱动企业数字化转型的现状

近年来，长三角 G60 科创走廊内企业数字化转型呈现出多样化和高水平发展的态势。总体来看，该区域内的头部企业已经在智能制造、数据管理、数字营销、金融科技等领域取得显著成效，形成了一批具有国际竞争力的数字化标杆企业。同时，区域内中小企业也在积极探索数字化转型路

第八章　长三角G60科创走廊金融服务企业数字化转型的创新实践研究

径，通过数字平台、供应链金融和智能设备升级等方式，实现生产流程优化、资源高效配置和服务模式创新。截至2024年，长三角G60科创走廊区域内建成智能工厂55家、5G工厂32家，工业互联网平台渗透率达68%。"G60星链"计划投资300亿元建设卫星智造基地，带动传统制造业效率提升40%。现阶段，长三角G60科创走廊区域内企业数字化转型主要呈现以下几个特点：第一，数字基础设施不断完善。得益于政府在5G、云计算、大数据等领域的大力投资和政策支持，区域内数字基础设施建设迅速推进，形成了覆盖广、响应快、传输稳定的信息网络体系，为企业数字化转型提供了坚实的物理基础。第二，数字平台与生态体系初步形成。在区域内部分领先企业的带动下，数字化平台建设逐渐成熟，企业之间在数据共享、业务协同、跨界合作方面实现了初步整合。第三，创新能力不断提升。区域内企业在数字化转型过程中不断加大研发投入，通过产学研合作、技术引进和自主研发，推动技术创新和产品升级。第四，金融服务与产业转型深度融合。在金融的助力下，区域内企业在融资、风险控制、技术创新和市场拓展等方面获得了强有力的支持，推动了整个区域的产业转型升级和高质量发展。

作为长三角G60科创走廊数字化转型的重要驱动力，金融服务已超越传统信贷支持，正在构建以金融产品创新加速企业融资与风险资本催化高新技术为核心的新型金融生态，为实体经济数字化转型提供了可复制的范式。从金融产品创新角度来看，技术资产成为企业融资过程中的核心增信依据。例如，江苏银行推出的"G60科创贷"产品将企业专利数量、研发能力等无形资产纳入授信模型，最高提供5000万元纯信用贷款，首批即覆盖10家科技企业，授信总额达5亿元。这一模式突破了传统抵押依赖，将技术硬实力转化为融资能力，反映出"轻资产科技企业融资范式"的建立。从风险资本角度来看，长三角G60科创走廊科技成果转化基金的实践展现了风险资本对尖端技术商业化的催化作用。例如，盘毂动力获得长三角G60科创走廊科技成果转化基金投资后，研发投入占比从12%提升至25%，推动新能源汽车电驱动系统生产效率提升40%。汇禾医疗则借助4000万元股权投资，完成全球首款微创三尖瓣修复系统研发，将临床试验周期缩短40%，并进入科创板上市冲刺阶段。这种"股权资本+技术验证"的联动模式，使高风险技术项目的商业化成功率高于传统融资模式。

（二）长三角G60科创走廊金融驱动企业数字化转型的挑战

尽管区域内金融支持企业数字化转型呈现出积极的发展势头，但在实际推进过程中，企业仍面临多重挑战，主要表现在以下几个方面。

1. 资金压力与融资难题

数字化转型是一项长期且高投入的系统工程，特别是对中小企业而言，资金短缺问题尤为突出。尽管数字金融为企业提供了一定的融资支持，但部分企业在信息披露、风险控制以及转型收益不确定性等方面仍难以获得足够的资本支持。融资难、融资贵问题依然制约着企业在数字化转型中的投入和扩张。

2. 区域金融资源配置不均衡

长三角G60科创走廊九城市在创业融资活跃度上呈现明显差异。2021~2024年，杭州与苏州的私募股权融资次数均超过千次，而合肥、嘉兴、松江等地则显著滞后。此外，2025年发布的《吴友等：G60科创走廊如何高效配置资本要素》报告指出："G60九城（区）内部共有8条融资路径呈现零互动，如芜湖与金华、宣城、湖州、嘉兴、松江之间均没有投融资互动关系"，这也导致金融要素跨城流动受限，制约了区域内企业的数字化转型进程。

3. 金融产品与企业需求错配

尽管推出了"G60科创贷"等创新金融产品，但整体金融产品供给结构仍需优化。例如，知识产权质押融资、科创债、绿色债等新兴金融工具的推广力度不足，难以满足企业多样化的融资需求。此外，部分金融机构对轻资产、高风险的数字化转型项目持谨慎态度，缺乏对早期项目的耐心资本支持，限制了企业的创新活力。

4. 制度协调与监管创新滞后

长三角 G60 科创走廊跨越多个省市，金融政策和监管标准存在差异，导致企业在跨区域融资和创新实践中面临合规风险。例如，政务服务一体化推进过程中，企业和民众对异地办理需求存在偏差，数据治理和信息共享机制尚不完善，影响了金融服务的效率和覆盖面。

5. 企业数字化能力与金融支持脱节

部分传统企业缺乏数字化转型的战略意识和能力，难以有效利用金融工具实现创新发展。同时，金融机构在评估企业数字化转型项目时，缺乏既懂工业物联网又具备风控建模能力的复合型人才，同时缺乏针对性的评估模型和风险控制机制，导致金融支持与企业实际需求脱节，影响了转型效果。

（三）长三角 G60 科创走廊金融驱动企业数字化转型的重点

长三角 G60 科创走廊金融服务企业的数字化转型是在外部政策推动、市场竞争加剧、技术进步迅速等多重因素作用下形成的必然趋势。企业在外部环境激励的同时，也通过内部管理优化、数据资产整合、技术创新和人才培养不断释放内生动力。区域内丰富的资源集聚、政策红利、产业协同与国际化合作，为企业数字化转型提供了独特的优势和无限可能。与此同时，金融服务在为企业提供资金支持、推动技术创新、引导政策激励和吸引市场投资方面发挥着不可替代的作用，成为企业数字化转型的重要助力。尽管在转型过程中企业仍面临资金、人才、数据安全、组织协同和市场竞争等多方面的挑战，在面对诸多挑战的同时，只有不断优化数字化转型战略，强化技术与金融双轮驱动，通过构建开放共享的数字生态体系，实现内部管理和外部合作的深度融合，企业才能在全球数字经济竞争中立于不败之地，推动区域整体产业升级和经济高质量发展。因此，长三角 G60 科创走廊金融驱动企业数字化转型的重点主要包括如下六个方面。

1. 强化数字基础设施建设的金融支持

数字基础设施是企业数字化转型的基石。长三角 G60 科创走廊通过发行科创债和绿色债等金融工具，为企业提供资金支持。截至 2023 年 9 月，九城市合计发行科创债 129 单，累计发行总额 780.4 亿元；绿色债 168 单，累计发行总额 904.15 亿元。这些资金主要用于支持企业在 5G 网络、云计算平台、大数据中心和物联网设备等方面的投入，构建高效、稳定、安全的信息网络体系。

2. 推动数据治理与价值挖掘的金融工具

数据资产的整合与管理是企业数字化转型的重要环节。长三角 G60 科创走廊鼓励金融机构创新产品，如知识产权质押贷款、股权质押贷款等，支持企业建立统一的数据平台和数据治理体系。通过大数据分析、人工智能算法等技术手段，挖掘数据背后的商业价值，为企业决策、生产管理、市场预测和客户服务提供数据支撑。

3. 加强技术创新与研发投入的金融引导

技术创新是企业保持竞争优势的根本动力。截至 2024 年 3 月，长三角 G60 科创走廊设立了科技成果转化基金，总规模 100 亿元，首期规模 20 亿元，已投资 17 家企业，投资总额达 5.42 亿元，涵盖集成电路、生物医药、高端装备等战略性新兴产业。此外，海通证券等金融机构也积极参与股权投资，累计完成对超过 500 家企业的投资，推动企业加大技术研发投入，构建开放的创新平台和生态系统。

4. 构建复合型人才体系与知识管理体系的金融支持

人才是推动数字化转型的核心资源。长三角 G60 科创走廊通过金融手段支持企业引进、培养和激励复合型人才。例如，2022 年设立长三角 G60 科创走廊留学人员创业园，为留学人员初创企业提供创业扶持资金和融资渠道对接服务。同时，金融机构也提供知识管理体系建设的资金支持，促进知识共享和技术传承，为企业持续创新提供智力支持。

5. 拓展多元化金融服务渠道

数字金融作为企业数字化转型的重要外部驱动力，在资金保障、风险控制和资本运作方面发挥着关键作用。截至 2023 年 9 月，长三角 G60 科创走廊开发运行的综合金融服务平台内入驻金融机构 526 家，达成授信融资金额超 2.6 万亿元。此外，2023 年 6 月成立了长三角 G60 科创走廊金融服务联盟，涵盖银行、券商、基金、保险、会计师事务所、律师事务所等头部机构 466 家，为企业提供全方位的金融服务支持。

第二节　长三角 G60 科创走廊金融服务企业数字化转型的创新型案例：以浦发银行为例

一、案例背景

在长三角 G60 科创走廊科技创新型企业快速发展的背后，存在着一些不容忽视的问题和挑战。融资难、融资贵等问题一直是制约科技型企业发展的瓶颈。数据显示，长三角 G60 科创走廊内 62% 的科创企业年营收低于 5000 万元，轻资产特性导致传统抵押贷款覆盖率不足 35%；研发周期平均达 3~8 年，与银行 1 年期流动资金贷款期限严重错配。调研表明，73% 的企业将"融资成本高"列为主要挑战。这一问题在生物医药相关企业显得尤为突出，根据《中国生物医药产业发展白皮书（2024）》所给出的数据，相关企业在单款新药研发投入超 10 亿元，但资本市场融资成功率仅 12%。而对于中小型科创企业而言，由于其轻资产、高风险、研发周期长等特点，难以通过传统的银行贷款或资本市场获得足够的资金支持。这不仅限制了企业的研发创新和市场拓展能力，也影响了区域经济的持续健康发展。

与此同时，数字化转型浪潮同样加剧了资金需求，《2024 中国企业数字化转型趋势研究报告》中提到，85%的企业计划在未来三年内布局 AI、工业互联网等技术，单个数字化转型项目平均投入超 800 万元。数字化转型浪潮的推进，不仅对科技创新型企业产生了新的发展机遇和挑战，对于金融机构的融资能力及其业务灵活度亦是一项考验。随着大数据、云计算、人工智能等先进技术的广泛应用，企业对智能化、数字化技术的需求日益增加。这要求金融机构必须不断创新金融产品和服务模式，以满足企业日益多样化的融资需求。然而，传统的金融服务模式往往侧重于抵押、担保等风险防控手段，难以满足科创企业的融资特点。因此，如何打破传统金融服务的束缚，为科创企业提供更加灵活、便捷的融资支持，成为摆在金融机构面前的一道难题。

正是在这样的背景下，浦发银行作为扎根长三角的全国性股份制商业银行，积极响应国家科技创新战略，将服务长三角 G60 科创走廊纳入"十四五"科技金融战略。2023 年，该行发布《科技金融服务行动方案》，明确提出"三年内科技贷款规模突破 1.5 万亿元"的目标，并设立总行级科技金融创新中心，专项研发适配科创企业的风险评估模型。其创新体现为三大维度：首先是产品体系重构，浦发银行突破传统授信逻辑，构建"5＋7＋X"产品矩阵，将知识产权、研发投入、股权融资等纳入授信评估。同时，浦发银行又提出了服务模式升级，计划在张江、苏州工业园区等创新高地设立 18 家科技支行，配备"科技金融顾问团"，提供"融资＋融智"服务。通过"热带雨林"分层服务体系，为初创期企业提供最高 1000 万元"创客贷"，为拟上市企业定制"上市贷"。除此以外，面对企业数字化需求，浦发银行率先构建"AI＋KI"（人工智能＋知识图谱）智能风控系统，将企业研发数据、产业链数据等非财务指标纳入评估，大幅加快了企业贷款审批速度。2024 年上半年，浦发银行通过数字化手段服务的科技客户同比增长 42%，线上贷款占比提升至 68%，审批时效从 15 天压缩至 72 小时内。

第八章　长三角G60科创走廊金融服务企业数字化转型的创新实践研究

浦发银行的科技创新金融服务体系涵盖了多个方面。在产品创新方面，该行推出了"科创快贷""浦新贷""浦投贷"等一系列针对科创企业的专属融资产品。这些产品不仅具有审批快、放款快、额度高等特点，还根据企业的不同发展阶段和融资需求进行了差异化设计。在服务创新方面，浦发银行通过建立专门的科技金融服务中心和投贷联动机制，为科创企业提供从融资咨询、方案设计到资金投放、后续管理的一站式服务。此外，该行还积极与政府部门、科研机构、创投机构等各方合作，共同搭建科技金融生态圈，为科创企业提供更加全面、专业的支持。

浦发银行的创新金融服务体系，通过深度融合金融工具与数字化技术，为科创企业的数字化转型构建了全方位支持框架。缓解了科创企业因轻资产属性导致的融资难题的同时，更精准匹配了数字化转型过程中长周期、高波动的资金需求。而在服务模式上，浦发银行配备的"科技金融顾问团"服务，从技术咨询到资源对接，形成覆盖企业数字化转型全生命周期的支持链条。有效降低了相关企业在数字化转型过程中面对技术选型、系统集成等环节的试错成本。此外，"AI + KI"智能风控系统的推出，不仅大幅降低了企业融资所需的时间成本，更能通过动态监测为相关企业在数字化转型期间提供更为稳定安全的资金链，为长三角G60科创走廊的产业升级注入了持续动能。

二、浦发银行支持企业数字化转型金融产品概述

（一）科创型企业数字化转型相关金融产品

1. 科创快贷

"科创快贷"是浦发银行面向专精特新企业、高新技术企业等优质科创中小微企业推出的线上融资产品，旨在解决企业融资难、融资贵、融资慢的问题。

该产品以企业涉税信息为核心，结合银行结算数据、金融资产状况及

工商、征信、司法等多维度大数据分析，为资质良好的企业提供短期生产经营周转资金。产品服务对象为纳税评级 A 级或 B 级的科技型企业，准入条件包括：企业需注册并实际经营满 2 年，具备独立法人资格且持有有效的科技型企业资质；须为合法一般纳税人，反洗钱风险等级不得为"高风险"或"禁止类"；企业及其实际控制人（或法定代表人）当前无逾期、欠息记录，近 1 年无不良信用记录，且未被列入法院失信名单。产品要素要求企业成立经营满 2 年，近 12 个月纳税总额不低于 1 万元，最高可获批 350 万元授信额度，贷款期限为 1 年。申请时需提交营业执照、法人/经办人身份证件、科技型企业资质证明、财务报表及征信报告等材料，通过线上审核后即可快速放款。

相关产品具有高效便捷、灵活授信、精准服务等特点。企业可通过线上渠道自助申请，系统自动审批，资金快速入账，实现"秒贷"体验。产品通过多源数据整合与智能化风控，为科技型企业提供高效便捷的融资解决方案。"科创快贷"的推出，丰富了浦发银行科创金融产品体系，进一步推动了科技金融与实体经济的深度融合。据了解，浦发银行在"科创快贷"产品上已与阔然生物医药科技（上海）有限公司展开合作。2023 年，在了解到企业需求后，浦发银行上海分行主动与阔然生物建立联系。针对企业的特点，浦发银行为企业集团内公司阔然医学检验实验室（上海）有限公司提供了 270 万元"科创快贷"。上海美力德阀门制造有限公司在 2023 年 2 月，也获批 440 万元的"科创快贷"授信额度，并于当天完成 300 万元提款，有效缓解了企业的流动资金压力。

2. 浦新贷

"浦新贷"是浦发银行面向专精特新"小巨人"企业、高新技术企业、科技型中小企业等优质科创企业推出的信用贷款产品，旨在满足企业日常经营周转的资金需求。

该产品采用"线上+线下"相结合的模式，提供线上最高 1000 万元、线下最高3000万元的贷款额度,适用于22~65周岁的客户,年化利率为3.5%~4%,授信期限最长3年,还款方式为先息后本,随借随还。准入要求包括企业成立满2年,法人可以0占股,但若为法人股则需穿插自然人作为保证借款人,且不能有当前被告或被执行的情况。纳税方面不看税,只看纳税申报表或审计报告中的营业收入。授信合作机构数根据不同企业类型有所不同,科小、创小可放第5笔,高企、省级专精特新可放第7笔,专精特新"小巨人"则不看机构数。征信要求包括1个月内查询次数小于4次,信用卡使用率小于80%,2年内不能有连3累6的逾期记录。额度计算方面,专精特新(小巨人)和高企仅扣减实控人他行信用贷款,科小、创小则同时扣减实控人和企业的他行信用贷款。

"浦新贷"具有"利率低、额度高、综合信用、灵活担保"等特点,为科技类企业提供了快速、便捷的融资支持。浦发银行创新中心如图8-1所示。江苏科恒环境有限公司便是运用"浦新贷"相关金融产品度过了企业数字化转型过程中面临的资金短缺、技术升级等挑战。300万元的授信支持极大地缓解了企业资金方面的问题,有效推进了该企业"智慧方舱"系统的落地,成功协助该企业完成了数字化转型。

图8-1 浦发银行创新中心

3. 浦创贷

作为浦发银行聚焦科技类企业所提供的贷款产品,"浦创贷"主要面向的是优质小微企业的专项贷款产品项目。该项目以其多维数据分析信用的数据驱动能力为亮点,吸引了多家企业与其联动。通过多维数据分析,银行将精准评估企业创新能力和发展潜力,并为其提供差异化的贷款支持,助力企业从初创期迈向成熟期。

"浦创贷"的核心要素包括贷款额度最高 500 万元、年利率 3.5%、期限 1 年,采用"先息后本"的灵活还款方式。产品准入要求申请人年龄为 18~65 周岁的法人或实际控制人(需双签且非港澳台身份),企业需成立满 1 年且不要求纳税等级或金额,但需满足以下条件之一:①获得省级/国家级专精特新中小企业、高新技术企业等资质认证;②拥有发明专利、实用新型专利或软件著作权。同时,企业实际控制人及其配偶需信用良好,未被列入失信名单,且企业在我行无集团关联。征信审核要求严格,企业及实控人近 2 年无 3 次及以上逾期记录,3 年内无 4 次及以上逾期,当前无逾期且近半年贷款查询不超过 6 次(同一机构合并计算),企业年营业收入需覆盖总负债(含本笔贷款),若仅有科技型或创新型资质则需控制信用贷款余额。申请流程需通过法人扫码完成实名认证及额度测算,提交营业执照、法人身份证、公司章程、财务报表、经营合同等材料,经银行内部评审后完成线上征信授权及协议签署,最终按合同约定还款。该产品通过资质与信用双重审核机制,为科技型小微企业提供高效融资支持。

"浦创贷"的推出使科创类贷款不再是大公司的专属,小型科技企业在完成评估后同样能获得较为可观的贷款资金。例如:在 2024 年春节前,苏州一家生产自动化设备的科技型小微企业需要支付数笔货款,短期内急需一笔经营周转资金。浦发银行在得知企业的资金需求后,第一时间为其精准匹配了"浦创贷"线上融资产品。企业主通过在线扫码完成额度测算,对额度较为满意,随即办理了开户,并成功获得贷款 118.9 万元,成功协助

第八章　长三角G60科创走廊金融服务企业数字化转型的创新实践研究

该系企业完成企业内部周转。

4. 浦研贷

同作为浦发银行聚焦科技类企业所提供的贷款产品之一,"浦研贷"是浦发银行为科技企业关键科创成果转化、技术突破及产品研发所提供的专项贷款支持,旨在支持企业技术创新和产业升级、突破技术瓶颈。

该产品主要面向高新技术企业、科技型中小企业等优质科创企业,重点支持新技术、新产品、新工艺研发活动。该产品根据研发支出性质划分为两类:研发流动资金贷款(期限最长3年,适配费用化支出场景)和研发固定资产贷款(期限最长10年,匹配资本化投入需求),优先服务于地方优势/支柱产业及战略性新兴产业、未来产业领域企业。申请企业须满足经营满1年以上,且在目标研发领域拥有一定技术积累或创新能力(企业自身或控股股东具备相关研发经验),通过精准匹配研发周期与资金需求,助力企业实现技术创新突破。"浦研贷"最高可提供1500万元的流动资金贷款,满足企业中长期研发资金需求。同时,为了降低企业还贷压力,"浦研贷"支持随借随还,按日计息。"浦研贷"的推出降低了企业融资成本,进一步完善了浦发银行科技金融服务体系,为科创企业技术创新和产业升级提供了强有力的金融支持。

上海宝济药业股份有限公司便是该项目的成功案例之一。作为一家生物制药公司,其研发过程需要大量的资金投入,同时药品研发周期长,短期流动资金贷款无法满足企业研发生产的需要。浦发银行上海分行获悉企业需求后,为其打造专属"浦研贷"授信方案,兼顾灵活性和便利性,发放的8000万元授信成为助力企业成长的"及时雨"。据了解,截至2024年5月末,浦发银行上海分行科技贷款规模超1100亿元,服务科技企业超12000户,上海地区科创板上市企业服务覆盖率超九成。

(二)制造业企业数字化转型相关金融产品

1. 浦链e融

"浦链e融"平台是浦发银行在与核心企业合作开展"1+N"供应链金

融业务过程中，为满足核心企业及其上游供应商业务需求所推出的线上应收账款债权电子凭证的开立、多级转让、拆分、融资申请及管理服务的渠道平台。

该平台利用区块链技术优化融资环境，专为解决中小企业融资难题而设计。"浦链e融"将区块链与供应链金融相结合，把企业贸易中的应收账款转换成可拆分、流转、融资及持有到期的电子债权凭证"浦链信"，确保信息真实可靠，建立多方信任。这一创新减少了传统供应链金融的中间环节和信息不对称，降低了融资成本，提高了交易透明度。平台还提供智能合约、资产证券化等多样化融资方式，实现自动结算支付和资产数字化，便于抵押融资。"浦链e融"通过便捷、透明的融资渠道，降低了融资门槛，促进了中小微企业发展。同时，区块链技术实时监控供应链各环节，提高可见性和追踪能力，优化供应链效率，减少资源浪费，降低成本，提升整体经济效益。

"浦链e融"产品的推出，不仅有助于解决实体企业融资难、融资贵等问题，还能够推动产业链的协同发展，助力提升整个产业链的竞争力。例如：上海某清洁能源集团是中国领先的风电整机制造商，其产业链上有千余家科技型中小供应商。"浦链e融"供应链平台以轻型化系统帮助企业建立了完善的应收应付管理体系。2024年，集团核心企业已签发1.46亿元"浦链信"，累计支持29户供应商在线提款超过6100万元，促进供应链绿色化转型与产业绿色升级。

2. 浦数贷

"浦数贷"是浦发银行专为中小微用户提供，以开票信息作为主要授信依据，由浦发银行放款的全线上小微企业信用贷款产品。该产品通过数字化授信模型和灵活的还款机制，有效缓解中小微企业因轻资产、高周转特性导致的融资难题，助力企业快速获取资金支持，在降低企业资金周转压力的同时助力企业完成数字化转型。

该产品采用等额本息还款方式，循环额度有效期为3年，随借随还，贷款额度最高可达300万元。贷款利率根据担保费不同分为A、B、C、D四档，便于企业根据自身需求灵活选择。在申请材料方面，申请材料包括申请人身份证、企业营业执照照片及申请人一类银行卡（四大行及知名商行优先）。企业同时需满足以下申请条件：①企业需成立12个月以上，申请人为20～65周岁的大陆公民法人（可零占股），法人变更需满12个月。②近1年开票需超过120万元，近2年开票月份需达到12个月以上。征信方面，近2个月查询不超过6次（非贷后管理），当前不能有逾期，5年内连3累6不准入，信用卡使用率不能超过70%。"浦数贷"综合考虑客户资质、开票数据、信用卡使用率、非银贷款次数及近期查询次数进行审批。

相比于同一市场的其他产品，"浦数贷"以其较高的授信额度，便捷的申请流程以及极为优惠的利率吸引了诸多企业的青睐。2022年榄菊集团启动"灯塔智慧工厂"建设就是最好的证明。为了推进集团产业链数字化转型。榄菊集团对现有的生产装备和产能进行升级和改造，实现精益制造、自动化、数字化、大数据、在线质量控制，全面提升工厂运作能力与水平。然而，项目巨大的投资额始终难以解决。最终，浦发银行中山分行送来了"及时雨"，该行提供的1.1亿元的"数字贷"，为榄菊破解了建设资金难题，也为该企业成功数字化转型提供了极大的帮助。

三、浦发银行支持企业数字化转型金融产品实践案例分析

（一）浦新贷应用案例

江苏科恒环境科技有限公司成立于2016年8月8日。该企业是由空调生产商转型为菌菇生长环境设备研发商的"半路出家"型的科创企业，其主要经营范围覆盖人工智能环境系统及冷库的研发、设计、安装、调试；中央空调设备及配套自动控制产品、变频控制器的销售、安装、调试；机械设备、智能设备的制造、销售；食品生产与销售（需取得相关许可证）；计算机网络技术领域的技术开发、转让、咨询及服务以及网络工程施工及计算机系统集成。由该企业推出的智能化食用菌育菇工厂占据全国约十分

之一的份额，业务延伸至南非、加拿大等国家。在资质与荣誉方面，该企业获得了环保工程专业承包资质、电子工程专业承包资质、安全生产许可证、ISO9001、ISO14001、ISO45001体系认证、国家级高新技术企业、2024年荣获"食用菌产业数智化创新示范单位"称号等诸多奖项。在研发智能化控制系统，推动食用菌产业数智化发展方面起到了巨大作用。

江苏科恒环境有限公司是一家专注于智能化菌菇种植设备研发的企业，其"智慧方舱"系列产品通过控温、控湿等智能系统，显著提升了菌菇产量和质量，推动了农业现代化和乡村振兴。然而，企业在数字化转型过程中面临资金短缺、技术升级等挑战，亟须金融支持。

浦发银行镇江分行通过深入调研，精准发现科恒环境的资金需求，并推荐了"浦新贷"产品。在详细了解完"浦新贷"产品的适配企业、授信额度、审批流程后江苏科恒环境有限公司当即决定与浦发银行展开合作。

首先，相关分行借助相关金融平台对科恒环境发起了额度测算，通过结合多维度数据及企业产品定位对其进行评估。科恒环境凭借其绿色战略及乡村振兴相关产业通过了相关评估标准，符合贷款准入标准。其次，相关分行对科恒环境进行了相关信用评级，科恒环境以其良好的企业信誉顺利通过审批。科恒环境最终被浦发银行提供了300万元的授信支持，帮助其解决资金问题，推动了其"智慧方舱"项目的落地。同时，浦发银行还通过科技金融服务帮助企业对接资源，助力其拓展市场。通过"投贷联动""股债联动"等创新金融服务模式，为科创企业提供全方位的金融支持，助力长三角G60科创走廊的科技创新和区域经济发展。

有了相关贷款资金的流入，科恒环境的"智慧方舱"项目实现了菌菇产量和质量的显著提升，日均产值达12000元。通过"智慧方舱"系统，科恒环境实现了菌菇种植全流程的自动化控制，包括温度、湿度、光照等环境参数的精准调节，显著提升了生产效率和产品质量。企业建立了大数据分析平台，实时监控生产数据，优化种植策略，降低了资源浪费。数字化转型帮助企业打通了线上线下销售渠道，扩大了市场份额，产品远销全国多个省市。项目推动了农业现代化和乡村振兴,为农户提供了新的增收途径。带动了周边地区农业产业链的升级,创造了更多就业机会。

浦发银行对科技金融的重视不仅体现在对科恒环境这样的创新企业的支持上,更体现在其整体战略布局中。截至 2024 年 4 月末,浦发银行镇江分行科技金融贷款余额 21.64 亿元,增速达 35%,远高于其他贷款,显示出该行对科技金融领域的坚实投入。

通过将科技金融列为"科技金融、供应链金融、普惠金融、跨境金融、财资金融"五大战略核心领域的首要方向,全生命周期服务体系深度匹配科技企业发展需求。该行聚焦企业从初创孵化到规模化扩张的完整成长路径,以定制化金融产品和服务贯穿小微科创企业的技术研发、市场拓展及产业升级等关键阶段,形成覆盖企业全发展周期的资源支撑网络,助力科技创新与产业转型的深度融合。

(二)数字贷应用案例

榄菊日化实业有限公司诞生于 1982 年,是国内最早生产电热蚊香片的厂家,中国家庭卫生杀虫行业的领军企业,几乎参与了中国家用杀虫行业所有国家、行业标准的制(修)订,产品畅销全球 30 多个国家和地区,榄菊蚊香市场占有率稳居全球第一。榄菊凭借专业化生产,公司积聚雄厚的制造优势,先后在广东中山、江西大余、重庆璧山、安徽明光等地兴建五大工业园区,坐拥全国最大的家庭卫生杀虫制品生产基地,拥有盘香、气雾剂等全自动生产流水线 96 条和行业一流的关键生产、检测设备,通过国际知名认证机构 SGS 的 ISO9001—2000 国际质量管理体系认证。

然而,相比技术上需要攻坚克难,项目投资巨大更令人头疼。榄菊迫切希望通过增资扩产,对现有的生产装备和产能进行升级和改造,实现精益制造、自动化、数字化、大数据、在线质量控制,全面提升工厂运作能力与水平。

浦发银行中山分行送来了"及时雨",通过深入调研,了解榄菊资金需求后，向其推荐数字贷业务，该行提供了 1.1 亿元的"数字贷"，为榄菊破解了建设资金难题。一方面，浦发银行通过专业性、差异化的产品设计，为榄菊量身打造了包括"数字贷"在内的多个金融产品，有效满足榄菊贸融、结算、支付等业务需求。另一方面，针对企业海外订单增多、海外投资加快等需求，专门邀请总行跨境业务专家，就跨境账户及支付等问题为企业答疑解惑。

在浦发银行提供的资金支持下，榄菊的智慧工厂项目得以顺利推进。该工厂投产后，预计可降低产品单位能耗 10%，降低运营成本 35%，减少用工 70%，新增年产值超 6 亿元，成为中国家庭卫生杀虫制品行业乃至全球领先的智慧工厂。

此外，浦发银行的金融支持不仅帮助榄菊解决了眼前的资金问题，更推动了其技术创新和产业升级，提升了企业的整体竞争力。

"数字贷"只是浦发银行积极创新，千方百计支持制造业转型升级的一个缩影。浦发银行紧紧围绕"十四五"规划纲要和现代化产业体系建设目标，近三年信贷投向政策中，均将制造业列入重点支持领域。为推动金融服务提质增效，该行成立了由总行领导挂帅、跨部门联动的制造业中长期工作专班，在总分行组建制造业工作专员队伍，搭建了"1+4+N"组织推动体系，统筹推进全行支持制造业发展相关工作。

第三节　长三角 G60 科创走廊金融服务企业数字化转型的创新模式分析

一、区域外金融服务企业数字化转型模式分析

（一）国内城市模式：政策引导与生态协同驱动

国内金融支持企业数字化转型的模式以"政策引导＋平台赋能＋金融

创新"为核心，形成多层次、多维度的支持体系。中央通过《"十四五"数字经济发展规划》等政策明确方向，在2024年7月，财政部联合工信部启动第二批数字化转型试点共36个城市（区），中央财政投入27亿元。地方政府结合区域特色推出差异化政策，如北京打造"金科新区"推动数据要素市场化改革，广东搭建"共享车间"促进产业链协同，江西实施"安全上云"工程强化工业互联网安全。

产业数字金融平台整合政府、金融机构及企业资源，例如浙江宁波编制细分行业改造清单提供"菜单式"方案，上海建设"金融数据安全流通示范港"推动隐私保护技术研发。金融机构通过开放API接口、构建生态圈扩大服务覆盖，如平安银行开放银行平台接入电商、物流等合作伙伴，招商银行"薪福通"平台服务1.8万家企业降低数字化成本。国有大行以技术驱动全流程优化，如工商银行推出企业综合金融服务平台，农业银行应用AI风险评估模型缩短贷款审批周期。此外，兴业银行创新推广"技术流"授信审批模式，构建覆盖科技创新全链条的多元化金融服务体系，推动"产学研用金"深度对接。

（二）国际地区模式

国际地区通过金融手段刺激企业数字化转型的核心路径可归纳为以下三类，其本质是通过资本赋能、技术协同与生态共建实现产业升级。

1. 直接融资主导型：资本市场的创新激励

以美国为例，其多层次资本市场体系通过灵活的上市标准与风险投资生态，为科技企业提供全生命周期资金支持。纳斯达克交易所允许未盈利企业上市，并提供7种差异化标准（如营收、市值、现金流等），覆盖人工智能、生物医药等前沿领域。私募股权与风险投资（如红杉资本）主导早期融资，通过有限合伙制撬动社会资本，形成"研发—商业化—退出"的闭环。

2. 间接融资主导型：政策性金融的杠杆效应

德国和日本通过"政府+银行+企业"联动模式，以政策性银行引导资金流向科技领域。例如，德国复兴信贷银行（KfW）联合担保银行分担风险，为中小企业提供低息贷款和数字化改造补贴；日本政策投资银行（DBJ）则通过"信用担保+信用保险"制度，重点支持智能制造和绿色技术企业。这种模式依赖长期稳定的银企关系，强调风险共担与政策资源整合。

3. 国际金融机构的技术赋能与生态共建

全球性金融基础设施机构通过技术输出与标准制定推动转型。例如，DTCC（美国存管信托公司）每年投入超100亿美元研发区块链技术，推出基于DLT的证券交易自动化系统，日均处理数万亿美元交易，降低跨境结算成本30%以上。汇丰银行构建智慧供应链金融平台，利用AI和区块链技术实现全流程数字化，嵌入电商出海生态圈，为中小企业提供一站式跨境支付与融资服务。明讯银行开发"D7"电子证券发行平台，通过自然语言处理技术优化抵押品管理，提升服务效率40%。

二、长三角G60科创走廊数字化转型模式分析

（一）长三角区域科技创新优势及其数字金融服务体系

1. 长三角区域经济与科技创新优势

长三角区域是我国经济最活跃、开放度最高、产业链最完善的区域之一。区域内以上海、江苏、浙江、安徽为代表，数字基础设施建设已经取得了显著进展，形成了较为完善的数字基础设施体系，为区域内的数字经济和高质量发展提供了坚实的基础。从5G基站建设来看，截至2024年12月长三角三省一市已累计建成5G基站超79万个，约占全国1/5，互联网协议第6版（IPv6）活跃用户数2.7亿，约占全国1/3。重点区域实现了"双千兆"网络深度覆盖，41个城市中有32个建成"千兆城市"。从算力基础设施来看，长三角地区在算力基础设施建设方面取得显著进展，截至2024年7月累计建成16个国家级绿色数据中心，占全国总数的近1/3。算力规

第八章　长三角G60科创走廊金融服务企业数字化转型的创新实践研究

模指数达165，较上年增长显著。例如，上海松江腾讯长三角人工智能先进计算中心、长三角生态绿色一体化发展示范区数据中心集群等项目正在建设中。从数据基础设施来看，长三角地区正加速建设全国一体化算力网络长三角国家枢纽节点，探索建设高效、可信的数据流通基础设施体系。沪苏浙皖四地的省级数据主管部门共同签署工作备忘录，宣布建立长三角数据专题合作机制，加速打通各行业、各部门、各区域的数据"断头路"。从数字政府和智慧城市建设来看，长三角地区在数字政府和智慧城市建设方面取得显著进展，2023年1月上线全国首个跨省域"智慧大脑"，截至2024年12月累计上线长三角"一网通办"政务服务173项，数据共享交换累计达9.5亿条。

长三角区域在科技创新、人才培养、产学研合作等方面处于全国领先地位。多所高等院校、科研院所和国家级实验室分布于此，为企业技术研发和产业升级提供了强大的人才和智力支持。长三角地区在数字基础设施建设方面坚持跨区域合作，各项成果纷纷涌现，如推进长三角平湖润泽国际信息港、长三角大数据创新应用中心等重大项目建设。此外，长三角还在数据标准和规范方面进行联合编制，推动区域内的数据共享和互通。区域内企业在推动新一代信息技术应用方面具有明显优势，尤其在云计算、大数据、人工智能和工业互联网等领域，企业普遍处于快速发展和不断创新的状态，这为数字金融服务体系的构建奠定了坚实基础。

2. 数字金融服务体系的构建与发展

长三角区域内金融机构通过加快信息化建设、优化业务流程和引进前沿技术，构建了覆盖信贷、支付、风险管理、财富管理等全链条的数字金融服务体系。以浦发银行、招商银行、平安银行等为代表的区域性金融机构，率先推出"科创快贷""浦新贷""浦投贷""浦研贷"等专门面向科技创新企业的金融产品，通过线上全流程审批和智能风控系统，实现了贷款审批时效的显著提升和风险管控能力的增强。

此外，区域内数字金融服务体系还包括跨界融合平台、开放 API 接口、电子营业执照、线上征信以及移动支付等多维度服务，逐步打通政企、企业与金融机构之间的信息壁垒，实现数据互联互通，提升了企业获得金融支持的便利性和融资效率。政府部门与金融机构之间的紧密协同，加上长三角一体化战略的推动，使得区域内数字金融服务体系逐渐成熟，成为支持企业数字化转型和科技创新的重要保障。

3. 政策支持与区域协同发展

长三角 G60 科创走廊的发展得到了国家及地方各级政府的大力支持。从《长三角一体化发展规划纲要》到《长三角 G60 科创走廊建设方案》，再到各地政府出台的具体扶持政策，均为区域内企业提供了税收优惠、专项资金、低息贷款、科技创新奖励等一系列政策扶持措施。同时，政府还鼓励企业与科研院所、金融机构开展跨部门、跨区域合作，建立创新服务平台、产业联盟和技术交易平台，从而实现资源共享、优势互补和协同创新。截至 2024 年年底，长三角 G60 科创走廊企业数字化转型相关的主要政策文件整理如表 8-1 所示。

表 8-1　长三角 G60 科创走廊企业数字化转型相关的主要政策文件

政策文件名称	实施主体	主要内容	主要目标
松江新城 G60 数字经济创新产业示范区建设方案	松江区政府	构建 G60 科创云服务平台，实现企业网上办事"一网通"，推动企业全生命周期数字化	强化数字基础设施，推动科技企业与金融机构、科研机构深度融合
松江区制造业数字化转型三年行动计划（2023—2025）	松江区政府	推进制造业数字化，依托重点平台如腾讯长三角 AI 计算中心、海尔 COSMOPlat 等，共建工业互联网平台	提升制造业数字化水平，实现政策互惠共享

第八章 长三角G60科创走廊金融服务企业数字化转型的创新实践研究

续表

政策文件名称	实施主体	主要内容	主要目标
松江区制造业数字化转型发展若干政策措施	松江区政府	对生产企业提供补贴,支持工业互联网平台建设,鼓励"链主型"企业输出服务	支持数字基础设施建设,推动行业数字化升级
长三角G60科创走廊高质量发展要素对接大会发布16条新举措	长三角G60联席办	推动"智改数转网联",培育智能工厂、5G工厂、数字化车间	促进区域内制造业数字化升级
松江区城市数字化转型"十四五"规划	松江区政府	推动"数智G60"建设,实现区域联动,提升国际影响力	构建国际影响力的数字经济集群
长三角G60科创走廊金融服务综合方案	长三角G60联席办	推动"四个对接"和"四个缓解",实现跨市场、跨类别、跨地域合作	构建多功能、多维度、多领域的资源共享平台
洞泾镇制造业数字化转型三年行动计划(2023—2025)	洞泾镇政府	强调区域协同联动,积极引导企业上平台上云	推动镇域内企业数字化转型
长三角G60科创走廊策源地松江关于加强集成创新持续优化营商环境的具体措施	松江区政府	加大对数字化转型、工业互联网、智能工厂等重点项目的支持	优化营商环境,支持重点项目建设
松江区科学技术委员会2021年工作要点	松江区科委	培育高新技术企业,提升综合竞争力,建设创新型产业集群	强化创新能力,推动数字经济发展
长三角G60科创走廊建设方案	长三角G60联席办	落实数字中国战略,协同布局数字创新	共同培育具有国际影响的数字经济新动能

从表8-1可以看出,这些政策文件主要涵盖了五大类别:基础设施建设(如构建G60科创云服务平台和"数智G60"区域联动),行业转型支持(如制造业数字化三年行动计划和重点平台共建),金融支持(如跨市场、

多领域资源共享平台建设），创新能力培育（如高新技术企业孵化和工业互联网平台建设），以及区域协同与国际影响力（如协同布局数字创新"新赛道"）。这些政策共同构成了长三角 G60 科创走廊企业数字化转型的政策框架，为区域内企业在数字化、网络化和智能化转型升级过程中提供了全方位的政策支撑，推动形成具有全球竞争力的数字经济创新高地。

（二）长三角 G60 科创走廊金融服务数字化转型创新体系

1. 跨界融合与产品创新

长三角 G60 科创走廊内金融服务企业在数字化转型过程中，积极探索金融产品和服务模式的创新。区域内以浦发银行、招商银行等为代表的金融机构，针对科技创新企业融资难、融资贵等问题，推出了多种创新金融产品，如"科创快贷""浦新贷""浦投贷""浦研贷"等。这些产品通过"投贷联动""股债联动"等模式，实现了金融资源与科技企业需求的精准对接，大大提高了贷款审批效率和风险防控能力。

金融机构借助大数据、人工智能、区块链等技术，构建起线上智能风控系统和全流程电子化审批平台，从而实现了信贷业务的自动化和高效运行。与此同时，区域内金融机构还积极搭建开放平台，通过 API 接口与企业内部 ERP 系统、供应链管理系统等进行数据对接，实现信息共享和风险实时监控，进一步提升了金融服务的覆盖率和响应速度。

2. 开放平台与数字生态构建

在推动数字金融创新过程中，开放平台的建设成为关键。长三角 G60 科创走廊内的金融服务企业通过搭建统一的数字金融平台，将政府、金融机构、科技企业、供应链企业及资本市场等多方资源有机整合，形成跨界融合的数字生态系统。该平台不仅涵盖了信贷、支付、风险管理、投融资、信用评价等多个功能模块，还通过数据共享、API 接口、在线服务等手段，实现了各主体之间的互联互通和协同创新。

例如，"科创贷"产品体系的建立，就依托于区域内多个开放平台和合作联盟，实现了对科技企业全生命周期的金融服务支持。平台上，企业可以在线提交申请、实时获得信用评级、快速完成审批、在线签约和发放贷款。金融机构则利用平台上的大数据风控系统，实时监控企业经营状况和风险指标，有效降低贷款违约率。同时，平台还通过整合线上路演、投资对接、金融产品推荐等服务功能，构建了一个以数据驱动、智能决策、跨界协同的金融服务生态，进一步促进了科技创新和产业升级。

3. 绿色金融与数字化转型结合

在数字化转型的浪潮中，绿色金融逐渐成为新的发展热点。长三角G60科创走廊在推动金融服务创新过程中，注重将绿色金融理念融入数字化转型之中。金融机构通过绿色信贷、绿色债券、碳排放权交易等创新金融工具，支持科技企业在节能减排、低碳技术、环保设备研发等领域的投资与发展，实现经济效益与生态效益的双赢。

以"绿色科创贷"为例，金融机构利用大数据和区块链技术，对企业碳排放、能源利用、环境治理等数据进行实时监控和评估，为符合绿色发展要求的企业提供低息贷款和专项资金支持。通过建立绿色信用评级体系和绿色金融激励机制，推动企业在数字化转型过程中实现绿色低碳转型，并借助数字化平台进行信息公开和信用共享，促进区域内绿色金融市场的健康发展。

4. 创新服务模式与风险管理

长三角G60科创走廊金融服务企业在产品创新的同时，也非常注重风险管理和服务模式的创新。金融机构通过引入人工智能风控模型、区块链信用追溯系统以及多维度信用评估体系，实现了风险数据的全面采集和智能化分析，从而在业务审批和风险预警方面取得显著成效。

此外，金融服务企业不断探索"线上+线下"结合、"政企+产融"协同发展的服务模式。例如，通过构建"金融+科技"联合创新中心，推动政府、金融机构和科技企业共同参与金融服务创新，建立多层次、多维度的联合风险防控机制，为科技企业提供全生命周期的风险管理服务。这种服务模式不仅提高了金融服务效率，还在风险防控、信用管理和服务创新等方面形成了独特优势，进一步促进了区域内企业的稳健发展。

（三）长三角 G60 科创走廊金融服务数字化转型创新模式

1. 政策协同与专项基金驱动模式

长三角 G60 科创走廊在推动企业数字化转型的过程中，充分发挥了政策协同和专项基金的双重驱动作用。这种模式不仅涉及国家层面的宏观政策引导，还包括地方政府根据区域经济结构和产业特点量身定制的专项支持政策。中央政府通过《长江三角洲区域一体化发展规划纲要》等顶层设计，为长三角地区的产业数字化转型设定了整体发展目标和关键任务。同时，走廊内的各地方政府，如上海、苏州、合肥等，进一步细化了支持企业数字化转型的配套政策。例如，截至 2024 年 7 月，财政部联合工信部启动 36 个试点城市，中央财政投入 27 亿元。地方层面，九城市联合发布《长三角 G60 科创走廊建设方案》，推出 32 项专项政策，如上海张江科学城最高 5000 万元研发补贴、苏州工业园区"研发费用加计扣除比例提升至200％"等，并设立总规模 100 亿元的长三角 G60 科技成果转化基金，重点支持集成电路、生物医药等先导产业，累计过会金额达 5.42 亿元。此外，截至 2023 年 4 月九城市联动发行科创债 73 单（累计 467 亿元）、绿色债 98 单（累计 794 亿元），占同期全市场发行总量的 1/6，形成"债权＋股权＋基金"联动的金融服务生态。

2. 差异化信贷产品精准匹配企业需求模式

在企业数字化转型过程中，不同发展阶段的企业对融资的需求存在显著差异。针对这一特点，长三角 G60 科创走廊推出了多款差异化信贷产品，实现了资金供给与企业需求的精准匹配。例如，"科创快贷"专注于初创企业，提供小额、快速、无抵押的融资服务，帮助企业在早期阶段获得资金支持；"浦新贷"则面向成长型企业，满足其在扩展业务和技术升级过程中

第八章　长三角G60科创走廊金融服务企业数字化转型的创新实践研究

的中期资金需求；而"浦研贷"则主要服务于创新研发型企业，提供更长周期、更灵活的还款方式，支持其持续创新。此外，针对知识密集型企业，还推出了"知产贷"等创新产品，以知识产权质押作为信用补充，缓解轻资产企业的融资难题。这种产品组合不仅有效降低了企业融资成本，还提升了企业在不同生命周期阶段的融资效率，为数字化转型提供了全链条的资金支持。面向专精特新企业，以纳税数据为核心构建评估模型，最高授信350万元，通过线上全流程审批实现"秒贷"。例如，阔然生物、美力德阀门等企业通过该产品快速获得资金支持，解决短期流动资金需求。该产品设计体现了银行通过数据驱动的风险评估和场景化服务能力。针对专精特新"小巨人"企业，提供最高3000万元信用贷款，灵活适配数字化转型中的短期资金需求。例如，江苏科恒环境通过该产品推进"智慧方舱"系统落地，实现菌菇产量提升30%。该产品采用"信用+知识产权"双重评估机制，突破了对传统抵押物的依赖，旨在支持企业的中长期研发项目，最高授信额度可达1500万元，特别适用于生物医药等研发周期较长的行业。

3. 供应链金融创新：技术赋能产业链协同

基于区块链技术构建供应链平台，核心企业签发电子债权凭证"浦链信"，以企业信用为基础，实现应收账款的拆分融资，显著缩短了企业融资审批流程。这种创新不仅解决了上下游企业的资金周转难题，还提升了整个供应链的资金效率，进一步增强了供应链整体的协同效应。这种技术驱动的供应链金融创新，为数字化转型中的产业链协同提供了有力支撑。例如，上海某清洁能源集团通过该平台为29家供应商提供6100万元融资，促进绿色供应链转型。该模式通过"四流合一"（商流、物流、资金流、信息流）提升透明度。例如，浦发银行推出的浦数贷以开票数据为核心，为中小微企业提供最高300万元纯信用贷款。榄菊集团通过该产品获得1.1亿元"数字贷"，推动智慧工厂建设，降低运营成本35%。该产品通过"交易数据+产业链图谱"构建授信模型，不仅实现了大数据精准营销，实现了供应链 ABS 的创新。

三、长三角 G60 科创走廊金融服务数字化转型模式的优势与挑战

（一）长三角 G60 科创走廊金融服务数字化转型模式的优势

1. 政策支持与金融资源集聚优势

长三角 G60 科创走廊依托国家长三角一体化战略和各级政府出台的扶持政策，在税收优惠、专项资金、土地支持、人才引进等方面具有显著优势。区域内丰富的科技资源、雄厚的制造业基础和完善的产业链为企业数字化转型提供了强大保障。同时，区域内金融服务机构与科技企业之间密切合作，形成了多层次、全链条的金融服务体系，这种内外部资源的深度整合，显著提升了企业转型的成功率和市场竞争力。

2. 技术应用与数据智能驱动优势

长三角区域内金融服务企业在大数据、云计算、人工智能、区块链等新一代信息技术应用上具有较高成熟度，能够实现业务流程的智能化和数据驱动决策。通过建立统一的数据平台和智能风控系统，企业在风险防控、信用评估和个性化金融服务方面均取得显著成效。这种技术与数据的双重优势，使区域内企业能够快速响应市场变化、精准捕捉客户需求，形成了以技术赋能为核心的数字金融竞争力。

3. 产品创新与金融服务模式升级

区域内金融机构在产品设计上注重定制化和多样性，推出了"科创快贷""浦新贷""浦投贷""浦研贷"等多种创新产品，满足不同发展阶段科技企业的多样化融资需求。通过"投贷联动""股债联动"等模式，金融服务实现了线上审批、智能风控和全流程服务，极大提高了融资效率和风险管控能力。同时，开放式平台和跨界合作使得金融服务生态不断扩展，形成了政府、企业、金融机构、科研机构协同创新的多元化服务网络。

4. 低碳发展与跨界协同模式优势

长三角 G60 科创走廊模式注重跨界协同和绿色低碳发展。区域内企业在数字化转型过程中，不仅要关注业务和技术升级，还要积极推动绿色金融、碳排放交易等创新模式，探索数字化转型与环境保护协同发展的新路径。通过建立绿色信用评级和绿色贷款机制，区域内企业在实现数字化转型的同时，也为生态环境保护和可持续发展贡献力量，进一步提升了企业社会责任感和品牌竞争力。

（二）长三角 G60 科创走廊金融服务数字化转型面临的挑战与不足

1. 融资难题与风险管控不足

尽管区域内金融机构不断推出创新产品和服务，但部分中小科技企业在融资过程中仍面临较大挑战。由于企业规模较小、经营模式尚未成熟，加上市场不确定性较高，银行在审批过程中对风险评估要求严格，往往使得部分优质企业难以获得足够资金支持。此外，虽然智能风控系统不断升级，但在数据采集、风险模型建立和风险预警机制方面，仍存在技术不足、信息不对称等问题，可能导致贷款风险偏高。

2. 人才储备与技术创新瓶颈

金融机构在支持企业数字化转型的过程中，需要具备全面的行业理解和技术创新能力。然而，目前不少机构在高端数字技术人才储备方面存在明显不足，难以精准识别企业的转型需求。例如，缺乏既懂行业运营又精通数据分析的复合型投融资顾问，以及能够快速响应企业数字化需求的技术专家。为解决这一问题，金融机构应通过引入跨部门协同机制和内部数字化培训计划，培养具备行业洞察力和技术创新能力的复合型人才队伍，并逐步构建开放的创新平台，提升服务企业数字化转型的专业能力。

3. 数据安全与隐私保护风险

金融机构在为企业提供数字化金融服务时，不仅需要处理大量敏感财务数据，还需确保企业数据在传输、存储和应用过程中的安全性。然而，部分金融机构在数据治理和风险控制能力上仍存在不足，难以全面防范数据泄露、信息篡改和网络攻击等安全风险。为应对这一挑战，金融机构应加强数据安全防护体系建设，通过强化数据加密、访问控制和网络安全监测，确保企业在数字化转型过程中的信息安全和客户隐私保护。

4. 组织转型与内部协同障碍

金融机构在支持企业数字化转型过程中，往往受到传统组织架构和管理流程的限制，难以快速响应企业的个性化需求。例如，部门间信息孤岛、流程冗长和协作效率低下的问题，直接影响了金融服务的灵活性和响应速度。为打破这些壁垒，金融机构需要从组织结构上进行优化，建立更为扁平化和数据驱动的决策体系，同时推动内部信息共享和跨部门协作，提升整体服务效率。

第四节 长三角 G60 科创走廊金融服务企业数字化转型的政策机制设计

一、区域政策协同与顶层设计的完善

长三角 G60 科创走廊的发展得益于国家及地方各级政府在政策、资金和资源配置方面的有力支持。为了确保区域内金融服务企业数字化转型战略落地，需构建一个协调统一的顶层设计体系。首先，应由国家发展改革委、工信部、科技部等部门牵头，联合长三角各省市主管部门，出台《长三角 G60 科创走廊金融服务企业数字化转型规划》。该规划需明确转型的总体目标、关键任务、时间节点以及考核评价体系，既要从宏观层面对区域内金融服务的整体布局作出系统规划，又要结合各地实际情况，制定具有

第八章 长三角G60科创走廊金融服务企业数字化转型的创新实践研究

地方特色的实施方案。与此同时，建立跨区域联席会议机制尤为必要，区域内各城市定期召开协同会议，实现政策、技术、数据与资源的共享，形成政府引导和市场自发协同的长效机制，为企业提供稳定、透明的外部环境。

在此基础上，政府还应加大对金融服务企业数字化转型的专项扶持力度。具体而言，长三角地区应设立数字化转型专项资金，支持金融科技平台建设、智能风控系统研发及新型业务模式创新；同时，通过落实税收优惠、研发费用加计扣除等措施，降低企业转型成本。政府还需推动产融结合示范区建设，利用区域内完善的产业链优势，整合金融、科技、产业、科研等多方资源，构建跨区域协同创新机制，打造区域内首个金融科技创新示范区，从而在宏观层面为区域数字化转型注入强大动力。

二、金融机构数字化能力提升与创新实践

在推动区域内金融服务企业转型的过程中，金融机构自身的数字化能力建设至关重要。传统金融机构在业务流程、风险管理和产品服务等方面正面临转型压力，因此必须加速信息化建设，采用先进技术实现业务智能化与全流程数字化。当前，长三角地区的主流金融机构纷纷借助大数据、人工智能、云计算及区块链等技术手段，建立智能风控系统和在线审批平台。通过构建统一的数据管理平台，不仅能够实现贷款审批、信用评级、风险预警等业务环节的智能化管理，而且使业务数据在内部共享、跨部门协同中发挥更大价值，从而提高整体服务效率。

与此同时，金融机构还应在产品与服务创新上进行突破，打造多样化、定制化的数字金融产品体系。区域内金融机构在"投贷联动""股债联动"等模式下，针对科技型及成长型企业的不同需求，推出了诸如"科创快贷""浦新贷""浦投贷""浦研贷"等多层次金融产品。这些产品不仅在审批速度、风险控制及贷款额度上具有明显优势，还能通过线上全流程的数字化操作，实现资金高效流转和精准风险管理。金融机构应进一步加强与科

技企业、科研院所的合作，构建开放型平台，将线上服务与线下咨询、风险巡查和技术培训紧密结合，形成"线上＋线下"的全渠道金融服务网络，为企业提供全生命周期、全链条的综合金融服务支持。

在此过程中，金融机构内部组织结构和人才机制也需要相应调整。通过引入跨部门协同机制和内部数字化培训计划，金融机构可以打造一支既懂金融业务又熟悉数字技术的复合型人才队伍。同时，应推动内部管理模式变革，打破部门间的信息孤岛，实现从"人治"向"数治"的转型。只有如此，金融机构才能在技术和管理层面双管齐下，有效提升自身在数字化转型中的核心竞争力。

三、数据治理与安全保障体系建设

在数字化转型过程中，数据既是核心资源，又是潜在风险源。长三角G60科创走廊内金融服务企业在追求数字化转型的过程中，必须建立完善的数据治理和安全保障体系，以确保数据在高效应用的同时，实现安全、合规和可控。当前，金融机构应结合大数据和人工智能技术，构建全流程数据采集、传输、存储和分析系统，形成一整套数据安全防护网络。政府部门和金融监管机构则需出台相应的数据安全标准和隐私保护政策，对数据跨境流动、数据共享、数据脱敏和加密传输等关键环节进行严格监管。

建立统一的数据治理平台和风险评估体系，不仅能确保数据安全，还能通过实时监控和风险预警，为企业提供精准、及时的数据支持，推动决策的智能化。与此同时，金融机构还应通过内部培训和技术升级，加强员工对数据安全和隐私保护的认识，构建全员参与的数据风险防控机制。只有在确保数据安全的前提下，企业才能真正实现数据价值的高效转化和智慧决策，进而推动整体数字化转型水平的提升。

四、人才培养与知识管理创新

数字化转型不仅是一场技术革命，更是一场人才和文化的深层次变革。

区域内金融服务企业在推进数字化转型过程中，必须重视复合型人才的培养和知识管理体系的构建。当前，金融机构需要建立跨部门协同机制，整合内部资源，通过校企合作、联合培养、专家讲座和在线培训等多种方式，打造一支既懂金融业务又掌握先进数字技术的高素质人才队伍。与此同时，构建全面的知识管理平台，对于内部研发成果、风险管理经验和市场信息进行系统整合和共享，也是提升整体转型能力的重要手段。

数字化转型是一场以技术创新和人才竞争为核心的变革，区域内金融服务企业必须大力引进和培养高素质复合型人才。为此，建议各级政府、金融机构和高校、科研院所共同构建跨界人才培养与引进机制。一方面，应加强校企合作，推动金融科技、数据科学、人工智能等相关专业建设，建立联合培养基地和实训平台；另一方面，应出台专门的人才引进政策，对引进海内外高层次人才给予资金、税收和居住等方面的支持。此外，构建完善的知识管理和共享平台，对企业内部的技术研发、风险管理和业务创新成果进行系统整合和共享，有助于形成企业内部的持续创新能力和知识沉淀效应，为企业在激烈的市场竞争中保持长期竞争优势提供强大支撑。

建立完善的知识共享机制，不仅能够加速技术创新和产品升级，还能通过内部经验沉淀，帮助企业更好地应对外部环境变化和风险挑战。通过定期组织跨部门研讨、行业论坛和经验交流，区域内金融机构可以不断总结数字化转型的成功经验和不足，为未来的转型路径提供参考和指导，从而推动整体转型进程的不断优化和升级。

五、风险监管与合规保障体系建设

数字化转型过程中，风险防控始终是金融服务企业不可回避的重要课题。随着业务数字化和数据开放程度不断提升，金融机构面临的网络安全、数据泄露和系统风险也不断增加。为此，必须建立健全全流程、全环节的风险监管与合规保障体系。金融监管部门应根据数字金融服务特点，制定专门的监管政策和操作指南，推动金融机构建立风险信息共享、数据互通和智能预警机制，确保转型过程中各项业务在安全、合规的前提下高效运行。

同时，金融机构内部也需强化风险管理意识，通过引入先进的人工智能风控技术、区块链数据溯源技术以及全流程监控系统，实现贷款审批、交易处理和业务运营的实时监控与风险预警。建立跨部门、跨机构的联合风险应急响应机制，加强内部合规检查和定期审计，确保数字化转型过程中的风险得到有效管控，最大限度地降低系统性风险和信息安全隐患。

六、加强宣传推广与示范引领作用

数字化转型的成功不仅依赖于技术和政策，更需要通过宣传推广和示范引领，形成可复制、可推广的优秀经验。长三角G60科创走廊内应充分利用互联网、社交媒体、行业展会和论坛等多种渠道，建立区域内数字化转型成果展示平台，集中展示成功案例、创新产品和服务模式。通过专题研讨会、经验交流会和国际论坛，不仅传播先进经验，也为其他企业提供转型路径和操作指南。区域内还应扶持具有代表性的示范企业，树立标杆案例，通过媒体宣传和行业推广，发挥引领作用，带动整体行业水平提升。

第九章　长三角 G60 科创走廊金融服务企业绿色化转型的创新实践研究

第一节　长三角 G60 科创走廊金融服务企业绿色化转型的概况

长三角 G60 科创走廊作为长三角一体化发展的关键战略空间，依托长三角地区得天独厚的经济腹地与科技创新资源，正逐步成为全国领先的科技创新策源地与产业协同发展示范区。随着集成电路、生物医药、新材料、人工智能等战略性新兴产业的崛起，长三角 G60 科创走廊已形成了较为完善的高技术产业体系。传统制造业在智能化、数字化、绿色化转型的推动下，逐步向高端制造与绿色发展迈进，这为绿色化转型与金融服务创新提供了丰富的需求基础和应用场景。同时，国家和地方政府相继出台了一系列鼓励创新资源共享、推动区域金融服务一体化以及引导绿色低碳产业集群的发展的支持性政策措施，这些政策的出台不仅加强了区域协同，还提升了长三角 G60 科创走廊在服务国家战略中的重要地位，更促使走廊内金融机构不断通过创新型金融产品与服务，助力企业绿色化转型，为绿色低碳经济发展提供了强有力的金融支持。

一、长三角 G60 科创走廊企业绿色化转型的驱动力与优势

（一）企业绿色化转型的外在驱动力

面对国家绿色发展的战略要求，长三角 G60 科创走廊城市面临着政策压力这一外在绿色化转型驱动力。绿色化转型是应对气候变化、实现可持续发展的全球共识，也是中国"双碳"目标的核心内容。在这一背景下，国家出台了多项推动低碳目标、绿色化发展的政策文件。2021 年《中共中央 国务院关于完整准确全面贯彻新发展理念做好碳达峰碳中和工作的意见》中明确提出，到 2025 年绿色低碳循环经济体系初步形成，到 2030 年清洁能源在能源结构中的占比显著提高，为实现碳中和目标奠定基础。为推动长三角高质量一体化发展，2023 年 12 月国家发展和改革委员会正式发布了《长三角生态绿色一体化发展示范区建设三年行动计划》，计划中明确指出要发展绿色低碳产业，并且要坚持"在全域绿色低碳转型""加强生态环境分区管控""加快将生态优势转化为经济社会发展优势"的总体要求。

这一宏大目标需要各地各企业付出巨大的努力，而长三角 G60 科创走廊作为国家战略的重要组成部分，承担着推动技术创新和产业升级的责任。因此，长三角 G60 科创走廊的企业必须响应国家政策，通过绿色化转型减少碳排放、提升资源使用效率，并向低碳、清洁能源等可持续发展方向迈进。同时，在这样的政策环境下，国内外市场对环境保护、绿色产品的需求不断增加，长三角 G60 科创走廊的企业不得不在经营战略中考虑绿色转型问题。企业绿色化转型不仅能够顺应国家政策要求，避免政策风险，还能够通过绿色创新提升品牌形象，吸引环保意识强烈的消费者和投资者。而且，绿色化转型可以提高企业的资源利用效率，降低能源消耗，减少碳排放，从而在提升企业社会责任的同时，也能够降低运营成本，增强企业的市场竞争力。

（二）企业绿色化转型的内在驱动力

除了外部政策压力驱动的转型，企业还面临着来自自身发展的内在驱

第九章 长三角G60科创走廊金融服务企业绿色化转型的创新实践研究

动力，包括产业转型升级的迫切需求、消费者偏好变化的影响以及政策红利带来的激励，这些因素共同推动企业加速绿色化转型。

首先，"双碳"目标下企业面临的绿色化转型压力。从产业结构来看，长三角G60科创走廊的核心产业主要集中在高技术、制造业、创新科技及服务业等领域。一方面，长三角G60科创走廊的高碳行业（如钢铁、化工、纺织等）正面临着日益严格的环保法规和碳排放约束，绿色化转型成为这些行业生存与发展的必由之路。随着国家对碳排放的监管逐渐严格，碳排放配额和碳税政策的实施，高碳企业面临巨大的成本压力。例如，上海钢铁行业的碳排放成本已经超过每吨钢铁150元，且预计这一成本将进一步上升。为了避免过高的碳排放成本并增强市场竞争力，企业必须加快绿色化转型进程。在这种背景下，这些传统高碳行业亟须通过技术升级和流程优化实现低碳化，企业如果不能及时进行绿色转型，将面临产能过剩、竞争力下降等双重风险，甚至可能受到市场和政策的双重制约。另一方面，长三角G60科创走廊的战略性新兴产业（如新能源、生物医药、新材料等）在蓬勃发展的同时，为满足全球市场日益严苛的环境友好要求，对绿色生产技术和环保供应链的需求不断增长。随着这些行业对绿色技术需求的增加，长三角G60科创走廊的各城市在推动绿色技术创新方面不断取得突破，也促进了整个区域经济的绿色转型。绿色技术创新逐渐成为推动这些行业发展的关键，企业间绿色化能力的差距将直接影响其在产业链中的竞争力。

其次，消费者与市场偏好变化带来的企业低碳转型需求。随着消费者环保意识的不断提升，绿色消费逐渐成为社会主流趋势，尤其在年轻一代消费者中，环保和可持续发展理念日益成为选择产品和服务的重要标准。消费者对企业产品的绿色性、环保性要求不断提高，且这一变化不仅受到政府环保政策和法规完善的影响，也与社会整体环保意识的增强密切相关。绿色消费的兴起反映了消费者对环境保护的责任感与对可持续发展理念的认同。在此背景下，企业若能够在绿色生产和环保技术方面抢占先机，便能够在激烈的市场竞争中提升竞争力。例如，许多企业已开始采用可回收材料、减少资源消耗、降低碳排放等措施，积极推动绿色生产和可持续发展。这一转型不仅符合日益严格的环保法规要求，更是响应市场需求、提升品牌竞争力和市场份额的有效策略。作为一个聚焦创新与科技的经济区域，长三角G60科创走廊的企业面临着全球环保趋势带来的巨大机遇和挑战。绿色化转型在该地区企业中已成为推动高质量发展的关键举措，通过引入绿色技术和智能化升级，企业能够实现资源高效利用和低碳排放，进而推动绿色产业的发展。因此，长三角G60科创走廊的企业应积极响应绿色消费潮流，抓住绿色转型带来的市场机会，既推动经济可持续发展，也为自身的长期竞争力打下坚实基础。

最后，在绿色金融支持与政策红利下的企业长期战略规划。国家和地方政府在推动绿色化转型方面提供了大量金融支持。例如，绿色金融产品（如绿色信贷、绿色债券、碳金融产品）和碳交易市场的建设，为企业提供了更多融资渠道，尤其是对绿色项目、绿色技术的支持。对于长三角G60科创走廊的企业而言，绿色金融政策的实施为其绿色化转型提供了重要支撑。作为一个科技创新驱动的区域，长三角G60科创走廊的企业在推进绿色转型的过程中，面临资金需求的巨大挑战。绿色金融政策通过绿色信贷和绿色债券，为这些企业提供了低成本、高效益的融资渠道，尤其在绿色技术研发和绿色项目建设初期，有效降低了资金压力。此外，政策中的税收减免、补贴政策和绿色产业基金等红利，为企业提供了额外支持，推动了绿色化进程。绿色金融的普及还促使企业更加注重绿色投资和可持续发展。在绿色金融政策的引导下，企业在战略规划中逐渐将绿色发展作为核心内容，优先选择绿色技术、绿色产品和绿色供应链管理。这不仅提高了企业的社会责任感，也提升了其品牌形象和市场竞争力。绿色金融的不断发展，使绿色投资逐渐成为企业长期战略的一部分，进一步推动了企业的绿色化转型。

（三）长三角G60科创走廊企业绿色化转型的优势与意义

长三角G60科创走廊城市在区域协同发展方面具有显著优势，政策和

第九章 长三角G60科创走廊金融服务企业绿色化转型的创新实践研究

产业链上下游的协同作用为绿色化转型提供了强有力的支撑。尤其,《长三角G60科创走廊高质量发展规划》中明确提出推动绿色低碳产业发展的战略目标,为区域内企业指明了政策方向和发展路径。通过区域协同,长三角G60科创走廊的企业能够共享绿色科技创新成果,形成跨区域、跨行业的合作网络。这种协同作用不仅有助于加速绿色产业链的构建和完善,还能推动区域内绿色技术的研发和应用,提升整体产业的绿色竞争力。区域内企业通过合作创新,共同解决绿色化转型中的技术难题和市场挑战,进一步推动了绿色化转型进程,促进了区域经济的高质量发展。

在此背景下,长三角G60科创走廊的企业绿色化转型具有重要战略意义和长远的经济效益。绿色化转型不仅是响应国家绿色发展战略和市场需求的必然选择,也是提升企业核心竞争力的关键举措。随着全球绿色经济浪潮的兴起,绿色技术的创新和绿色产品的需求日益增长,企业通过绿色化转型能够获得市场份额的提升和品牌形象的优化,增强其在国内外市场中的竞争力。同时,绿色化转型有助于企业实现资源节约、降低碳排放,从而提升其可持续发展能力。对于长三角G60科创走廊的企业而言,加速绿色化转型不仅有助于推动区域经济的绿色高质量发展,还能为企业带来长期的社会效益和经济回报,进一步巩固其在全球绿色产业中的战略地位。

二、长三角G60科创走廊金融服务对绿色化转型的作用

绿色化转型已成为现代企业发展的必然趋势,金融服务通过提供绿色融资、支持绿色技术创新、引导政策支持及市场化的绿色投资,成为推动企业绿色化转型的关键力量。通过一系列绿色金融工具和产品,企业能够获得实现绿色转型所需的资金、技术和政策支持,从而顺利实现从传统产业到绿色产业的跨越。因此绿色金融是一种以环境可持续性为核心价值的金融模式,通过金融创新和政策引导,促进经济、社会和环境的协调发展。

(一)绿色金融提供资金保障与融资支持

绿色融资是金融服务支持企业绿色化转型的核心内容。随着绿色发展

理念的不断深入，金融机构纷纷创新金融产品，以满足企业在绿色化转型中的资金需求。绿色融资的形式多种多样，其中最常见的包括绿色贷款、绿色债券和绿色基金。绿色贷款是金融机构为符合绿色标准的企业提供的低利率、长期贷款，主要用于绿色项目的实施，如清洁能源设施建设、污染治理技术升级和绿色产品研发等。通过绿色贷款，企业能够获得有力的资金支持，推动环保技术和低碳项目的开展，从而促进绿色化转型的顺利进行。除此之外，绿色债券和绿色基金也是绿色融资的重要工具。绿色债券是一种专门为绿色项目融资的工具，企业通过发行绿色债券筹集资金，主要用于可再生能源、节能减排和废物处理等环保项目。投资者通常注重企业的环境效益，绿色债券因此成为推动企业绿色化转型的关键融资渠道。与此同时，绿色基金由金融机构或投资者提供资金，专门投资于环保、绿色科技及可持续发展领域的企业。这类基金不仅能为企业提供必要的资金支持，还能够促进企业在绿色技术创新方面的提升，进一步推动企业的绿色化转型进程。通过这些融资方式，绿色金融有效地助力企业在实现可持续发展的过程中，克服资金瓶颈，推动绿色技术的应用与发展。

在长三角 G60 科创走廊的实践中，江苏银行推出的"G60 绿色惠企贷"是绿色金融支持长三角 G60 科创走廊的重要举措之一。该产品专注于支持绿色工厂、专精特新企业及科技成果转化项目等六大领域，最高可提供项目总投资 80% 的融资支持，并引入碳配额质押机制，为企业提供长达 15 年的融资期限。这种创新金融产品不仅降低了企业的融资成本，还通过差异化政策和分级定价模式，将企业的 ESG 表现纳入贷款决策依据，从而推动企业提升绿色低碳转型能力。

（二）绿色金融推动技术创新与研发落地

绿色化转型往往伴随着技术创新，尤其是在清洁能源、节能减排、废弃物循环利用等领域。金融机构通过提供专门的科技创新资金，推动企业加大对绿色技术研发的投入。为了满足企业在绿色技术领域的资金需求，

第九章　长三角G60科创走廊金融服务企业绿色化转型的创新实践研究

金融机构纷纷推出创新融资产品，其中绿色科技创新基金是最具代表性的金融工具。这些基金不仅为企业提供直接的资金支持，还通过风险投资和股权投资等形式，助力企业加快绿色技术的研发与市场化应用，促进技术成果的转化。通过这些金融产品，企业能够有效获取所需资金，推动绿色技术的创新进程。

对于初创型绿色技术企业，传统的银行贷款往往难以满足其资金需求，尤其是在技术尚未成熟或市场尚未充分验证的情况下。此时，风险投资和股权融资成为企业的重要融资途径。风险投资机构和股权投资公司通常关注企业的长期增长潜力，愿意承担一定的投资风险，并提供资金支持。通过这些融资方式，企业不仅能够获得充足的资金，还能够在技术创新和市场扩展上获得更多的支持，从而突破技术瓶颈，推动绿色产业的快速发展。此外，部分金融机构还设立了绿色技术孵化器和加速器，专门为早期的绿色创业公司提供资金、技术辅导和市场推广等一揽子服务。这些孵化器和加速器为初创企业提供了一个支持平台，不仅解决了资金问题，还帮助企业在技术研发和市场拓展方面提供必要的指导和资源。通过这些综合性服务，金融机构能够有效促进绿色创新项目的落地转化，推动绿色技术企业在激烈的市场竞争中占据一席之地。

长三角G60科创走廊通过推出一系列绿色金融产品，为科技创新和绿色低碳转型提供了有力支持。例如，江苏银行推出的"G60绿色惠企贷"针对绿色工厂认证企业、专精特新"小巨人"企业以及科技成果转化项目，提供差异化融资方案，并将企业的ESG评级作为贷款定价依据，从而激励企业提升绿色转型动力。此外，中国邮政储蓄银行推出的"绿色科技贷"则为科创企业提供最高2000万元的信用贷款额度，支持其生产经营和研发活动。

（三）绿色金融具备政策引导与激励机制

政府和金融监管机构为促进绿色化转型，制定了一系列支持绿色金融发展的政策。这些政策不仅为企业提供了资金支持，也通过税收优惠、财政补贴等措施，降低了企业绿色投资的成本，激励企业积极参与绿色项目。此外，金融监管部门通过制定绿色金融标准和指引，引导金融机构加大对绿色项目的支持力度。部分地区通过绿色信贷指引，要求银行对符合绿色标准的项目提供优惠贷款；同时，绿色评级机制的实施也帮助资金流向环境友好型企业。这些政策导向不仅规范了绿色金融市场，也为金融机构提供了明确的操作框架，确保资金有效支持绿色转型项目，进一步促进了绿色产业的健康发展。

为了提高绿色金融产品的透明度和合规性，监管机构对绿色债券、绿色基金等金融产品实施认证制度。绿色认证确保金融产品符合环境标准，增强了投资者对绿色投资的信任，也促使更多企业在进行绿色化转型时能够获得融资支持。通过这些绿色金融政策的引导，企业能够更好地利用金融市场的资源，推动自身绿色化转型，进而为实现可持续发展目标做出积极贡献。

绿色金融政策在长三角G60科创走廊的实施中得到了政府和金融机构的高度重视。长三角G60科创走廊ESG发展联盟的成立，进一步推动了ESG理念在区域内的落地实践，为绿色低碳转型提供了政策支持和激励机制。长三角G60科创走廊的绿色金融政策还强调市场与政府协同推进。例如，《关于支持长三角生态绿色一体化发展示范区高质量发展的若干政策措施》明确提出要加大金融创新力度，推动绿色金融发展。同时，长三角G60科创走廊金融服务联盟吸引了585家头部金融机构参与，形成了资源丰富的服务网络。

（四）绿色金融拥有市场吸引力与投资驱动

随着社会责任投资（SRI）和环境、社会、治理（ESG）投资理念的兴起，越来越多的投资者开始关注企业在环保和可持续发展方面的表现。在这种趋势下，金融服务通过绿色投资和ESG投资等方式，能够有效推动企

第九章 长三角G60科创走廊金融服务企业绿色化转型的创新实践研究

业的绿色化转型,绿色股权投资也逐渐成为一种重要的金融融资方式。投资过程中,投资者也更加倾向于选择那些致力于可持续发展、具有良好环保表现的企业进行投资。金融机构则通过资本市场帮助企业吸引绿色投资,为企业提供资金支持,推动其通过绿色项目扩大市场份额和提升竞争力,从而促进企业在绿色化转型过程中取得更大进展。此外,金融机构还通过推出ESG基金和绿色股指等产品,进一步支持企业的绿色转型。通过这些金融工具,金融机构能够有效吸引资金流向绿色转型企业,帮助其加速转型进程,推动更多企业实现可持续发展目标。这些投资产品不仅促进了资本市场的绿色化,也为投资者提供了更多符合可持续发展理念的投资选择,进一步推动绿色经济的蓬勃发展。

绿色金融通过创新金融产品和服务,为长三角G60科创走廊的企业提供了多样化的融资渠道,降低了融资成本,增强了市场的吸引力。例如,"G60绿色惠企贷"采用分级定价模式,AAA级企业的融资成本可降低超过10%,并通过"ESG绩效提升-融资成本降低"的双向激励机制,激发企业转型升级的内生动力。G60科创走廊通过发行科创债和绿色债,累计融资金额达数千亿元,为科技创新和绿色产业提供了强有力的资金支持。同时,金融机构还通过知识产权质押、设备更新贷款等方式,为企业提供全生命周期的金融服务。

三、长三角G60科创走廊金融服务企业绿色化转型的现状与挑战

(一)长三角G60科创走廊金融服务企业绿色化转型的现状

随着绿色金融市场的不断成熟,金融服务在促进绿色化转型中的作用将愈加显著,国家与长三角G60科创走廊相关地方政府也不断出台政策对金融支持绿色化进行引导与规划,如表9-1所示。长三角G60科创走廊成立之后,国家高度重视长三角G60科创走廊九城市协同发展对于长三角区域一体化的重要作用,并在政策中作出明确指示。工业和信息化等部门也在2021年

提出要支持绿色金融产品创新为产业绿色低碳发展提供支持。在这一系列政策背景之下，长三角G60科创走廊各城市及相关金融主体结合自身发展特点，陆续出台了一系列鼓励绿色金融产品创新支持绿色低碳发展的政策条例。长三角联合政府部门基于推动长三角地区一体化协同发展的目的，也提出要加强跨地区金融合作，支持绿色发展。各地金融机构也相继推出了金融产品创新方向，为长三角G60科创走廊各城市企业的绿色化转型提供助力。

表9-1　　　　　　　　金融支持绿色化相关政策条例

政策分类	具体政策/措施	发布主体	政策内容要点	发布时间
国家层面政策支持	《长三角区域一体化发展规划纲要》	国家发展和改革委员会	支持G60科创走廊建设，鼓励跨区域协同创新，打造具有国际竞争力的创新平台	2019年12月
	《绿色产业指导目录》	工业和信息化部等部门	明确绿色低碳产业发展方向，支持绿色信贷、绿色债券等金融产品创新	2021年3月
地方政府具体措施	《松江区关于加快长三角G60科创走廊策源地产业高质量发展的若干政策规定》	上海市松江区政府	设立专项科技创新基金，支持绿色低碳技术研发和应用，推动金融机构设立绿色金融服务窗口	2023年11月
	《关于推动绿色金融发展的指导意见》	江苏省政府	鼓励银行开发绿色信贷产品，支持新能源、环保、新材料等产业发展	2021年5月
	《浙江省湖州市、衢州市建设绿色金融改革创新试验区总体方案》	中国人民银行	构建绿色金融服务体系，优化绿色金融政策工具，支持G60科创走廊低碳经济发展	2017年6月
	《长三角G60科创走廊"十四五"先进制造业协同发展规划》	长三角G60科创走廊联席会议	明确绿色低碳经济和金融创新作为重点任务，打造"科技-金融-产业"融合示范区	2021年11月

续表

政策分类	具体政策/措施	发布主体	政策内容要点	发布时间
区域协同政策	《长三角G60科创走廊绿色金融一体化发展合作备忘录》	长三角G60科创走廊联席会议	加强跨省市绿色金融协作，包括绿色债券发行、碳金融服务推广等	2022年4月
	碳交易市场试点	长三角区域政府联合	建立统一碳排放交易机制，鼓励企业使用碳金融工具实现低碳转型	2021年12月
金融支持措施	绿色信贷政策	各地银行与金融机构	推出"绿色贷款""绿色担保"等金融产品，支持新能源、环保技术企业发展	持续实施中
	绿色债券政策	各地金融监管机构	鼓励企业发行绿色债券，支持清洁能源、节能减排等项目	持续实施中
	绿色保险政策	各地保险机构	开发环境污染责任险、绿色技术保障险，为绿色化转型企业提供风险保障	持续实施中

通过这一系列的政策支持，长三角G60科创走廊的绿色金融政策和支持体系已逐步完善。在三省一市金融监管部门的支持下，长三角G60科创走廊构建了一个包括债权、股权、基金等多种金融工具联动的服务生态系统，为科技创新型企业提供全牌照、全产业链、全生命周期的综合金融服务，从而形成了完善的金融服务体系。九城市还积极落实央行出台的"28条"政策，推出了科创贷、绿色科技贷等13种专门针对科技创新和绿色产业的金融产品，同时进一步拓宽了科创债和绿色债的融资渠道，共计发行了451单科创债和绿色债，累计发行总额达到2768.11亿元，有效推动了科技创新和绿色产业的发展。截至2024年10月，长三角G60科创走廊的绿色信贷余额近4000亿元。与此同时，各个城市也在绿色信贷、绿色债券和绿色基金等金融工具上不断创新，为各地企业转型提供资金和技术支持。如在绿色信贷方面，上海银行推出了绿色贷款专项，重点支持符合国家绿色

发展要求的企业。根据上海市绿色金融发展规划，到2025年上海市绿色信贷余额预计将达到1.5万亿元，推动更多企业进入绿色转型的轨道；无锡、常州的银行对绿色项目贷款利率较传统项目贷款低约0.5%~1%，有效降低了企业的融资成本。在绿色债券市场方面，上海证券交易所的绿色债券发行规模已经达到数百亿元人民币，吸引了大量社会资本参与；在苏州市，绿色债券的发行则更加注重环保产业和绿色技术项目的资金支持；无锡科技产业园区内多家清洁能源企业通过绿色债券获得了重要的资金支持，用于扩建绿色项目、研发环保新技术等；合肥通过绿色债券为光伏、环保和智能制造等绿色相关企业融资，有效促进了企业绿色项目的发展。在绿色基金方面，长三角G60科创走廊九城市的绿色基金不仅涵盖传统的绿色产业，还涵盖了绿色技术创新领域，尤其是在节能环保、清洁能源等行业中，绿色基金发挥了重要作用。例如，上海市的绿色基金市场由政府主导的绿色产业投资基金和社会资本共同参与，形成了完整的绿色产业链；苏州、无锡、合肥等地也逐步设立了绿色发展基金，为绿色科技企业融资和技术转型提供了资金支持，促进了产业转型。

　　为更好地提供绿色金融服务，长三角G60科创走廊中已有多个地区构建了绿色金融服务平台。例如，上海绿色金融服务平台为各类企业提供绿色信息服务、绿色融资、环责险服务以及气候风险管理，截至2025年1月对接189个绿色项目，合作机构48家，已实现融资总额超过170亿元；苏州绿色低碳综合金融服务平台推出了热门产品"环保贷"和"可再生能源补贴确权融资"，并且构建了绿金实验室，截至2024年6月实现绿色信贷9344亿元、绿色债券136亿元；截至2024年，湖州绿色金融综合服务平台针对不同的服务对象构建了详细的产品模块，包括"绿贷通""绿信通""绿金宝""绿治通"，帮助中小微企业实现5851.02亿元的绿色银行贷款，实现114.75亿元的股权融资，并发布了56个碳金融产品。除以上城市构建了绿色金融专项服务平台之外，其他城市也开始尝试在各自的综合金融服务平台中开设绿色金融服务模块，如"杭州e融"杭州金融综合服务平台开设了"绿色金融专区",围绕不同规模的贷款额度与贷款需求开发了"排污权抵押贷""绿水青山贷""鑫减碳"等10余项绿色金融产品。为贯彻落实党的二十届三中全会和中央金融会议工作精神,促进"绿色金融"等"五篇大文章"在长三角地区落地,2024年11月长三角G60科创走廊ESG发展联盟成立。该联盟将践行ESG投资理念,助力长三角G60科创走廊九城市的企业实现低碳环保转型。通过为各方提供资源整合平台,联合各ESG发展联盟成员单位开展一系列合作,推动绿色产业发展,为可持续发展注入更多金融动力。在这一全域绿色金融服务平台的带动下,未来九城市会逐步精益其绿色金融服务平台,为九城市提供更多具有联动性、针对性的绿色金融产品,助力更多企业实现绿色化转型。

(二)长三角 G60 科创走廊企业绿色化转型的挑战

长三角G60科创走廊企业在绿色化转型过程中,尽管得到了金融支持方面的诸多创新和政策推动,但仍面临一些挑战,具体包括以下几个方面。

一是融资难与融资贵问题依然存在。尽管江苏银行等金融机构推出了"G60绿色惠企贷"等金融产品,通过差异化定价机制和灵活的授信方案降低企业融资成本,但部分企业尤其是初创型企业在融资过程中仍面临较大的困难。例如,初创企业缺乏固定资产作为抵押物,同时需要提供充分的证明材料以满足银行的要求,这对企业提出了较高的门槛。此外,绿色产业项目的风险较高、收益不确定性大,使得金融机构在评估和审批过程中更加谨慎。

二是绿色金融产品供给不足。目前,长三角G60科创走廊的绿色金融产品种类相对单一,难以满足多样化的市场需求。例如,虽然推出了"G60绿色科技贷""G60科创贷"等产品,但这些产品的覆盖面和创新性仍有待提升。此外,绿色金融产品的推广和应用也受到信息不对称问题的制约,导致绿色资金与绿色项目之间存在壁垒。

三是企业 ESG 表现评估体系尚不完善。虽然江苏银行依托 ESG 评级体系为绿色企业提供差异化融资支持，但整体来看，区域内企业的 ESG 信息披露水平参差不齐，缺乏统一的标准和评价体系。这使得金融机构在对企业进行绿色认证和评级时面临困难，进而影响了绿色金融产品的精准投放。

四是绿色产业基础薄弱与人才短缺。长三角 G60 科创走廊的绿色产业基础相对薄弱，缺乏复合型人才，这限制了绿色产业的发展潜力。同时，企业在技术研发和创新方面的投入较高，但缺乏有效的风险控制手段和技术评价体系，进一步加剧了融资难题。

五是政策性支持与市场化机制的衔接不足。尽管长三角 G60 科创走廊已经建立了较为完善的金融服务生态体系，并通过政策性担保基金、投贷联动等方式为企业提供支持，但政策性支持与市场化机制之间的衔接仍需加强。例如，部分企业在享受政策性融资担保时仍需经历复杂的审批流程，影响了融资效率。

六是跨区域协同与资源整合能力有待提升。长三角 G60 科创走廊涉及九个城市，虽然通过区域合作机制推动了金融资源的共享和整合，但在实际操作中，不同城市之间的政策执行力度和资源配置能力存在差异，导致区域内金融支持的均衡性和有效性受到限制。

（三）长三角 G60 科创走廊金融服务企业绿色化转型的重点

为克服企业绿色化转型过程中面临的转型成本与技术投入、政策与合规性压力，以及市场竞争加剧等多重挑战，未来长三角 G60 科创走廊金融支持绿色化转型需要金融机构与政府共同参与，通过定制化的绿色融资产品、政策解读与合规咨询服务、支持绿色技术创新和市场拓展，以及建立完善的绿色金融生态系统，为企业提供多层次的支持，帮助其克服绿色转型中的困难，从而实现经济效益和环境效益的双赢。

第一，提供定制化的绿色融资产品，缓解转型成本压力。为缓解企业

第九章　长三角 G60 科创走廊金融服务企业绿色化转型的创新实践研究

绿色化转型过程中较高的融资压力，金融机构应推出针对绿色化转型的定制化融资产品。例如，绿色贷款、绿色债券和低息融资等金融工具能够为企业提供更为灵活和优惠的资金支持，帮助它们顺利完成转型。对于初期资金需求较大的项目，银行可以设立专门的绿色信贷产品，采用较低利率或延长还款期限等方式，缓解企业的财务压力。此外，政府可以通过绿色发展基金、绿色项目专项补贴等措施，为企业提供初期资金支持或税收优惠，降低企业负担，帮助其实现绿色转型的顺利过渡。

第二，加强政策解读与合规咨询，确保合规过渡。为了帮助企业应对因政策与合规性压力而带来的一系列运营挑战，金融机构和政府可以加强政策解读与合规咨询服务，提供及时的信息支持。金融机构应与政府合作，推动绿色转型的相关政策普及和解读，帮助企业在转型过程中了解最新的法律法规和政策要求，并及时调整战略与生产流程。同时，绿色金融产品也应考虑到合规性要求，为此金融机构可以通过设立专门的绿色合规咨询部门，为企业提供政策指导，确保企业在绿色化转型过程中遵循最新的环保法规，并有效避免潜在的罚款或限产风险。

第三，建立绿色金融生态系统，促进全行业协同发展。为了解决长三角 G60 科创走廊区域企业在绿色化转型过程中面临的挑战，金融支持应不仅限于单一的资金提供，而应建立起一个完善的绿色金融生态系统。通过政府、金融机构、企业和科技创新平台的协同合作，形成资金、技术、市场的良性互动，促进企业的绿色转型。政府可以推动政策引导，金融机构可以为企业提供多样化的金融支持，科技创新平台则为企业提供技术研发和创新支持。此外，借助绿色债券市场、绿色基金、风险投资等多元化的金融工具，建立多层次的绿色金融支持体系，为不同行业和规模的企业提供针对性的融资解决方案。通过这样的生态系统建设，不仅能缓解企业绿色转型中的资金压力，还能够提高全行业在绿色技术和市场竞争中的协同效应，推动区域绿色经济的可持续发展。

第二节　长三角 G60 科创走廊金融服务企业绿色化转型的创新型案例：以湖州银行为例

一、案例背景

2005 年，习近平同志在担任浙江省委书记期间，前往湖州市安吉县进行调研，并首次提出了"绿水青山就是金山银山"的重要论断。自此湖州作为这一理念的发源地，始终坚定践行"美丽乡村"建设、生态屏障保护以及太湖水源地的保护工作，秉承绿色发展理念，积极推动绿色低碳转型，走出了一条生态与经济协调发展的生动实践之路。2008 年，《浙江省生态文明建设实施方案》发布后，湖州市加大对绿色产业的支持力度，着力优化经济结构，并推动清洁能源、节能减排等领域的绿色发展。尤其是 2015 年《巴黎气候协定》签署后，湖州市进一步强化了绿色发展政策，力求通过绿色技术和环保措施，推动地方经济向高质量和可持续方向发展。随着国家对区域经济一体化的推动，2017 年长三角 G60 科创走廊的战略规划正式出台，湖州市作为重要成员城市，顺势加入这一战略平台，成为推动区域绿色转型和创新发展的关键力量。长三角 G60 科创走廊强调通过科技创新和绿色转型来提升区域竞争力，湖州市在此框架下不仅专注于高新技术产业的引导，还进一步加大了绿色产业的培育力度。随着 2020 年长三角一体化发展上升为国家战略，湖州市的绿色转型和创新驱动发展战略得到了更多政策支持，成为推动地方经济高质量发展的核心力量。

作为"绿水青山就是金山银山"重要理念发源地——湖州地区的唯一一家地方法人城商行，湖州银行积极响应绿色发展的地方政策，并结合自身优势，迅速将绿色金融理念融入其业务发展的全过程中。湖州银行积极

第九章 长三角G60科创走廊金融服务企业绿色化转型的创新实践研究

致力于打造全球首家小额信贷"赤道银行",并通过制定《绿色金融三年战略规划》推动相关政策的落地。为了确保绿色金融战略的实施,银行在董事会下设立了绿色金融委员会,负责具体推进相关工作,同时总行设立了绿色金融事业部。此外,银行与国际金融公司(IFC)及国内兴业银行展开了广泛的绿色金融技术交流与业务合作。为进一步夯实绿色金融基础,湖州银行开展了绿色金融强基行动,并建立了《公司绿色信贷授信管理办法》《授信业务环境与社会风险评审制度》等制度框架。作为中英首批十家金融机构之一,湖州银行还试点开展了环境信息披露工作。银行结合赤道原则与小额信贷进行了创新,推出了小微企业"四色分类法",并与各行业建立了映射关系。2018年,湖州银行率先推出绿色贷款产品,专门支持环保项目和清洁能源等绿色产业的融资需求,成为浙江省内首批推出绿色金融产品的地方性银行之一。为了应对企业在绿色化转型中的资金压力和技术瓶颈,湖州银行不断创新金融服务,不仅通过绿色贷款、绿色债券等传统金融工具提供融资支持,还在2020年推出了绿色产业基金,重点支持能源、环保、绿色建筑等领域的绿色项目。此外,湖州银行还创新推出了"绿色园区贷"和"屋顶光能贷"等绿色信贷产品,专门用于支持"低小散"企业聚集入园,通过统一建设集中污水处理、供热供气、屋顶光伏发电和水资源循环利用等节能环保设施,推动绿色产业集聚与可持续发展。这一系列金融创新为湖州市及长三角G60科创走廊的企业提供了有力的资金保障,帮助它们降低绿色化转型的财务压力。

此外,湖州银行还加强与政府的合作,推动绿色金融政策的落地。2021年,湖州银行与地方政府共同发布了绿色信贷专项政策,为符合绿色项目标准的企业提供优惠利率和融资便利。结合湖州市绿色金融考核工作,湖州银行制定了《2023年绿色金融工作推进计划》,在特色引领、业务引领、基础引领、能力引领、合作引领五个方面设立了26项具体任务,明确了责任单位和完成时限,确保绿色金融的发展始终走在行业前沿。截至2023年年末,绿色贷款余额达238.76亿元,较年初增长了52.09亿元,增幅为

27.9%；绿色信贷折合减少二氧化碳排放量超过15.33万吨；绿色贷款占各项贷款总额的比例为30.41%，较年初提升了1.94个百分点。此外，湖州银行被《中国银行保险报》评选为"2023银行业ESG年度绿色金融典范案例"，并获得GF60颁发的"2023年度绿色金融最佳机构"奖项。截至2023年，湖州银行已为超过200家企业提供了绿色贷款支持，融资总额超过20亿元人民币。这些企业涉及的行业包括新能源、环保、绿色建筑等，涵盖了湖州市和长三角G60科创走廊多个绿色项目。通过这些金融支持，银行为企业节能减排、技术创新和绿色项目的实施提供了重要的资金保障。这一政策不仅帮助企业在绿色技术升级、环保设施建设等方面获得资金支持，还鼓励更多企业积极参与绿色化转型和环保项目的建设。湖州银行通过完善绿色金融服务体系，为区域内企业提供了从资金支持到政策指导的全方位服务，促进了湖州市乃至长三角G60科创走廊的绿色经济和可持续发展。这一系列举措不仅促进了湖州绿色经济的升级，也为长三角G60科创走廊的绿色化转型提供了宝贵的经验。

二、湖州银行绿色金融产品

湖州银行绿色金融以"金融+绿色+科技+合作+风控"为战略思路，力争成为地方领先的"绿色金融示范行"。目前已经形成了"生物多样性系列""绿色共富系列""绿色普惠系列""低碳建筑系列""低碳能源系列""转型金融系列""环境权益系列"等多个模块的金融产品，如图9-1所示。其服务对象涵盖企业、居民、政府，服务行业涉及生物医药、农业、建筑、环保、工业、科技等多个领域，为各个发展阶段各个规模的企业提供绿色转型金融支持，其中绿色普惠系列与转型金融系列产品已经成为推动企业绿色化转型的关键力量。

第九章　长三角G60科创走廊金融服务企业绿色化转型的创新实践研究

图9-1　湖州银行绿色金融产品系列

（一）绿色普惠系列

湖州银行绿色普惠系列金融产品的构建背景，源于湖州市在推动绿色金融和可持续发展方面的战略部署。作为浙江省的绿色金融示范城市，湖州市在促进中小微企业绿色转型方面走在前列。尤其是在旅游业和新能源产业等领域，中小微企业的发展增速超过了全省平均水平，这些企业成为湖州市落实"绿水青山就是金山银山"理念的最小单元。然而，由于信息不对称、企业信用等级较低、抵押能力不足等问题，这些企业面临融资难题。尽管绿色信贷增量不断创新高，但"普惠金融不够绿，绿色金融不普惠"的困境依然存在。因此，湖州市政府自2018年起联合清华大学及第三方机构，探索将企业的纳税情况、环保处罚等非财务信息纳入金融评价体系，先后构建了"绿信通"绿色融资主体评价系统，并将其升级为"融资主体ESG评价系统"。这一系统从环境、社会和公司治理（ESG）三大维度对企业进行综合评价，精准衡量企业的绿色程度及可持续发展能力，为地方政府的绿色金融改革、绿色信贷贴息政策的落实提供了重要依据。

湖州银行早在2016年便着手发展绿色金融业务，并在政府绿色融资评价体系的基础上，结合自身数据库和客户特点，逐步构建了符合区域性银行特点的 ESG 评价和应用模型。通过这一模型，湖州银行能够更加全面地评估中小微企业的环境和社会责任表现，并将这些非财务数据纳入信贷决策和风险管理流程。这一系统化的绿色金融服务，提升了银行对中小微企业的精准画像能力，既优化了客户准入机制，又有效加强了贷后管理。同时，湖州市政府依托其先进的数字化治理平台，建立了"金融数据引擎"，为全市银行提供了涵盖环境处罚、税收征缴、公益慈善等多维度的政务信息数据支持，进一步推动了银行绿色金融服务的落地和执行。这一系列举措使湖州银行在精准满足中小微企业绿色转型融资需求的同时，也实现了风险管控与合规管理的双重目标，推动了本地经济的绿色可持续发展。

1. 绿色小微快贷

为更加高效地为小微企业提供绿色普惠金融服务，湖州银行在绿色普惠系列金融产品中细化出了"绿色小微快贷"和"民企绿融成长贷"两个产品。其中，绿色小微快贷利用金融科技，采用线上线下相结合的方式完成尽调，向符合条件的小微企业和个体工商户发放的流动资金贷款业务，服务对象为小微企业和个体工商户，产品特点是手续方便、ESG 理念引导企业低碳生产、线上无纸化操作。并且该产品创新性地采用了"四色分类法"，即用绿色、蓝色、黄色和红色四个等级，以评估贷款项目的环境影响和社会效益。各个颜色等级所对应项目对环境和社会的影响如表 9-2 所示，从绿色到蓝色到黄色再到红色项目对环境的负面影响逐渐提升，服务风险程度逐渐提升。具体而言，绿色等级表示项目对环境和社会具有积极影响，符合绿色金融标准，风险较低；蓝色等级表示项目对环境和社会影响较小，但仍符合绿色金融原则，风险适中；黄色等级表示项目对环境和社会有一定影响，但可以通过管理措施进行优化，风险较高；红色等级，表示项目对环境和社会有较大负面影响，风险极高，不符合绿色金融标准。这种分类法不仅帮助湖州银行评估贷款项目的环境和社会风险，还为其提供了针对性的风险管理措施和优化建议，确保贷款项目在支持小微企业发展的同时,也能促进可持续发展和环境保护。

表 9-2　　　　　　　　湖州银行绿色小微快贷四色分类法

项目对环境和社会的影响及风险	
绿色:具有积极影响,风险较低	蓝色:影响较小,风险适中
黄色:有一定影响,可优化	红色:负面影响较大,风险极高

为了更好地为小微企业提供服务,湖州银行依托绿色小微快贷在微信小程序开发了"绿小贷",按照"一个行业+一个模型"的策略,通过连接浙江省金融综合服务平台、湖州市委金融办数据引擎等多个数据平台,整合税务、司法、工商、环保、公积金、能源使用等14类数据,设计了适用于不同行业的标准化风控模型。该模型结合了客户经理的线下尽职调查和ESG评级,能够自动计算并输出授信额度。

2. 民企绿融成长贷

绿色普惠系列的另一个金融产品"绿融成长贷"服务对象是招商引资企业与初创期小微企业,面向民企旨在助力绿色产业发展。这款信贷产品以绿色、环保、可持续发展为核心理念,通过优惠的利率、优质的服务、简化的贷款程序等方式,降低企业的融资成本,推动其绿色转型和升级。

(二) 转型金融系列

湖州银行的转型金融系列产品的推出,主要是响应国家绿色金融政策的要求,促进可持续发展,并且服务于地方经济的绿色转型。随着全球气候变化问题日益严峻,绿色金融作为实现低碳经济、推动绿色发展、加速经济结构转型的重要手段,成为金融业发展的重要方向。在此背景下,湖州银行深刻认识到绿色金融的战略意义,决定通过金融创新为地方绿色产业提供更加精准和灵活的资金支持,推动企业在绿色环保、节能减排、低碳技术等方面的转型。银行通过推出针对不同行业、不同企业需求的绿色金融产品,进一步完善绿色金融服务体系,支持企业的低碳发展和可持续增长。该系列目前包括"绿色园区贷""碳减排贷""低碳先锋贷""ESG–低碳成长贷"四款产品,所有产品均强调绿色、低碳转型,支持企业实施环保、节能和减排项目。四款产品均对资金用途进行了限制,要求贷款资金必须专门用于绿色、低碳相关项目和技术,不可用于传统高碳或污染性项目。各个细分产品虽然各自关注的领域不同,但都与企业的环境、社会责任和治理(ESG)表现紧密相关,倡导企业提升可持续发展能力。

1. 绿色园区贷

为解决"低小散"作坊带来的环境和社会问题,湖州市政府制定了转型升级三年行动计划,采取关停淘汰、整合提升、集聚入园的策略,推动合法企业向现代产业园区集中,以提升企业能力并减少环境成本。为配合区政府推动转型升级,湖州银行推出绿色园区贷,支持"低小散"企业集中入园,提供一站式金融服务,促进资源高效利用、土地节约和污染减排。绿色园区贷作为该系列的典型产品,从支持地方经济转型升级出发,围绕绿色产业园区建设开展金融服务,支持园区业主方项目建设的同时,对"进园"购买厂房的小微企业和个体工商户发放中长期按揭贷款及日常运营贷款。服务对象涉及园区建设业主方、绿色园区厂房按揭贷款借款人等。贷款最高额度可达房产价值的70%;期限最长贷款期限可达10年;通用性强,商铺厂房办公楼均可贷。为更加便捷地为客户提供服务,湖州银行对"园区贷"进行了升级,对集中入园的小微企业提供优惠利率、优质服务、简化贷款流程、降低准贷门槛,并加强全程监控等措施,促进其转型升级。

2. 低碳减排专项产品

根据《湖州市转型金融支持目录》,结合企业能效表现和 ESG 评级等因素,湖州银行推出了"碳减排贷""低碳成长贷"和"低碳先锋贷"等转型金融产品。一是碳减排贷,该贷款产品支持企业通过投资绿色技术、设备升级、碳捕捉等措施,减少二氧化碳排放。贷款将专门用于减排项目的资金需求,推动企业的低碳转型。服务目标群体是专门从事碳减排和绿色技术应用的企业设计,特别是涉及清洁能源和环境保护的企业。二是低碳先锋贷,该产品主要支持在低碳经济领域处于领先地位的企业,如研发绿色技术、生产低碳产品或实施低碳生产工艺等。低碳先锋贷为这些企业提供资金支持,帮助其扩大市场份额。三是ESG-低碳成长贷,该产品专为在环境、社会责任和治理(ESG)领域表现优秀的企业设计。贷款重点支持企业在低碳转型过程中推动ESG目标的实现,包括改善环保、促进社会责任和完善治理结构。通过调节贷款额度和利率,这些产品有效激励企业主动开展减排降碳工作。湖州银行低碳减排专项产品内容如表9-3所示。

表9-3　　　　　　　　湖州银行低碳减排专项产品内容

产品名称	产品内容	服务对象	产品特点
碳减排贷	为支持碳减排重点领域内具有显著碳减排效应的项目而提供的优惠贷款	清洁能源、节能环保和碳减排技术三个重点领域企业	支持具有显著碳减排效应的项目,配套使用人民银行碳减排支持工具资金,优惠利率直达企业
低碳先锋贷	将ESG评级体系、碳效评价模型、工业碳效码紧密融合的信贷产品,实现了企业各阶段碳效率的精确识别,为企业提升碳效水平、为银行科学决策提供数据基础	高碳行业,企业能耗表现有下降趋势,有技改项目或者传统产业升级改造	标准化产品、操作流程快捷;同时,将企业碳效表现与贷款额度和利率挂钩
ESG-低碳成长贷	针对工业企业和制造业企业设计的碳金融产品,将企业ESG表现和碳效率纳入产品设计,引导企业低碳生产	工业企业及制造业企业	担保方式灵活,根据企业ESG表现和碳效情况为企业授信,挂钩贷款利率

三、湖州银行绿色金融产品资金使用情况

近年来湖州银行不仅持续践行ESG理念,将ESG理念应用到信贷管理中,还首创了中小银行环境社会风险分类管理方法。在实践中不断进行绿

色产品创新，已创造性推出30余款绿色金融产品，自2018年起连续6年被评为"国家绿色金融改革创新试验区建设优秀金融机构"。截至2023年底，湖州银行绿色信贷余额238.76亿元，占全部贷款比重达30.3%，实现整年增幅27.9%，且绿色信贷折合减排二氧化碳量超15.33万吨。另外，发行绿色金融债共29亿元，共发放碳减排贷款10.12亿元，带动实现碳减排4.6万吨。

绿色普惠系列中，绿色小微快贷自2023年3月上线至2024年3月末，授信金额超过25亿元，授信企业超过1600户，实际用信户数超过1400户，用信金额超过21亿元；绿小贷截至2023年年末，完成了14.96亿元的授信额，惠及923家企业，其中实际授信金融有12.58亿元，涉及企业834户，由于其便捷的审核流程、广泛的优惠对象，获得了浙江省金融促进共同富裕创新实践大赛三等奖。

转型金融系列中，截至2023年年末绿色园区贷余额20.27亿元，在实践应用中湖州银行不断对绿色园区贷进行经营改进，结合客户实际的经营周期进行贷款额度与期限的调整与匹配，基于此在绿色园区贷的基础上推广出"连续贷+灵活贷"模式，以此来缓解客户转贷压力，并且降低了客户的融资成本。"连续贷+灵活贷"的模式取得了突破性进展，截至2023年年末，其余额达到291.57亿元。另外，湖州银行根据《湖州市转型金融支持目录》，结合企业能效表现和ESG表现等推出的"低碳成长贷""低碳先锋贷"等转型金融产品，2023年全年发放相关贷款15.3亿元，带动了超过3万吨的碳减排量。最新数据显示，截至2024年第三季度，湖州银行已支持碳减排领域项目95个，包含了清洁能源、节能环保、碳减排技术三个领域，累计发放碳减排贷款11.69亿元，带动的年度碳减排量71240.24吨。此外，湖州银行根据人民银行发布的《金融机构碳核算技术指南》，建设了信贷资产碳核算系统，已推动系统上线，并初步实现了对湖州地区70%左右的信贷客户的碳数据积累和信贷资产碳核算，进一步提升了低碳减排专项产品的应用效率。

四、湖州银行绿色金融产品实践案例

（一）绿色小微快贷应用案例

嘉善华东建材市场的小微企业普遍面临融资困境，嘉善华东建材市场因为自身资产规模小、缺乏抵押担保、信用信息不健全等难以在金融市场上寻找合适的融资产品。而湖州银行绿色普惠系列产品则正是针对这一类型的融资需求而创建，其中微信小程序中的"绿小贷"产品将绿色普惠系列产品进行整合，该产品采用"一个行业＋一个模型"的策略，通过大数据平台和 ESG 评级模型，实现对小微企业的精准授信支持。湖州银行嘉善支行依托"绿小贷"产品，为华东建材市场提供了定制化的绿色信用融资服务，破解了企业发展的资金瓶颈。

在整个产品的实施过程中实现了四个"绿"。首先，在尽调阶段，生产行为挖掘"绿"：注重企业有关绿色行为的收集，如绿色转型计划、绿色发展战略等，并通过指标数据形式进行量化，对企业进行加分；其次，企业筛选关注"绿"：设置 ESG 与其他财务指标相结合的预评估模型，将 ESG 负向指标设置为白名单筛选的门槛项，根据企业 ESG 评分将企业分为 12 档，得分低的企业不予准入。基于这两步的数据收集与分析，嘉善支行制定白名单，共梳理出华东建材市场 150 户具有融资潜力的小微企业和个体工商户。同时，通过浙江省金融综合服务平台、湖州市委金融办数据引擎等渠道，整合税务、司法、工商、环保、公积金及能源使用等 14 类数据，对企业的经营状况、信用记录和绿色发展潜力进行初步核实。在筛选出目标客户后，嘉善支行建立了下沉走访机制，每周安排双人服务团队走访 6 户企业。截至 2024 年 3 月，已累计走访 30 户。在走访过程中，客户经理使用平板电脑完成企业尽职调查。根据企业所属行业的特点，使用标准化尽调模板采集关键数据，包括企业的生产经营情况、绿色转型计划和 ESG 指标，所有数据通过微信小程序同步上传，实现线上线下数据联动。

采集完这些数据，借助湖州银行的智能化风控模型，"绿小贷"可以把尽调数据与系统数据进行综合分析，然后生成企业信用评级和授信额度来实现对贷款商户的授信审批与贷款发放。在这一步骤，实现第三绿，即企业评级导向"绿"：根据不同行业筛选出 ESG 指标中与企业信用表现关联度较高的指标来搭建模型，调节企业评级等级，这一结果直接关联获取贷款企业与商户的贷款额度和利率。最后，是服务过程方式"绿"：实现全流程无纸化操作，所有操作流程可以通过微信小程序实现全流程线上操作，最快 3 秒钟即可完成授信审批，并可在同日（T+0）完成放款。截至 2024 年 3 月，嘉善支行成功营销 4 户客户，其中 3 户已成功落地授信，总金额达 570 万元，用信金额 470 万元。获得"绿小贷"支持的小微企业主要将贷款资金用于补充经营流动资金、设备更新和业务扩张。这些企业通过融资缓解了经营压力，提升了生产效率和市场竞争力，推动了企业可持续发展。湖州银行嘉兴分行"绿小贷"案例充分证明，科技赋能与绿色金融的结合能够高效解决小微企业融资难题。通过精准筛选客户、构建标准化模型和智能化平台，"绿小贷"实现了小微企业融资的高效对接。这种模式不仅为小微企业注入了金融"活水"，还为地方经济的绿色可持续发展提供了实践参考。

（二）民企绿融成长贷应用案例

创迪机电是一家专注于研发生产遮阳节能设备的小微企业，面对市场竞争和绿色转型的双重需求，企业急需资金购买新生产线设备以提升生产效率和市场竞争力。然而，由于企业轻资产运营和信用数据不足，其融资过程存在一定困难。湖州银行通过"民企绿融成长贷"为其提供金融支持，帮助企业解决资金难题，实现绿色发展目标。

首先，湖州银行借助金融平台进行客户筛选和合规性评估。通过浙江省金融综合服务平台和湖州市委金融办数据引擎，结合多维度数据（如税务、工商、环保等），筛选出符合绿色普惠条件的小微企业。创迪机电因其节能环保产品定位及绿色转型潜力,被纳入服务对象清单。随后,通过ESG初筛与评分,企业凭借其绿色发展战略和良好的环境行为记录获得较高评分,符合贷款准入标准。

其次,进行贷前的尽调与信用评级。湖州银行工作人员利用标准化行业尽调模板采集企业绿色生产实践和运营数据。现场尽调最快仅需3分钟完成,数据被同步上传至智能管理系统。在信用评级环节,系统根据企业所属行业特性,结合财务与ESG数据,自动生成综合评定等级并核定贷款额度。创迪机电被核定可贷额度为200万元。授信额度审批后湖州银行借助民企绿融贷线上操作系统高效完成授信审批,从提交申请到贷款额度批复仅用3秒。再由创迪机电登录企业账户选择对应产品,确定200万元贷款额度,贷款期限两年,采用按季度等额本金还款方式。贷款资金在申请当日(T+0)成功发放,全程实现无纸化操作。创迪机电利用贷款资金购买新生产线设备,优化生产流程,提升生产效率。资金投入后,企业生产效率预计提高30%,年销售额增长50%,显著增强了市场竞争力。

最后,湖州银行通过接入外部数据平台(如税务、用能、环保数据)及客户经理定期走访,对创迪机电的经营状况和绿色发展成效进行动态跟踪,完成贷后管理与持续支持。本案例表明,通过智能化系统与标准化模型的支持,湖州银行"民企绿融成长贷"实现了对小微企业的精准金融服务。创迪机电在绿色金融支持下,不仅成功解决了资金问题,还提升了绿色生产效率与市场竞争力。通过ESG评分与信用评级的结合,该模式有效激励企业关注低碳发展,形成了一种可复制、可推广的绿色普惠金融服务模式。

(三)园区贷应用案例

截至2023年年末,湖州银行"园区贷"余额达到20.27亿元,获得了显著成效。以湖州砂洗城项目为例,砂洗城是湖州市织里童装产业带的配套产业群,也是高污染产业,在整治之前这些砂洗企业多为分散经营且产能较低的中小作坊,生产经营模式粗放、废气、废水、固废垃圾排放量大,难以进行集中管制。为对这些"低小散"企业进行集中管理,降低其污染物排放,湖州银行的园区贷发挥了重要作用。

湖州银行砂洗城园区贷的项目流程如图9-2所示,具体运作流程:首先,由政府牵头进行绿色园区建设,在这一过程中与银行达成紧密联系,确保建设资金能够及时到位;其次,确定了具备入园资格的小微企业后,由湖州银行对这些购买标准化厂房的企业提供批量化服务,在服务过程中开设绿色服务通道,配套对应的客户经理,简化审批流程的同时确保对融资风险的控制,尽可能地缓解企业的资金压力;最后,湖州银行进一步推出"二次贷""更新贷""快捷贷""动产质押贷"等多款产品,为已经入园的小微企业提供进一步的金融服务,批量化实施贷后管理。

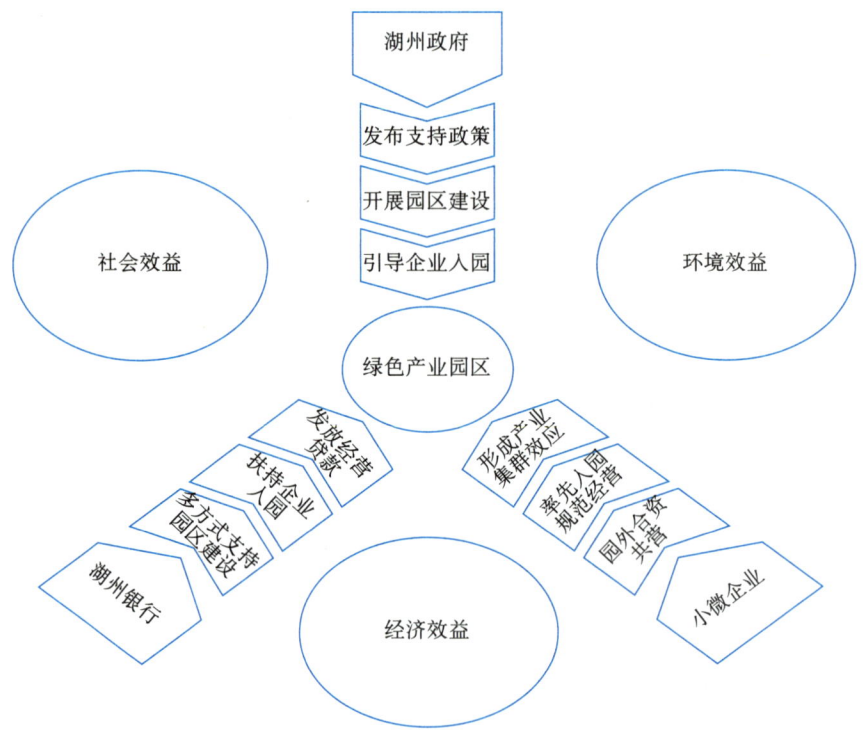

图9-2 湖州银行"绿色园区贷"服务模式

这样的服务模式可以带来可观的经济效益、社会效益和环境效益,并

第九章 长三角G60科创走廊金融服务企业绿色化转型的创新实践研究

且实现地方产业、银行与企业三方之间的共赢，如图9-2所示。砂洗城项目中，整个园区全部投产后1100多家"低小散"企业整合为300多家合规企业，虽然企业数量减少了但整体产值与利税均实现了大幅提升。湖州银行在该项目投产后的两年多里实现600多户的各类存贷款账户开户，500余户的电子银行业务开设，产生贷款收益1300多万元，日均存款收益3500多万元。企业也顺利实现了生产设备的升级换代与管理的规范化整改，在降低生产成本、融资成本、排污成本的同时提升了产能，顺利完成了绿色化转型。

（四）低碳减排专项产品应用案例

随着绿色发展理念的深入推进，绿色金融在支持企业转型和推动可持续发展方面扮演着越来越重要的角色。以湖州银行的低碳减排专项产品为例，2023年相关贷款累计发放金额达到15.3亿元，其中，"低碳先锋贷"已成功投放相关贷款11.85亿元，服务企业30户，推动碳减排超过3万吨，被评为全市绿色金融产品服务优秀创新案例。该项产品结合了ESG评级体系、碳效评价模型和工业碳效码，提供了一种创新的金融工具。具体而言，该产品具备以下三项核心功能：第一，对企业进行包括碳排放在内的ESG评价，通过自动测算ESG分值，为贷款准入和信贷决策提供科学依据；第二，构建企业碳效评价模型，支持一键测算企业的绿色等级，并根据测算结果核定相应的贷款额度与利率政策；第三，对企业的工业碳效码进行动态跟踪，实时监控其碳效水平的变化，支持企业全生命周期的绿色低碳评价。这些功能的整合不仅帮助银行评估企业的绿色发展潜力，还为企业提供了量身定制的金融支持，推动其实现绿色转型。

随着环保政策日益严格和市场对绿色产品需求的增加，湖州市的纺织品制造及染色印花公司A，面临转型升级的压力。为支持其技术改造，湖州银行为该公司量身定制了"低碳先锋贷"产品。通过运用ESG评级体系和碳效模型，银行对该企业过去五年的碳效水平进行了全面量化评估。根据碳效测算结果，湖州银行精准核定了该公司的授信额度为 5300 万元，解决了企业在技术改造过程中产生的资金缺口。此外，通过对公司实施碳效提升评估，湖州银行对公司 A 设定了节约标煤 1500 吨、减少二氧化碳排放 2800 吨的预期目标，在湖州银行资金供给与碳减排目标规划下，公司 A 最终实现了经济效益和环境效益的双赢。

此举不仅为企业提供了资金支持，还有效促进了绿色低碳项目的实施，助力地方经济绿色转型。此外，湖州银行的这一创新模式为小微企业的转型升级提供了金融保障，进一步加强了绿色金融与普惠金融的融合。通过"低碳先锋贷"，银行不仅降低了对传统抵押担保的依赖，更能够根据企业的绿色表现量化风险，为金融资源的高效配置奠定了基础。总之，"低碳先锋贷"不仅是银行绿色金融服务的一次创新，也是推动地方经济绿色发展的重要举措。湖州银行将继续通过创新的绿色金融模式，促进企业的低碳转型，为实现"双碳"目标贡献力量。

第三节　长三角 G60 科创走廊金融服务企业绿色化转型的创新模式研究

一、长三角 G60 科创走廊金融服务绿色化转型创新模式

长三角 G60 科创走廊金融服务绿色化转型有绿色金融与 ESG 标准对接模式、灵活贷款额度与担保方式支持模式、智能化与数字化金融服务模式、与碳减排挂钩的差异化融资激励模式、全链条绿色金融服务体系模式以及"专家+金融"综合服务模式等六种。以系统性与协同性为核心，具备创新驱动、政策引领、国际合作等特征，构建多层次、多维度的金融服务体系，实现了金融资源的高效配置。通过绿色金融支持低碳产业和科技创新项目，

推动区域经济实现可持续发展。通过九城市联合行动，推动长三角一体化高质量发展，为国家"双碳"目标和绿色发展战略提供实践案例和经验借鉴。

（一）绿色金融与 ESG 标准对接模式

绿色金融与 ESG（环境、社会和治理）标准的对接模式是推动可持续发展的重要路径，其核心在于通过绿色金融工具和 ESG 评价体系的结合，实现资金流向环保和可持续项目，同时提升企业社会责任和可持续发展能力。例如，湖州银行通过一系列绿色贷款产品，将企业的金融融资与企业的环保成效挂钩，帮助企业通过减少碳排放或提高能源效率来享受更低的贷款利率或更高的融资额度。如在普惠金融系列，绿色小微快贷利用了 ESG 理念引导企业进行低碳生产。具体而言，贷款的审批过程中，银行根据企业的环境、社会效益（尤其是环境保护与社会责任方面的表现）进行综合评估。微信小程序的"绿小贷"平台，依托浙江省金融综合服务平台等多个数据源，整合了税务、司法、工商、环保等 14 类关键数据。通过这种方式，银行能够对企业进行更加全面的风险评估，并且根据不同行业特点，制定个性化的风控模型。这种方式不仅能精准评估企业的融资能力，还能结合 ESG 标准进行更为细致的信用评级，进一步加强了绿色金融与 ESG 标准的深度融合。"民企绿融成长贷"以绿色、环保、可持续发展为核心理念，为绿色产业企业提供融资支持。与绿色小微快贷类似，该产品同样贯彻了 ESG 标准，通过优先支持符合绿色转型要求的企业，推动企业的绿色发展。

整体上，通过"绿色金融与 ESG 标准对接"的服务模式，长三角 G60 科创走廊绿色金融可以完成以下服务目标。一是让企业转型精准对接 ESG 理念，通过创新的贷款产品设计，明确将 ESG 标准融入企业融资评估中，让企业在获取资金实现转型发展的过程中便有明确的转型约束标准，并且借助银行全生命周期的追踪考察，及时帮助企业调整资金用途与发展规划，如借助"四色分类法"等工具，银行能够评估企业及其项目对环境与社会的影响，从而确保资金流向低碳环保、可持续发展的项目。二是推动可持续发展目标与金融服务融合，湖州银行的产品设计不仅关注企业的融资需求，还将其在环境保护、社会效益和治理结构方面的表现作为重要指标。这与 ESG 标准的核心理念相符，即通过经济活动促进可持续发展、降低环境影响、提高社会责任感。

长三角 G60 科创走廊的绿色金融服务紧密围绕国家和地方政府的绿色发展战略，推动低碳经济和绿色产业的持续壮大。其核心目标是通过创新绿色金融产品，激励符合环境、社会和治理（ESG）标准的企业在节能减排、绿色制造、可再生能源等领域投资与创新。因此，与湖州银行的绿色金融产品体系类似，长三角 G60 科创走廊的金融机构（如上海银行、浙江银行等）也通过设计符合绿色标准的金融产品，助力符合 ESG 标准的企业获得资金支持。这些产品不仅侧重于企业的环境影响，还综合考虑其社会效益与治理结构。绿色金融与 ESG 标准的对接，成为推动长三角地区绿色化转型的核心路径之一。

（二）灵活贷款额度与担保方式支持模式

长三角 G60 科创走廊的绿色金融产品在贷款额度和担保方式上具有较高灵活性，能够根据企业的不同需求提供个性化的融资解决方案。这一点与湖州银行的绿色金融产品非常相似，特别是在支持初创期企业、小微企业以及高碳行业企业的融资过程中。长三角地区的金融机构通常会提供较高的贷款额度，尤其对于需要大规模投资的绿色项目（如绿色园区建设、清洁能源项目等），贷款额度可根据项目的规模和可行性进行调整。同时，金融机构还会提供多样化的担保方式，包括信用担保、股东担保和第三方担保等，帮助企业解决担保物不足的问题。通过这种灵活的贷款额度和担保方式，金融机构能够为企业提供充足的资金支持，推动绿色项目的顺利实施。

第九章　长三角G60科创走廊金融服务企业绿色化转型的创新实践研究

一方面，设计了灵活的贷款额度，降低企业融资成本的同时确保企业能够在绿色转型过程中获得及时的资金支持。一是针对行业特征和企业发展阶段提供个性化的融资方案并量身定制贷款额度，特别是针对那些在绿色转型过程中有大规模投资需求的企业，如绿色园区建设、清洁能源项目等，银行会根据项目的规模、市场前景、企业的财务状况及环境效益等多方面因素，灵活调整贷款额度。二是根据企业发展阶段和项目进度进行贷款额度的动态调整，对于一些初创期或尚处于探索阶段的绿色项目，银行会适当降低贷款额度，并随着项目的逐步发展和风险降低，再根据实际情况增加贷款额度。

另一方面，提供灵活多样的担保方式，有效解决企业融资中的担保物不足问题。对于那些信誉较好、已具备一定发展基础的企业，湖州银行会根据企业的信用记录提供信用担保贷款，这种方式省去了物理担保物的要求，企业仅凭信用即可获得融资支持，显著提高了融资效率；对于一些初创期的企业，湖州银行可以要求其股东提供担保，这种担保方式较为灵活，适用于一些资金需求较大、但自身担保物不足的小微企业；对于一些较高风险的绿色项目，湖州银行还广泛采用第三方担保模式，这种担保方式能够分担银行的风险，同时为企业提供更多的融资机会；除了传统的固定资产担保，湖州银行还针对绿色项目的特殊性，允许某些绿色资产（如节能环保设备、绿色建筑认证等）作为担保物，这种灵活的担保物选择方式，有效降低了绿色企业的融资压力。

（三）智能化与数字化金融服务模式

在长三角G60科创走廊，金融科技的应用同样促进了绿色金融服务的智能化与数字化。通过大数据、人工智能（AI）、云计算等技术，金融机构可以在短时间内获取企业的各类信息，从而实现快速、精准的风险评估和审批。与湖州银行采用自动化审批流程类似，长三角地区的银行也能够通过智能化工具对企业的信用状况、绿色技术应用等方面进行分析，并自动生成贷款审批结果，大幅缩短了传统贷款审批的时间。除此之外，数字化平台的推广使得企业可以通过线上提交资料、无纸化操作完成贷款申请，大幅提升了企业的融资效率，尤其对急需资金的小微企业尤为有利。通过这种模式，企业不仅享受到便捷的服务，还能够降低运营成本，提升客户体验。

借助湖州银行对该服务模式进行详细的分析。首先，构建一个自动化审批与智能化风控系统。能够实现自动化审批流程和绿色技术应用分析，让整个贷款审批过程更加高效且精准。具体来说，利用大数据和人工智能对企业的资信状况、绿色转型需求、环境影响等进行全面评估。通过将客户提供的基础数据和财务数据与外部数据相结合，系统可以自动完成贷款审批。这样一来，银行能够迅速评估贷款风险，并做出决定，大幅缩短了贷款审批时间，尤其适合那些急需资金的小微企业和初创企业。另外，在绿色金融产品的审批过程中，湖州银行利用 AI 技术分析企业的绿色技术应用情况。如银行通过智能算法评估企业在节能减排、环保技术创新等方面的表现，以及这些技术的潜在市场前景。这样不仅能够帮助银行精准评估贷款风险，还能通过对企业绿色效益的综合评估，提供更为合理的贷款额度与利率。这种智能化风控模型为银行提供了全面的风险控制，同时确保绿色项目的资金流向符合可持续发展的目标。

其次，借助数字化平台实现无纸化操作。该模式简化了贷款申请流程，并推动了无纸化操作，特别是针对小微企业和初创期企业，这一模式极大提高了融资的便捷性与效率。一来，企业可以在线上提交贷款申请与相关材料，尤其是小微企业申请绿色金融产品，企业可以在线上平台提交申请，上传所需的资料，并通过系统自动进行资料审核，避免了传统银行贷款过程中烦琐的纸质材料提交。二来，在绿色金融产品中，借助无纸化的操作与便捷支付，既能够提升企业的申请体验，也使得银行在操作过程中减少了纸质资料的存储和处理，降低了运营成本。贷款审批结果、合同签署、资金拨付等环节都可以通过平台在线完成，节省了时间和资源，提高了整体工作效率。

最后，金融机构可以构建出标准化、数字化的风控模型。如湖州银行已经开发了适用于不同行业的标准化风控模型，通过结合行业特点与绿色金融要求，为每个行业定制合适的贷款评估模型。在绿色制造、清洁能源、环保技术等领域，银行能够通过行业特定的数据模型来评估企业的风险等级、贷款需求、绿色效益等，并据此做出贷款决策。这样，不仅提高了贷款审批的效率，也确保了银行对不同类型企业的精准服务。在这样的智能化风控模型中，金融机构可以实时监控企业的经营状况和绿色效益，及时发现潜在的风险点，一旦企业出现风险信号，银行系统会自动发出预警，及时调整融资策略，降低违约风险。

（四）与碳减排挂钩的差异化融资激励模式

长三角G60科创走廊的绿色金融产品通过差异化融资激励机制，将碳减排和低碳发展与贷款条件紧密挂钩，体现了金融产品对环境效益的高度重视。类似湖州银行的绿色信贷产品，长三角地区的金融机构也设立了基于碳效标准的低利率贷款政策。企业如果能够通过绿色项目减少碳排放，便可获得更低的融资利率，降低资金成本。这一模式激励企业加大对低碳技术的投入，推动绿色生产方式和技术的创新。

在具体的实施过程中，首先，金融机构可以基于碳排放标准制定差异化的融资利率，将企业的碳减排减少量与贷款利率挂钩。如企业如果通过引入清洁能源技术，碳排放下降10%以上，则可在享受基准利率的基础上进一步降低一定比例的贷款利率，激励企业加大绿色创新投资。其次，引入碳交易市场机制，设立绿色债券或碳信用贷款产品，实现碳交易与绿色金融的融合。金融机构借助"碳信用贷"为企业提供信贷，企业可以通过碳排放减少量在碳交易市场上获取收益，并将这一收益转化为对企业的融资支持。最后，对于创新型绿色项目，金融机构通过与政府、科研机构等联合，设立绿色技术风险分担基金，降低企业在尝试新的低碳技术时面临的融资风险，鼓励企业更加大胆地进行低碳技术的研发和应用，从而实现绿色技术风险分担机制。总之，借助这种与碳排放挂钩的差异化融资激励模式，企业可以引进清洁能源技术或升级环保设施，从而获得更优惠的融资条件，加速自身绿色转型进程。同时，低碳项目的融资优势有助于企业在国际绿色贸易中占据竞争优势，提升其市场地位和品牌形象。

（五）全链条绿色金融服务体系模式

长三角G60科创走廊的绿色金融服务体系体现了从政策支持到产品创新、资源对接及绩效考核的全链条支持，类似于湖州银行通过构建系统化、闭环式的绿色金融服务体系。在这一模式中，政府部门、金融机构及相关行业协同合作，确保资金流向符合绿色发展标准的企业和项目。政府通过制定绿色政策和绿色基金，降低企业融资成本，同时提供政策引导。金融机构通过绿色信贷、绿色基金等金融工具，帮助企业获得必要的资金支持。此外，绩效考核机制的引入，确保每一项绿色金融产品的实施都能对环境和社会产生积极影响。该模式通过全方位的支持，不仅帮助企业完成绿色转型，还推动绿色产业的健康发展，并提升区域的整体国际竞争力。

首先，政府作为绿色金融体系的关键参与者，通过制定绿色政策、设立绿色基金等，能够引导社会资本流向绿色项目，推动各地区绿色信贷、绿色债券等产品的创新，从而实现政策支持与绿色基金的协同作用。如当前长三角G60科创走廊设立了长三角G60科创走廊综合金融服务平台为各地区金融机构与企业提供联合服务、带动跨区域金融合作。在这样的金融政策引导下，金融机构可以不断对其绿色产品进行创新，从而为企业提供精准服务。其次，借助与科技园区、研究机构的合作，可以给企业提供除资金之外的绿色技术支持，如对企业的项目进行技术评估、项目咨询、技术改造等，从而为企业的绿色化转型提供全方位的支持，实现金融机构与企业之间的绿色技术合作与资源对接。再次，正如湖州银行的绿色金融产品中对贷款企业进行全生命周期的碳排放以及ESG绩效评估，金融机构在为企业提供绿色融资服务的同时，结合企业的绿色化发展情况引入绿色绩效考核机制能够实现预期环境效益和社会效益，确保资金流向符合绿色标准的项目，减少资源浪费，提升社会效益。最后，借助长三角G60科创走廊综合金融服务平台，湖州银行等一众金融机构可以实现在省内各市之间甚至是长三角地区以及更广泛的区域内，与其他金融机构和企业进行跨区域的绿色金融协作，共同推动绿色产业的健康发展。绿色金融网络的形成，金融机构能够有效扩展其绿色金融产品的市场覆盖面，提升绿色产业的国际竞争力。

（六）"专家+金融"综合服务模式

湖州银行借助"专家+金融"的模式为企业提供资金支持的同时，还为企业提供了绿色认证咨询、环保技术支持、政策解读等增值服务，帮助企业及时了解环保法规与绿色贸易要求，确保企业能够顺利通过绿色认证并应对绿色壁垒。这一服务模式在长三角G60科创走廊的金融机构中也得到了一定程度的应用，金融机构通常会邀请行业专家和政策顾问，为企业量身定制绿色技术方案，推动其绿色项目的落地。这种双重服务模式确保了企业在绿色转型过程中能够更加顺利地应对风险，提升其竞争力，并推动绿色产业的健康发展。

首先，在绿色转型过程中，企业常常需要满足一系列绿色认证标准和环保法规，这对转型期的企业来说通常是一个较大的挑战。因此湖州银行等一众金融机构通过与专业环保认证机构、行业专家的合作，为企业提供绿色认证咨询和技术支持，帮助企业准确理解和快速通过绿色认证。其次，在绿色转型的过程中，企业需要不断了解和遵守环保法规、绿色贸易壁垒等政策变化，因此金融机构通过与政策顾问、行业专家合作，为企业提供最新的政策动态和法规解读，帮助企业及时调整战略和运营方式。最后，进入转型发展阶段，企业需要引入先进的绿色技术与工艺，此时金融机构通过邀请行业专家和技术顾问，为企业量身定制绿色技术解决方案，确保其项目能够顺利落地并取得预期效益。

二、长三角 G60 科创走廊金融服务绿色化转型模式的优势与挑战

（一）长三角 G60 科创走廊金融服务绿色化转型模式的优势

当前，G60 科创走廊已形成了政策引导与金融支持协同作用、跨区域协作与绿色资源政策、科技创新驱动与绿色成果转化、金融赋能与综合服务体系构建的金融服务创新模式。这一创新模式不仅推动了长三角 G60 科创走廊企业的绿色转型，也为中国乃至全球绿色金融体系的建设提供了重要的经验和借鉴。

1. 政策引导与金融支持协同作用

长三角 G60 科创走廊的绿色化转型离不开政策的强力引导和资金的有力支持。各级政府为绿色金融的发展提供了系统化的政策体系，制定了明确的绿色发展目标，并通过财政补贴、税收优惠、绿色信贷政策等手段，激励企业投资绿色项目。为更好地引导资金流向绿色产业，G60 科创走廊及各级政府建立了绿色发展基金，降低了企业在绿色转型过程中的资金成本。例如，上海市政府推出的绿色发展基金，专门支持环保技术、清洁能源和绿色制造等领域的项目，确保绿色项目能够获得资金保障。同时，政府还出台了一系列鼓励绿色项目融资的政策，推动了绿色债券、绿色贷款等金融产品的快速发展。绿色债券作为一种长期、稳定的融资方式，已成为长三角地区企业融资的重要工具。绿色贷款则通过低利率和灵活的还款条件，帮助企业缓解绿色转型过程中的资金压力。政府的政策引导和资金支持有效地减少了绿色项目的融资风险，提升了绿色产业的投资吸引力，为区域内企业绿色化转型提供了坚实的资金保障。

2. 跨区域协作与绿色金融资源整合

长三角 G60 科创走廊的绿色化转型不仅是单一地区的行动，而是跨区域合作与资源整合的结果。该走廊连接了上海、江苏、浙江和安徽等多个

省市，区域内的金融机构、企业和政府部门在绿色转型过程中形成了紧密的合作关系。通过跨区域的资源整合，长三角地区能够有效配置和利用各地的绿色资源，推动绿色项目的快速落地。区域内的金融机构、科技企业和政府共同设立绿色基金、绿色债券等金融工具，推动资金在绿色产业中的流动。此外，地方政府还通过绿色金融政策平台，协调各类绿色金融产品和工具的实施，确保绿色资金能够有效流向符合绿色标准的项目和企业，且实现区域内标准的统一。跨区域的资源整合不仅提升了绿色金融服务的覆盖面和效率，也促进了区域内绿色产业链的形成，推动了绿色技术的广泛应用。

3. 金融驱动科技创新与绿色成果转化

科技创新是推动绿色化转型的核心动力。长三角G60科创走廊内的科技创新资源丰富，尤其在新能源、环保技术、绿色制造等领域具有明显的优势。金融服务通过与科技创新的深度融合，为绿色技术的研发和成果转化提供了必要的资金支持和市场化路径。金融机构在绿色项目融资中，不仅关注环境效益，还将科技创新作为投资的重要考量标准。绿色信贷、绿色基金和绿色债券等金融产品，专门为绿色技术的研发、绿色制造设备的购置以及低碳技术的产业化提供资金支持。通过科技成果转化基金、风险投资等形式，金融机构帮助科技型绿色企业实现从实验室到市场的跨越。而且长三角地区的金融机构与科研院所、科技企业紧密合作，为绿色技术的快速推广和应用提供资金保障。通过科技创新与金融服务的结合，推动了绿色技术的迅速扩展，助力绿色产业的转型和升级。

4. 金融赋能与综合服务体系建设

金融赋能和综合服务是长三角G60科创走廊金融服务绿色化创新模式的重要特征。通过将金融服务与企业绿色转型需求深度对接，金融机构为企业提供了更加精准、个性化的综合金融服务。金融赋能主要体现在绿色金融产品的创新上，金融机构根据不同企业的绿色项目需求，推出了绿色信贷、绿色债券、绿色基金等多样化的融资工具。同时，金融机构还通过绿色项目的风险评估、担保、保险等服务，帮助企业有效降低风险，增加绿色项目的可融资性。通过绿色金融服务的全方位支持，企业能够更加顺利地进行绿色投资，并加速绿色产业的技术创新和市场拓展。在此基础上，长三角地区的金融服务还通过提供一站式的综合服务平台，为企业提供绿色项目的融资、风险管理、咨询和技术支持等多方位服务。这些综合服务平台不仅提供资金支持，还通过专业的绿色投资咨询、政策解读和市场分析等服务，帮助企业作出更加科学的绿色投资决策，提升企业绿色转型的效率和效果。

（二）长三角G60科创走廊金融服务绿色化转型模式面临的挑战

根据以上所述的服务模式，尽管长三角G60科创走廊的绿色金融服务模式在推动绿色转型方面取得了许多创新和进展，但仍然面临一些潜在的挑战。

1. 绿色项目评估标准严格与依赖性问题

长三角G60科创走廊的绿色金融产品多依赖于企业的ESG表现和碳效表现进行授信，这一方式固然有助于激励企业提升其绿色发展水平，但也带来了较高的评估要求。特别是对于初创企业或那些尚未建立起完善绿色转型技术的企业，缺乏充分的绿色发展数据和成熟的碳减排记录，使得这些企业在获取融资支持时面临较大门槛。而且绿色项目的成功不仅依赖于企业的绿色表现，同时还需要依赖于准确和有效的评估体系。然而，绿色企业的碳效和能源效能评估标准缺乏统一的行业规范，且在项目初期相关数据的准确性和可靠性往往较低。这种对评估结果的高度依赖可能限制了银行对初创期或技术尚未成熟企业的融资支持。

首先是缺乏标准化的ESG对接框架。尽管绿色金融与ESG标准对接是推动绿色转型的重要路径，但由于缺乏统一、透明的标准和框架，可能导致各金融机构在绿色融资和ESG评估过程中存在差异。不同机构之间的标

第九章 长三角G60科创走廊金融服务企业绿色化转型的创新实践研究

准不统一,往往使得同一企业在不同的银行面前面临不同的评估结果,进而影响融资效率和企业的公平竞争。这种标准化缺失不仅增加了企业融资的难度,也可能影响绿色项目的整体发展。其次是ESG评分具有较强的主观性。ESG标准通常会受到评估机构的主观看法和核定方法的影响,可能导致对企业绿色转型成果的评价存在偏差。尤其是对于新兴绿色企业或初创期企业,评估结果可能不准确,从而影响其融资的公平性。最后,企业绿色转型效果也难以得到完整的评估。即便金融机构整合了大量的数据,企业的环保效果、碳排放减少等绿色指标仍然较难量化,而且绿色转型不仅涉及技术创新,还包括管理方法的调整和战略布局的改变。因此企业的绿色转型效果通常需要较长的时间周期来体现,而短期内的绿色指标往往不能全面反映企业的长远发展。

2. 企业绿色化转型市场风险与发展不确定性

尽管G60科创走廊的绿色产业得到了相关政策的大力支持,但整体上仍处于发展初期,市场需求、技术发展以及产业成熟度的高度不确定性,使得企业绿色化转型面临较高的市场风险。对于金融机构而言,在提供融资支持时,面临的风险主要来自某些高风险、低回报的绿色项目领域。例如,某些绿色项目可能需要较长的投资回收周期,且回报率相对较低,此时银行将面临较大的财务风险。这种高风险和低回报的特征,尤其在绿色产业的早期阶段,可能使金融机构的投资回报受到制约。

这种风险通常有两个来源。一方面是市场波动性风险,绿色金融产品尤其是与碳减排挂钩的融资模式,面临的一个重要风险是碳交易市场的价格波动性。碳交易市场本身价格波动较大,便会导致与碳减排相关的绿色金融产品的稳定性较差。故而企业通过碳减排获得的收益便具有不确定性,可能出现收益波动或下降,从而影响与碳减排挂钩的融资条件。在碳减排模式下,金融机构的融资方案依赖于碳交易市场的价格变化,若碳市场出现大幅波动,可能导致企业获得的融资资金不足或资金成本上升,便增加了金融机构的融资风险。另一方面是绿色化转型创新技术的高风险性，尽管绿色融资产品通过碳减排激励推动企业绿色创新，但一些企业可能处于技术探索阶段，绿色技术尚不成熟，技术的失败或不确定性可能导致融资模式的难以实施。若技术开发失败或未能达到预期效果，将直接影响企业的绿色转型成果，进而增加银行融资的风险。

3. 技术瓶颈与数据安全隐患

尽管智能化和数字化技术在提升融资效率方面具有显著优势，但在实际实施过程中，金融机构也会面临技术瓶颈与数据安全方面的挑战。特别是在平台建设、系统维护和数据安全等方面，技术的应用可能带来一系列隐患。大数据和人工智能的应用，虽然能够提升风险评估的精准度，但如何确保数据的准确性、保密性，并防止信息泄露，成为金融机构必须重点关注的问题。如果金融机构未能有效解决这些数据安全问题，不仅会面临合规风险，还可能导致企业和客户的敏感信息被泄露，从而影响银行的信誉和市场形象。因此，金融机构在推动数字化转型时，需要加强数据安全防护措施，并确保技术平台的稳定性和可持续性。

对于长三角G60科创走廊来说，技术层面的第一个挑战是地区之间存在着数字鸿沟。特别是在一些偏远地区或传统行业中，企业数字化程度差距明显。这种差距在很大程度上影响了数字化金融平台的普及，导致很多企业未能充分享受到数字化金融服务带来的便利。如缺乏足够的数字化工具和技术支持，企业便无法高效地利用数字化金融平台进行融资，从而制约了其在绿色金融服务中的可达性和效率，也加剧了金融服务的地域不均衡。技术层面的第二个挑战是数据分析能力不足，尤其是在评估企业绿色转型的效果和长期发展时，现有的数据和技术手段往往难以提供精准的预测。企业的绿色转型，尤其是涉及环保、碳排放等指标的改善，往往需要较长的时间来显现效果，且绿色转型的成效与技术创新的进展紧密相关，这使得通过现有数据进行精确评估变得困难。金融机构在进行绿色融资审

第九章　长三角G60科创走廊金融服务企业绿色化转型的创新实践研究

批时，可能面临因数据不准确或不完整而产生的误差或偏差，这不仅增加了融资风险，也影响了金融决策的科学性。

4. 区域绿色金融协同的可持续性挑战

当前长三角G60科创走廊为实现区域间金融、产业的协同发展，已出台了多项政策，并提供了多项金融服务平台作为支持，也取得了显著成效，但区域间绿色金融协同发展的可持续仍面临着诸多挑战，这些挑战不仅来源于市场和技术层面，更深刻地反映在政策、跨部门合作以及标准化方面。由于不同地区在绿色金融发展的实际情况、政策支持、资源配置等方面存在显著差异，这使得区域之间的绿色金融协同的持续推进面临较大的难度。

首先，是政策的差异带来的挑战。各地区金融政策的差异，尤其是在绿色补贴、税收优惠和政策激励方面的不同，使得金融机构在开展跨区域服务或合作时面临一定的门槛。这种差异不仅影响了企业的融资决策，也增加了金融机构在不同区域推广绿色金融产品的复杂性。其次，是跨部门协作带来的挑战。绿色金融服务体系的核心在于各方的协作与合作，然而在实际操作过程中，跨部门的沟通和合作往往存在一定的效率问题。尤其是涉及跨城市的政府、金融机构、技术公司和科研机构合作，尽管它们在绿色金融服务中各自扮演着重要角色，但缺乏有效的协调和信息共享，往往导致绿色项目的资源配置不充分，影响了项目的顺利实施。最后，是地区之间碳减排标准的不一致性带来的挑战。目前，各地在碳减排标准的制定上存在差异，如何统一这些标准，确保碳排放的量化方法、计算模型和验证方式的一致性，成为推动区域绿色金融协同的重要问题。企业在进行绿色融资时，需要提供符合标准的碳减排数据，以便能够获得相应的利率激励。然而，由于各地标准不同，企业可能面临在不同地区融资时需要重新调整其碳减排数据的困境，这不仅增加了企业的合规成本，也影响了绿色金融产品的效率。

第四节　长三角 G60 科创走廊金融服务企业绿色化转型的政策机制设计

一、金融服务企业绿色化转型政策机制的整体框架

（一）政策方向

长三角 G60 科创走廊的绿色金融政策的整体目标是，通过政策引导，逐步实现经济绿色化、低碳化的转型。在这一过程中，政策应关注绿色产业链的全程发展，不仅要支持绿色技术研发的初期阶段，还要涵盖从技术创新到产业化的各个环节，包括绿色项目的实施、资金投入、技术落地、市场化应用等多个方面，确保绿色转型在不同领域和环节都有充足的支持。为此，政策方向应聚焦于激励企业绿色转型、优化绿色金融产品设计、促进技术创新与市场应用的协同发展，以及推动跨区域、跨部门的绿色金融合作等四个方面。

（二）政策目标

在整体的政策方向引导下，长三角 G60 科创走廊的绿色金融政策应当明确设定四个关键的政策目标，力求通过具体措施有效推动绿色转型进程，并为绿色金融市场的可持续发展奠定基础。

一是支持企业绿色转型。政策应着力支持企业在绿色转型中的资金需求，特别是对于那些处于初创阶段、技术尚不成熟的企业，提供更加灵活和包容的金融支持。绿色金融政策可以通过为绿色企业提供低利率贷款、绿色信用担保、创新型融资产品等方式，减轻企业的融资压力，激励企业进行绿色技术研发和转型升级。此外，针对技术尚未完全市场化的领域，

第九章　长三角G60科创走廊金融服务企业绿色化转型的创新实践研究

政策应鼓励企业采用绿色技术，并提供更具针对性的财政补贴、税收优惠等政策措施，降低企业在绿色转型过程中可能面临的高额前期投入和技术研发风险。

二是推动绿色金融产品标准化。为了提升绿色金融服务的普适性和公平性，应推动绿色金融产品实现多维度的标准化制定。这包括评估标准、认证体系、激励机制等的统一，以减少各地区和不同金融机构在绿色金融评估和认证过程中的差异性，确保绿色金融服务能够公平、透明地覆盖到所有企业，特别是那些在绿色转型中处于劣势地位的小微企业。绿色金融产品的标准化不仅可以提高融资效率，减少企业在不同银行间面临的审批门槛，还能增强绿色融资市场的可预见性，进而提高投资者和企业的信心。同时，统一的标准也能为政府提供一个清晰的绿色金融政策框架，有助于推动绿色金融的长期发展。

三是加强跨区域协同发展。长三角G60科创走廊内不同地区的绿色金融政策、资源配置及产业发展水平存在差异，这使得区域间的绿色金融合作面临一定的挑战。因此，政策应加强不同地区之间的协同合作，解决绿色补贴、税收优惠、财政激励等方面的不一致性。通过区域政策协调，建立统一的绿色补贴标准和跨地区合作机制，确保绿色金融政策在不同地区的适用性和公平性。这样不仅可以有效减少因地区差异带来的跨区域服务壁垒，还能促进资金、技术、信息等资源的跨区域流动，推动绿色金融服务的全覆盖，从而提升整个区域绿色金融服务的效能。同时，跨区域的合作模式也能够促进创新型绿色项目的落地，并推动绿色产业链的有机融合。

四是提升绿色技术与市场成熟度。为了加速绿色技术的应用和产业化，政策构建应当注重支持绿色技术的研发与推广，尤其是在碳减排技术、清洁能源、绿色建筑材料等关键领域，推动技术创新与市场需求的紧密对接。政府应通过设立专项资金、技术支持平台、科研合作项目等手段，鼓励企业和科研机构加大在绿色技术研发上的投入，并促进技术成果的市场化应用。

(三) 政策原则

为确保长三角 G60 科创走廊绿色金融政策的有效性与可持续性，政策应当围绕以下三大原则展开，确保绿色金融服务能够覆盖到不同类型的企业，推动绿色产业高质量发展，并形成良性的绿色金融生态系统。一是公平性与包容性，确保所有企业，无论规模大小，都能够在绿色金融服务中获得公平的机会，特别是鼓励绿色转型初期的中小企业和初创企业；二是灵活性与适应性，金融政策要具有灵活性，能够根据市场需求和技术发展进行动态调整，以应对快速变化的绿色产业环境；三是协同性与创新性，推动政府、金融机构、技术公司及科研机构的深度协作，在绿色金融服务的各个环节进行创新，整合资源，推动整体生态的建设。

二、金融服务企业绿色化转型政策落实的具体实施路径

(一) 制定统一的绿色金融评估标准

为了促进长三角 G60 科创走廊绿色金融服务的高效运作并增强跨区域合作，亟须制定统一的绿色金融评估标准，特别是在碳减排、能源效能、绿色项目实施等关键领域。这一标准化进程不仅有助于减少不同地区金融机构在评估绿色项目时的差异性，还能提升绿色金融产品的透明度、公平性和普适性，增强市场对绿色金融产品的信任度。

首先，要统一碳减排和能源效能的评估框架。金融机构、政府部门与环保研究机构可以组织跨区域的专家小组和行业代表，建立基于科学数据和实证研究的绿色评估框架，涵盖碳减排量、能源使用效率、可再生能源使用比例等关键指标，并制定统一的量化标准和核算方法。对于碳减排，建议依据国际公认的减排核查标准，如《巴黎协定》下的碳市场标准，结合国内绿色金融发展的实际情况，完善碳减排的测算与验证流程。对能源效能的评估可以参考国际标准，如 ISO 50001 能源管理体系，确保各地区绿色项目评估方法的一致性。

其次，建立区域内共用的绿色项目评级系统。通过搭建绿色项目评级平台或数据库，对绿色项目进行系统化的分类与评估。金融机构可以根据项目所在地区和行业特征，结合统一标准对其进行评级。这些评级不仅考虑项目的环境效益，还将考虑企业在绿色转型中的技术创新能力、风险管理措施、财务稳健性等多个因素，确保项目的综合可持续性。评级系统应由政府和金融监管机构主导，涵盖各类绿色金融产品的评估，确保其专业性和公正性。

最后，推进绿色数据共享与透明度建设。为了确保绿色项目评估的公平性与透明度，绿色金融评估标准的实施应伴随绿色数据的共享机制建设。鼓励绿色金融平台与大数据机构合作，搭建绿色项目评估数据库，将所有绿色项目的评估数据、碳减排量等信息公开透明，供政府、金融机构、企业等多方使用。这种数据透明度不仅有助于减少信息不对称，还能激励更多企业主动参与绿色转型。

（二）加强政策协调与跨区域合作

长三角G60科创走廊的绿色金融服务要实现高效、可持续的发展，必须解决地区政策差异带来的挑战，尤其是在绿色补贴、税收优惠政策等方面的差异性。这些差异性往往导致企业在不同地区面临不同的绿色金融服务条件，影响了绿色项目的融资效率和区域间的公平竞争。为此，建立跨区域政策协调机制，推动不同地区在绿色金融政策上的统一和透明，是提升区域协同效能的关键。

一是建立跨区域政策协调平台。长三角G60科创走廊应组建一个跨区域的绿色金融政策协调平台，平台成员包括政府相关部门、金融机构、行业协会、科研机构等各方利益相关者。该平台的核心任务是整合区域内不同政策信息，制定统一的绿色金融政策框架，协调各地区政策的差异，确保政策目标的一致性。平台将定期召开政策协调会议，分享不同地区绿色金融发展经验，推动绿色金融政策的优化与整合。

二是统一绿色补贴和税收优惠政策。为减少地区间绿色金融服务的不平衡，应该推动统一的绿色补贴和税收优惠政策。具体实施中，可以由中央政府牵头，制定统一的绿色补贴标准和税收优惠政策框架，鼓励各地政府在此基础上进行补充和调整。例如，可以规定绿色项目的补贴资金使用范围、补贴额度、发放条件等基本框架，并由地方政府根据当地实际情况进行细化，确保各地区的绿色项目能够享受到同等水平的政策支持，减少因政策差异导致的企业融资门槛。

（三）构建灵活的绿色金融产品体系

为了降低初创企业和技术不成熟企业的融资门槛，金融机构应开发更为灵活的绿色金融产品，尤其是针对早期企业提供的绿色贷款、风险补偿机制、税收减免等多样化支持。金融产品设计应允许根据企业的实际绿色化转型效果调整利率和融资条件，同时要避免过度依赖ESG评分和碳减排记录，以降低企业的融资成本。

第一，可以构建绿色贷款与分期支付机制。金融机构可以推出绿色贷款产品，并允许初创企业根据绿色转型的不同进展阶段分期偿还贷款，贷款利率可以根据企业的绿色转型效果进行调整。例如，若企业在某一阶段成功实现了碳减排目标或采用了创新的绿色技术，可适当降低贷款利率，从而鼓励企业持续进行绿色转型。与此同时，贷款偿还期限可以进行灵活调整，特别是针对需要较长时间才能回本的绿色项目，金融机构可以设计较长的还款期，以减少企业的资金压力。

第二，可以提供绿色风险补偿机制与政府支持基金。由于绿色项目通常存在较高的市场风险，尤其是在初创企业和技术尚不成熟的企业中，金融机构应设立绿色风险补偿机制。通过设立专门的绿色金融基金或与政府合作建立风险补偿基金，金融机构可以为绿色企业提供风险分担。具体而言，如果绿色项目未能如期达到预期效果，金融机构可以从风险补偿基金中获得一定比例的风险补偿，减少损失。这种机制能够有效减轻企业和金融机构的风险负担，推动更多资金流入绿色产业。

第三，提供税收减免与绿色融资补贴。金融机构和政府应结合，为企业提供税收减免政策和绿色融资补贴，降低绿色项目的融资成本。税收减免可包括企业所得税减免或融资利息的税收优惠，鼓励企业进行绿色项目投资。通过绿色融资补贴政策，政府可以为金融机构提供一定的补贴，用于支持绿色贷款的发放，进而提高金融机构的融资积极性。此外，金融机构还可以与地方政府合作，为符合绿色转型条件的企业提供进一步的税收优惠和补贴，减轻企业负担。

（四）推动绿色技术创新与市场对接

绿色技术创新是推动绿色转型和可持续发展的核心驱动力，特别是在碳减排、清洁能源、智能化绿色制造等关键领域。为了促进绿色技术成果的市场化应用，政府与金融机构必须密切合作，形成合力，加速技术创新与金融市场的深度融合。通过设立专项基金、绿色债券等金融工具，提供资金支持，降低企业和技术开发者的融资门槛，促进绿色技术从实验室走向市场。同时，绿色金融产品设计也应充分考虑技术创新的风险和特点，推动绿色技术的研发成果能够精准对接市场需求，降低技术不确定性带来的金融风险。

首先，设立绿色技术专项基金与绿色风险投资。政府和金融机构可以设立绿色技术专项基金，专门支持碳减排、清洁能源、绿色制造等领域的技术研发。此类基金可以作为"种子基金"或"风险投资"形式，专门为初创企业和技术开发团队提供资金支持，降低其技术创新的财务压力。此外，绿色风险投资基金还可以为绿色技术公司提供风险投资，通过股权投资的方式，帮助企业获得资金，同时通过技术创新带来的市场潜力获取回报。

其次，建立技术评估与认证体系。为了确保绿色技术能够有效对接绿色金融产品，必须建立一个科学、透明的技术评估体系。这一体系应包括绿色技术的研发、市场应用、环保效益、技术可行性等方面的评估标准，确保企业在融资过程中能够提供准确的技术数据与效果预测。政府可以推动行业协会、科研机构及第三方认证机构的参与，建立一个跨部门的技术评估和认证机制，减少技术不确定性带来的金融风险，同时确保绿色技术的持续创新和市场应用。

最后，强化绿色技术与市场需求对接。在绿色技术创新的过程中，除了提供资金支持外，金融机构还应加强对技术与市场需求的匹配度分析。通过深入了解市场需求，金融机构能够帮助绿色技术创新成果找到合适的市场应用场景，降低技术研发的风险，并提高市场化转化的成功率。具体实施上，可以通过建立"绿色技术与市场对接平台"来为绿色技术研发者和市场需求方提供信息对接，促进技术成果的转化应用。

（五）强化数据安全与数字化能力建设

随着数字化金融服务的快速发展，数据安全和隐私保护已经成为行业的核心问题。金融机构在推广数字化金融工具和平台时，必须确保数据的准确性、保密性和防泄露性，以建立客户和企业的信任。此外，不同地区企业之间存在数字鸿沟，部分企业特别是中小企业和传统行业企业，缺乏数字化工具和技术支持，导致其无法高效利用数字化金融服务。为此，除了加强数据安全防护，还需要着力提高企业的数字化能力，通过技术培训和能力建设，帮助企业缩小数字鸿沟，提升企业对数字化金融工具的使用效率，进而提升融资服务的普及度和效率。

首先，建立严格的数据安全管理体系。金融机构应建设一套完善的数据安全管理体系，涵盖数据采集、存储、传输、处理和销毁等全生命周期的安全控制。整套体系要采用先进的加密技术，确保客户数据的保密性和完整性。并且加强访问控制，确保只有授权人员才能访问敏感数据，同时实现数据操作的追溯和监控，防止信息泄露。此外还要定期进行网络安全和数据安全的审计与评估，及时发现潜在的安全漏洞并加以修补。

其次，建立多层次的企业数字化能力培训体系。面对不同地区和不同企业的数字化水平差距，金融机构和政府应合作建立多层次、分阶段的企业数字化能力培训体系。针对不同规模和行业的企业提供定制化的培训课程，帮助企业了解如何使用数字化金融工具、如何通过数据分析提升决策效率、如何进行线上融资等。例如，可以通过线上和线下相结合的方式，提供培训讲座、案例分析、实践操作等内容，帮助企业逐步提高数字化水平。

再次，设立数字化技术支持和服务中心。金融机构应设立数字化技术支持和服务中心，为企业提供数字化工具使用指导、技术咨询和问题解决服务。这些服务中心可以为中小企业、传统行业企业等提供免费的技术咨询，帮助它们更好地理解和使用数字化金融服务平台。此外，金融机构可以为企业提供定制化的技术支持，例如，协助企业进行系统对接、平台使用、数据采集等，降低企业在数字化转型过程中的技术门槛。

最后，推动政府和企业合作提升地方数字化水平。政府可以通过出台相关政策和补贴，鼓励地方企业提升数字化能力。特别是在一些数字化水平较低的地区，政府可以提供专项资金支持，帮助企业购置数字化设备、系统集成及软件开发等。同时，政府应鼓励地方金融机构与技术公司合作，共同为地方企业提供数字化金融产品和技术服务，促进地方企业与金融市场的对接，提升整体数字化水平。

（六）监测与反馈机制的建立

为确保绿色金融政策的有效落实，需要建立完善的监测与反馈机制。该机制旨在定期评估绿色金融产品的使用效果、绿色转型的进展以及技术创新的推动等各个方面，及时识别实施过程中的问题，并为政策的优化和调整提供科学的数据支持。通过对绿色金融项目的持续跟踪和监控，可以有效地捕捉政策执行中的漏洞，确保绿色金融支持能够真正推动企业的绿色转型目标。在此基础上，政策的调整应基于实际数据和反馈，确保政策具有动态调整的能力，以适应绿色产业和市场环境的变化。

一是要定期开展绿色金融产品和项目评估。应建立绿色金融产品和项目的定期评估机制，评估周期可以设定为每季度或每半年一次。评估内容包括金融产品的使用情况、绿色资金的流动、企业绿色转型的成效、碳减排和能源效能的提升等。在绿色金融政策的监测与评估过程中，应结合定性与定量两方面的评估方法。定量评估主要关注绿色融资的规模、回报、风险以及碳减排效益等数据，定性评估则侧重于项目的长期社会效益、技术创新的推动、企业转型的实际效果等方面。通过这两者的结合，可以全面、准确地评估绿色金融政策的效果，避免单一数据评估可能带来的偏差。评估结果应公开透明，以便社会各界了解绿色金融政策的实际效果，同时也为政策制定者和监管机构提供反馈，发现政策实施中存在的不足，及时进行调整。

二是建立绿色金融风险预警机制，利用大数据与人工智能提升监测能力。建立绿色金融风险预警机制是确保政策实施过程中避免重大风险事件的关键。金融机构、企业和政府应共同设立风险监测与评估系统，对可能出现的市场波动、技术失败、政策执行不力等风险进行预警。预警机制的建立可以借助人工智能技术来帮助提高数据处理效率，从海量信息中提取有价值的洞察，提前预测政策实施中的风险。预警结果应及时向相关部门和机构发出警报，提醒各方采取有效的风险应对措施，减少绿色金融领域的系统性风险。

三是建立绿色金融政策调整的反馈机制，及时调整绿色金融政策支持重点。通过定期发布政策实施报告，及时对绿色金融政策进行反馈。根据监测数据和评估结果，及时调整绿色金融政策的支持重点和资源配置。对于反馈机制中发现的热点问题和痛点领域，如融资难度大、政策支持不足、技术创新受限等，政府应通过出台补充政策或调整原有政策予以解决。通过政策的灵活性和及时性，确保绿色金融政策始终与市场和企业实际需求对接，促进绿色转型和创新的顺利进行。

第十章　长三角 G60 科创走廊金融服务人工智能产业链发展的创新实践研究

第一节　长三角 G60 科创走廊金融服务人工智能产业链发展概况

一、长三角 G60 科创走廊人工智能产业链发展动力及现状

（一）长三角 G60 科创走廊人工智能产业链发展动力

在当前经济增长亟需新动能的背景下，长三角 G60 科创走廊的人工智能产业链升级对于区域和国家竞争力的培育增强具有战略意义。长三角 G60 科创走廊作为我国经济发展的重要增长极，加速人工智能产业链升级已成为应对外部环境不确定性的核心策略。目前我国制造业在全球价值链中仍然较多处于中低端位置，长期存在产业结构不合理、核心技术自主可控能力不足等问题。跨区域协同推进人工智能产业链升级，能够有效优化产业结构并向高附加值环节攀升，进而带动产业在全球价值链地位的整体提升。

一方面，从内在驱动看，长三角 G60 科创走廊发展人工智能产业链的核心动力源于其系统性产业生态构建和跨区域协同创新机制。第一，产业集聚的规模效应对分工深化具有驱动效应。作为国家级战略载体，长三角

G60科创走廊通过包含人工智能产业联盟在内的"1+7+N"产业联盟体系整合跨区域资源，形成从基础层到应用层的全产业链布局。这种集聚不仅降低了企业间的交易成本，还通过头部企业的技术外溢效应带动中小型创新主体成长。第二，制度性协同网络具有驱动效应。具体地，九城市通过联合研发基金、共享科创平台和政策互认机制，实现了人才、数据和资本要素的跨域流动，进而形成优势互补，大幅提升了区域整体创新效率。第三，金融资本与科技创新可以正向循环。长三角G60科创走廊设立的百亿级科技成果转化基金定向支持人工智能中早期项目，同时依托市场化优势推动大批科创板企业上市。这种"政府引导+市场主导"的融资体系解决了科技创新高风险与长周期的资金瓶颈。

另一方面，长三角G60科创走廊发展人工智能产业链的外部驱动力主要来自国家战略导向和全球产业链重构压力的双重作用。第一，中央和地方两个层面的政策体系提供了强力支撑。自2019年被纳入《长江三角洲区域一体化发展规划纲要》后，人工智能从中央层面被明确为长三角G60科创走廊的七大核心产业之一，后续政策进一步细化这一产业链协同的目标。同时，人工智能产业链基础设施建设的落地也直接受益于地方政府的土地和能源配套支持。第二，全球技术竞争倒逼了人工智能领域的自主可控。国际技术封锁加剧了人工智能产业链当中智能芯片、算法框架等关键环节的断供风险，迫使国内企业转向自主研发。第三，市场需求的升级推动了人工智能产业链的供给侧结构性改革。工业智能化和消费数字化的爆发式增长是需求侧的两个新特征，倒逼了技术创新与产业升级同步迭代。2024年，长三角G60科创走廊发布的《科创产业融合发展供需清单》显示，超50%的需求集中于AI工业应用场景。这种市场牵引力促使企业从技术研发向商业化落地加速转型。

从以上驱动因素来看，内在动力和外在动力共同为长三角G60科创走廊人工智能产业链升级创造了必要条件。升级后的人工智能产业链能够吸引更多创新要素集聚，为科技成果转化提供广阔的产业应用场景和市场需

第十章　长三角G60科创走廊金融服务人工智能产业链发展的创新实践研究

求，从而形成科技创新与产业发展相互促进的良性循环。在科技部指导下，长三角G60科创走廊联席办牵头，会同九城市人民政府共同出资，并引入社会资本在2021年联合发起设立了"长三角G60科创走廊科技成果转化基金"。该基金兼顾营利性和公益性，其50%的份额将重点投向九城市包含人工智能在内的七大战略性新兴产业的中早期项目，带动更多社会资本投入科技创新，以专业金融团队市场化运营方式，助推更多科技成果向现实生产力转化。金融资源的支持极大推动了科研成果的产业化落地，而这一过程正是基于包括人工智能在内的产业链升级所提供的产业生态环境。人工智能产业链升级有助于打破区域间高端产业同质化竞争，促进产业协同发展，进而形成具有更强竞争力的产业集群。随着2024年沪苏湖高铁的开通，以人工智能为代表的高端产业集聚进一步加速，强化了沿线城市之间的产业联系，为高端产业链的整体升级创造了有利条件，区域整体竞争力进一步提升。

（二）长三角G60科创走廊人工智能产业链发展现状

长三角G60科创走廊人工智能产业链的发展得益于上游核心技术支撑与下游应用场景落地的双向联动。在上游端，长三角G60科创走廊以基础层技术创新为核心，依托上海松江洞泾人工智能产业基地、合肥国家新一代人工智能创新发展试验区等产业基础设施，形成了涵盖智能芯片设计、传感器制造、算法框架研发的完整生态。在下游端，长三角G60科创走廊紧扣应用层场景拓展，推动人工智能与制造业、商业航天等实体经济的深度融合。这种"上游突破—中游协同—下游辐射"的链条式发展，能够通过跨区域分工将各城区的研发优势、产业能力和科研资源深度耦合。2024年，长三角G60科创走廊通过《科创产业融合发展供需清单》，进一步促进创新成果与产业需求精准对接，进一步强化了产业链上下游的技术传导和市场响应能力。截至2024年9月底，我国人工智能核心产业整体规模接近6000亿元，长三角地区人工智能产业规模领先，超全国的1/3。同时，根据

《中国新一代人工智能科技产业发展报告2024》，在全国4311家人工智能核心企业的地区分布中，长三角地区以31.73%的占比排名居前。

1. 上游端

近年来，长三角G60科创走廊在人工智能基础设施建设方面成果斐然，2024年更进入全面提质增效阶段。在上游端，这体现在长三角多地在人工智能基础设施建设上加快步伐，一些地区产生头部效应。

在上海松江，腾讯长三角人工智能先进计算中心的建设进入攻坚阶段，建成后其服务器数量将达到80万台，届时将成为全国单体规模最大、达到世界领先水平的数据中心；长三角G60科创走廊卫星互联网产业基地正式投产，成为长三角卫星智能制造数字化"灯塔工厂"；作为上海市2024年重大工程之一的仪电智算中心（松江）稳步推进，其致力于打造超大规模自主可控智能算力基础设施，已阶段性完成集群搭建，为上海市大数据中心和各区"两网"建设提供全面支持。截至2024年年初，上海松江累计获批建设10个大数据中心、算力中心项目，批复约3.4万个机柜，已交付2.5万个，智能算力规模位居长三角前列。在数据资源设施建设方面，上海松江积极推动各类数据采集设备在城市管理、工业生产等领域的广泛应用，以收集海量数据。同时，上海松江不断完善数据存储系统，提升数据存储的安全性与高效性，为人工智能模型训练筑牢数据根基。网络通信设施也持续升级。5G网络覆盖进一步扩大，凭借高速率、低延迟特性，有力支持了区内人工智能设备间的实时数据交互，尤其在智能交通、工业互联网等场景中发挥重要作用。光纤网络也不断优化，保障数据中心与企业、科研机构之间数据传输的高速与稳定。为推动人工智能基础设施建设，上海松江出台《松江区关于加快算力产业发展的若干意见》，从鼓励产业集聚创新、提高算力服务水平到丰富产业配套保障等方面提供政策支持，涵盖对高等级智算中心建设、通用大模型设计构建的支持，以及试点"算力券"机制等，为人工智能产业发展筑牢根基。

第十章　长三角G60科创走廊金融服务人工智能产业链发展的创新实践研究

在杭州市，为满足人工智能模型训练的多元化下游端需求，当地通过系统性算力资源整合构建起多层次支撑体系，形成上游端的良好基础。在智能算力领域，浙江新型算力中心项目的实施推动了算力基础设施的升级扩容，其中滨江智算中心、萧山图灵小镇AIGC智算中心等平台已实现商业化运营，加之之江实验室计算与数据中心入选国家级公共算力平台，共同形成948P公共智能算力服务能力。在通用算力方面，全市已建成杭钢云计算、阿里临平、仁和等59个高规格数据中心，部署标准机架18.1万架，配合国家（杭州）新型互联网交换中心打造省级算力服务平台，累计形成等效4700P通用算力资源池。这种"智能算力+通用算力"双轮驱动的布局模式，既保障了大模型训练等专项需求，又夯实了数字经济发展的基础底座。

2. 下游端

在人工智能下游产业层次，其应用已从单一场景渗透至全产业链条，在提升生产效率、优化资源配置、催生新兴业态等方面展现出革命性价值。长三角G60科创走廊作为国家战略科技力量的重要载体，依托人工智能与实体经济深度融合，在集成电路、生物医药、新能源、智能制造等优势产业领域形成了独特的创新范式，构建起"技术研发—成果转化—产业集聚"的良性循环生态，其科创产业集群与人工智能新型产业链具有较高的匹配价值。

在高端装备制造领域，人工智能推动生产模式向智能化跃迁。长三角G60科创走廊的智能终端产业发展迅猛。人工智能被用于生产过程的智能化管理与优化。例如，通过机器学习算法对生产线上的传感器数据进行实时分析，可提前预测设备故障，实现预防性维护，减少停机时间，提高生产效率。在产品质量检测方面，计算机视觉技术能够快速、准确地识别产品表面的缺陷，大幅提升检测精度和速度，降低次品率。以走廊内的电子信息产业集聚区为例，企业利用人工智能优化供应链管理，根据市场需求预测和库存数据,智能调整生产计划,实现精准生产与库存控制,提升企业竞争力。

生物医药产业与人工智能能够实现深度融合。在药物研发环节,人工智能可通过虚拟筛选技术,从海量的化合物库中快速找到具有潜在活性的药物分子,极大缩短研发周期、降低研发成本。同时,利用深度学习分析医学影像数据,辅助医生进行疾病诊断,提高诊断的准确性和效率。在长三角 G60 科创走廊,众多生物医药企业借助人工智能技术开展创新药物研发,如利用人工智能预测药物的副作用,优化药物分子结构,加速创新药物的上市进程。

在集成电路产业,人工智能用于芯片设计与制造的优化。在设计阶段,人工智能算法可进行电路布局优化,提高芯片的集成度和性能。在制造过程中,通过机器学习对生产数据进行分析,实现对芯片制造工艺的精准控制,降低制造过程中的误差,提高芯片良品率。例如,长三角 G60 科创走廊内的集成电路企业运用人工智能技术,提升芯片设计的自动化水平,加速芯片从设计到量产的进程,推动产业不断升级。

在新能源产业,人工智能可用于能源的智能调度与管理。通过对新能源发电设备的运行数据进行实时监测与分析,利用预测模型提前预测发电量,合理安排能源存储与分配,提高能源利用效率。在电动汽车领域,人工智能技术应用于自动驾驶系统研发,提升车辆行驶的安全性和智能化水平。长三角 G60 科创走廊的新能源企业借助人工智能技术,优化能源生产与供应体系,推动新能源产业的可持续发展。

此外,在智能电网领域,人工智能用于电网故障诊断与预测性维护,保障电力供应的稳定性;在智能交通领域,通过智能交通系统实现交通流量优化、智能驾驶辅助等功能,提升交通效率和安全性。这些都与长三角 G60 科创走廊的优势产业发展紧密结合,助力走廊内相关优势产业不断创新发展,提升产业竞争力。

二、长三角 G60 科创走廊金融服务人工智能产业链发展作用

(一) 金融服务战略性新兴产业链升级的作用分析

产业链升级的关键在于科技创新，这需要金融资源的支持。在数字经济时代，以人工智能、生物医药、高端装备为代表的战略性新兴产业崛起，正推动全球产业链重构。这一过程中，科技创新能力的提升不仅需要技术突破，更需要金融资本的全周期赋能。科技创新具有高投入、长周期、高风险的特征。从基础研究到技术转化，再到产业化应用，每个环节都需要持续的资金注入。传统信贷模式难以匹配创新需求：一方面，初创企业缺乏抵押物，难以获得银行贷款；另一方面，科技成果产业化存在市场不确定性，社会资本往往持观望态度。因此，构建适配创新规律的金融支持体系至关重要。这需要政府引导基金发挥"风险共担"作用，政策性担保降低融资门槛，资本市场提供退出通道，最终形成"基础研究靠财政、技术转化靠风投、产业扩张靠信贷"的分层支持架构。

具体而言，基础研究阶段依赖财政资金与公益性基金支持，技术转化阶段需风险投资与天使资本介入，产业化阶段则依托银行信贷与债券等工具扩大规模。同时，数据资产与金融科技正在重塑风控逻辑，通过区块链、人工智能等技术，金融机构可构建"技术流"评价体系，将数据资产质押、动态风险定价与供应链金融数字化纳入融资评估范畴。此外，政策协同与生态共建也至关重要，需通过风险补偿机制、跨境资本流动创新与人才金融配套，构建"财政—金融—产业"联动机制。然而，当前体系仍面临技术不确定性与资本逐利性的冲突、数据资产化与权属模糊性的悖论、创新全球化与监管本地化的张力等挑战，破解路径包括建立技术信用评级体系、试点数据资产信托、推动国际科技金融标准互认等。因此，产业链升级的本质是科技创新能力的跃迁，而金融资本正是这一跃迁的"催化剂"与"稳定器"，通过分层金融工具设计、数据要素资本化以及政策生态优化，

实践证明，构建"风险共担、收益共享"的金融支持网络能够有效推动长三角 G60 科创走廊的产业链向高端攀升。

（二）长三角 G60 科创走廊金融服务人工智能产业链发展的作用

1. 金融基础设施建设提供金融服务支撑

金融基础设施为人工智能产业发展中的金融服务提供支撑。信贷市场基础设施是产业经济活动的血脉，跨区域的信贷合作加速了资金融通。2025年年初，浦发银行合肥分行与上海科创银行紧密联动，成功为芜湖人工智能基础设施项目投放了 4 亿元的联合贷款，通过"合肥—上海"双城联动机制，在 20 天内完成芜湖人工智能基础设施项目 4 亿元贷款审批。此外，资本市场基础设施为人工智能企业腾飞搭建平台，证券交易所为企业上市融资提供渠道，助力企业筹集资金、扩大规模，推动技术创新与产业发展；风险投资与私募股权市场作为重要融资途径，为初创与成长型人工智能企业提供资金与战略指导，加速人工智能技术研发与商业化进程。依托上交所等载体，长三角 G60 科创走廊在近年来通过"线上+线下""面上辅导+重点跟进"和"专家指导+机构服务"等方式，加快服务企业登陆资本市场，具体举措包括支持基础设施 REITs 常态化发行、支持区域性股权市场规则对接、充分发挥政策性担保基金信用增进和风险分担功能等。

2. 金融服务体系构建推动人工智能产业集群

发展人工智能产业集群，需要全方位、多层次且适配的金融服务体系予以支撑，其贯穿企业从萌芽到成熟的全生命周期，对产业集群的构建与进阶意义重大。对于初创期企业，种子基金与天使投资具有关键作用。此阶段的投资聚焦于甄别具有潜力的人工智能创意及技术雏形，针对仅拥有技术构想，尚未形成成熟产品或商业模式的初创企业注入启动资本。其资金主要用于协助企业搭建核心团队、开展初步技术研发以及进行市场可行性调研，为企业开启发展征程奠定基石。例如，部分专注于前沿人工智能算法研发的初创团队，在尚未获得市场认可的初期，种子基金的介入能够

第十章　长三角G60科创走廊金融服务人工智能产业链发展的创新实践研究

助力其购置研发设备、吸引高端技术人才，从而推动技术探索的起步。

对于成长期企业，风险投资与私募股权投资是企业发展的主要金融服务渠道。此时，企业已取得一定技术成果，产品或服务初显市场潜力，但仍亟须大量资金用于扩大生产规模、拓展市场版图以及持续推进技术创新。风险投资与私募股权投资机构凭借对行业的深刻洞察与雄厚资金实力，为企业提供大额资金支持。它们不仅助力企业扩充产能、优化产品性能，还借助自身广泛的资源网络，协助企业对接上下游产业链资源，加速市场渗透。具体地，国产半导体智能制造软件供应商赛美特已于2023年完成超5亿元的C轮融资，包括G60科创基金在内的多家风险投资与私募股权机构参与了领投和跟投。目前，该企业C+轮融资也已启动。

此外，银行体系也通过创新金融产品，如知识产权质押贷款，突破传统信贷仅依赖固定资产抵押的局限，认可企业知识产权的价值，为处于成长期的、轻资产特性显著的人工智能企业开辟融资新渠道。2024年，上海银行加大对包含人工智能领域在内的科创企业的支持力度，其"G60智融贷"科创金融服务方案设置了专项产品额度100亿元，包含针对科创企业投融资发展需求的"投贷联动"、技术开发投入需求的"研发贷"和股权激励需求的"员工持股贷"，贷款期限最长可达5年，具备以投定贷、白名单管理、融资方案设计灵活、科创金融实验室资源支持等优势特色。

对于成熟期企业，通过资本市场融资，大规模资金用于大型技术升级、并购扩张以及国际化战略布局。上市不仅为企业带来充裕资金，还显著提升企业的品牌影响力与市场竞争力。与此同时，产业并购基金在企业成熟阶段发挥着整合优化的关键作用，助力企业整合行业资源、优化产业结构，推动产业集群向更高层次迈进。通过并购优质企业或相关技术团队，实现资源互补与技术协同，进而提升产业集群整体的创新能力与市场份额。长三角G60科创走廊持续深入落实九城市与上交所签订的战略合作协议，近年来已形成成熟的实体化运作，具体举措包括优化"4+5"科创属性实质性判断预咨询、预沟通、预推荐机制，以及加速高成长性企业登陆科创板等，目前已动态更新600多家拟上市科创板企业储备库，有效打造企业科创板上市"蓄水池"和"加油站"。

三、长三角G60科创走廊金融服务人工智能产业链发展的现状与挑战

（一）长三角G60科创走廊金融服务人工智能产业链发展现状

2024年，长三角G60科创走廊在产业链升级的金融服务上多措并举，通过深化金融供给侧结构性改革、创新产融协同模式、强化跨区域资源整合，推动人工智能、生物医药、新能源等战略性新兴产业链向高端化、智能化、绿色化跃迁，以"基金引导+政策扶持+场景驱动"为核心策略，构建了覆盖全产业链的金融服务生态，为全国人工智能产业链金融的模式和路径创新提供了示范样本。

具体地，在政府金融支持上，总规模达100亿元的G60科技成果转化基金重点投向包括人工智能在内的七大领域，截至2024年累计投资金额超5.42亿元。该基金通过"政府让利+社会资本跟投"模式，对早期项目最高给予50%风险补偿，成功撬动社会资本投向"硬科技"领域。

在金融工具创新方面，长三角G60科创走廊推出"智改数转贷""低碳技术贷"等十大场景化产品，单户授信额度最高提升至5亿元，利率较基准下浮10%~20%。例如，苏州某智能工厂通过"智改数转贷"获得2.3亿元低息贷款，实现生产线全流程数字化改造，生产效率提升37%。同时，知识产权证券化成为突破融资瓶颈的关键手段——上海证券交易所联合G60平台发行全国首单"人工智能专利许可ABS"，松江区某企业凭借量子计算专利包获得1.2亿元融资，年化利率仅3.8%。此外，数据资产质押融资机制在杭州试点落地，某工业互联网平台凭借生产数据资产评估价值获得5000万元授信，数据质押占比达40%，开创了轻资产科技企业融资新模式。

在产融协同方面，长三角G60科创走廊通过"基金+基地"模式加速

第十章　长三角G60科创走廊金融服务人工智能产业链发展的创新实践研究

产业集群化发展。松江"洞泾人工智能小镇"引入IDG资本、红杉中国等设立专项子基金，形成"孵化—注资—产业化"闭环链条。2024年新入驻企业43家，其中某企业获基金投资1.2亿元后，其AI视觉检测设备填补半导体封装环节国产空白，带动上下游8家企业集聚。产学研协同亦取得突破，上海交通大学G60研究院联合浦发银行推出"教授创业贷"，苏州某高校团队凭借"AI蛋白质设计平台"技术，通过三方风险共担模式获得300万元启动资金，技术估值半年内增长至2亿元。跨区域协同效应显著，G60基金打破地域限制，支持浙江某企业将研发中心设于上海松江、生产基地落户安徽宣城，形成"研发—制造—应用"跨域链条，2024年产值突破10亿元。

此外，为强化金融基础设施，长三角G60科创走廊还上线了综合金融服务平台，整合政务大数据构建企业信用评价模型，覆盖运营状况、财务数据等8个维度36类指标。平台入驻金融机构529家，累计授信融资金额超2.8万亿元。苏州工业园区则升级"园易融2.0"平台，推出股权融资专版和金融工具箱，2024年政策性金融产品授信总额76亿元，支持企业699家，并通过"创新积分2.0"为1.7万家包含人工智能在内科技企业绘制创新画像，实现融资需求精准滴灌。以上举措成效显著，2024年，长三角G60科创走廊区域新增科创板上市企业21家，占全国同期28%；人工智能发明专利授权量同比增长43%。通过持续优化"政策—资本—技术—数据"四维协同机制，长三角G60科创走廊正为全国以人工智能为代表的高端产业链建设提供可复制的"金融—产业"共生范式。

（二）长三角G60科创走廊金融服务人工智能产业链发展面临的现实挑战

长三角G60科创走廊金融服务人工智能产业链发展的进程中已形成较大进展，但仍然面临一些现实挑战。

第一，区域金融市场的协同机制仍需进一步深化。长三角G60科创走廊九城市分属三省一市，统一大市场建设的不完善导致资本要素流动受阻，形成"区域孤岛"效应。各地金融政策标准不一、数据共享机制缺位，使得跨区域投融资面临审批流程复杂、信用评估体系割裂等问题。具体地，政府引导基金受属地化管理限制，难以突破行政边界进行产业链协同投资，导致算力网络建设、基础层研发等需跨区域协作的关键领域资金供给不足。此外，九城市还缺乏统一的科创金融评价体系，金融机构对人工智能企业的技术价值评估标准差异显著，这将会弱化长三角G60科创走廊整体资源配置能力和全链条协同能力的提升。

第二，金融服务体系对人工智能产业链不同环节的支持力度存在较大差异。当前金融服务过度集中于应用层商业化场景，对基础层核心技术研发的支撑明显不足。这方面的一个重要表现是风险资本偏好短期回报，这将导致智能芯片、异构计算架构等底层技术攻关面临长期资本缺位。同时，传统信贷依赖固定资产抵押的惯性思维，与人工智能企业轻资产、高风险的特性形成矛盾，知识产权质押等创新工具尚未形成规模化应用。这种"重应用轻基础"的融资结构，使得产业链在智能传感器、算法框架等"卡脖子"环节难以形成突破。

第三，金融资本供给与人工智能技术创新周期尚未形成有效匹配。人工智能技术研发具有长周期、高不确定性的特点，但现有金融体系缺乏适配的耐心资本供给机制。国有资本受保值增值考核约束，更倾向投资成熟期项目；市场化基金迫于退出压力，难以持续支持底层技术迭代。这种短期逐利导向与技术创新规律的内在冲突，导致基础大模型训练、类脑计算等前沿领域投入不足。此外，跨周期风险分担机制的缺失，使得金融机构在支持原始创新时顾虑重重，最终形成"研发投入—技术突破—商业转化"链条的断层，阻碍了自主可控产业生态的构建。

（三）长三角G60科创走廊金融服务人工智能产业链发展的重点

针对上述现实挑战，未来长三角G60科创走廊在服务人工智能产业链发展方面也需要有侧重性。

第十章　长三角G60科创走廊金融服务人工智能产业链发展的创新实践研究

第一，需要完善跨区域金融协同机制，突破行政区域壁垒。长三角G60科创走廊需以制度创新推动金融资源一体化配置，建立九城市统一的政策框架，构建跨行政边界的金融协调机构，通过共享监管标准、数据接口和信用评估体系，消解资本流动的隐性门槛。具体的举措包括：设立区域联合金融议事平台，统筹协调政府引导基金投资方向，打通属地化管理限制，优先支持人工智能领域跨省市联合攻关项目；推动金融基础设施互联互通，搭建跨区域支付清算、科创企业信用信息共享等平台，降低异地业务交易成本。此类机制设计有助于形成覆盖产业链全环节的协同网络，使各城区的优势资源形成互补合力，从顶层化解"区域孤岛"效应。

第二，需要优化金融供给结构，强化基础技术支撑。金融服务从"重应用轻基础"转向"全链条均衡投入"，关键在于建立适配人工智能产业链特点的融资体系，尤其是加大对智能芯片、算法框架等基础层技术的长期资本支持。具体举措包括：通过完善多层次的耐心资本供给机制，引导国有资本、保险资金等长期资金战略性布局底层技术研发；探索科技贷款风险补偿、知识产权证券化等工具，激励传统金融机构突破抵押依赖模式，为轻资产企业提供定制化融资方案；设立面向基础研究的专项基金，对高风险、长周期的原创技术攻关项目实行容错机制，允许资金以十年为周期评估成效。这些结构性调整能够引导金融资源向产业链薄弱环节倾斜，避免资本扎堆短期变现领域。

第三，需要进一步创新金融服务模式，匹配产业长周期需求。破解资本与创新周期错配难题的核心，在于设计适配人工智能发展规律的金融工具。具体举措应当服务于"研发—转化—产业化"的全周期服务体系：在研发初期，通过政策性补贴、科研众筹等机制分担原始创新风险；在中试阶段，强化发展"投贷联动""股权+期权"等混合融资模式，吸引社会资本早期介入；在产业化阶段，依托资本市场工具支持技术并购与全球扩张。此外，还可以发展科技保险、研发中断补偿等风险对冲产品，缓解金融机构对长周期技术投入的顾虑。这些缓解错配的举措能够推动金融资本与产业资源深度耦合，将资本注入转化为创新生态的共建能力，既是对传统金融范式的突破，也是对人工智能产业发展规律的适应。

第二节　长三角 G60 科创走廊金融服务人工智能产业链的创新型案例：以松江区人工智能产业为例

一、案例背景

长三角 G60 科创走廊作为国家战略的重要载体，正通过金融与科技的深度融合，探索人工智能产业链发展的创新路径。依托九城市协同机制，长三角 G60 科创走廊构建了覆盖基础研发、技术转化到产业应用的全链条金融支持体系，包括政府引导基金、跨区域信贷联动、多层次资本市场等工具，着力破解创新周期长、轻资产融资难等瓶颈。在这一进程中，金融资源逐步从单一的资金供给转向"资本＋场景＋生态"的立体赋能，推动人工智能与智能制造、商业航天等领域的深度融合，形成了技术突破与产业升级的良性互动。

松江区作为长三角 G60 科创走廊的策源地，其人工智能产业发展具有显著典型性。这里不仅集聚了从智能芯片研发到工业机器人制造的完整产业链，更通过"G60 星链计划""科技成果转化基金"等创新实践，构建了金融支持原始创新的区域样本。研究松江案例，既能揭示金融资源在技术攻坚、场景落地中的具体作用机制，也能为破解跨区域政策协同、长期资本供给等共性问题提供实践参照，对优化长三角一体化科创金融生态具有关键价值。

目前，松江区的人工智能产业呈现出强劲的发展态势，在长三角 G60 科创走廊中已经形成独特优势和引领作用。近年来，松江区人工智能产业规模持续扩张，松江区人工智能产业链已形成"基础层—技术层—应用层"

的全链条布局。众多人工智能相关企业在市场中不断崭露头角，推动产业规模稳步上扬。与周边地区相比，松江区凭借深厚的高端制造业基础，在人工智能产业发展方面具备独特优势。尽管在产业规模的绝对值上，可能稍逊于部分先发地区，但增长速率较为可观，展现出巨大的发展潜力。例如，其在工业互联网、机器人及系统集成等细分领域的增长速度超过了周边地区的平均水平，逐渐在区域人工智能产业版图中占据重要地位，正逐步从产业发展的追随者向领导者转变。

二、松江区人工智能新型产业链发展现状

2023年，上海市人工智能产业规模超3800亿元，规上企业348家，产业人才25万人；而松江区在人工智能领域共有国家级专精特新"小巨人"企业11家，市级专精特新企业121家，2023年实现规上工业产值164.3亿元。2024年，区内市级以上专精特新企业数量预计新增237个，高新技术企业数累计预计达到2717家，全社会研发经费支出占地区生产总值比例预计达到7.24%。随着算力基建加速和政策支持深化，松江区人工产业规模将持续增长。从图10-1可知，松江区全社会研发投入的总量和强度在近年来稳步攀升，反映了对算力基建与核心技术攻关的战略倾斜，为人工智能产业链的纵向深化与金融资源精准匹配提供了核心驱动力。

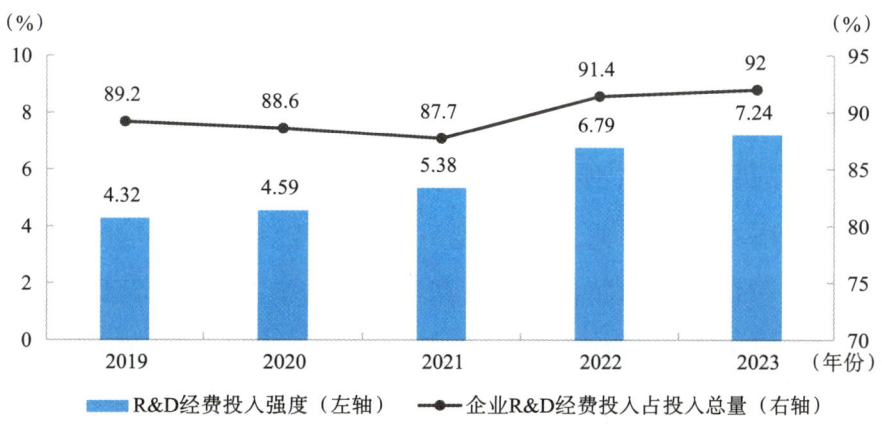

图10-1 松江区全社会R&D经费投入总量和强度（2019~2023年）

松江区的人工智能新型产业链主要有两大特征。一是头部企业引领发展。松江区集聚了一批在人工智能领域具有影响力的头部企业。比如，依图科技专注于计算机视觉与人工智能技术研究，在医疗影像识别、智慧城市安防等领域成绩斐然，其核心业务涵盖利用先进的深度学习算法对医学影像进行精准分析，辅助医生进行疾病诊断，提高诊断的准确性和效率；在智慧城市建设中，通过智能安防系统实现对城市公共区域的实时监控与风险预警，保障城市安全。另外，科大智能科技股份有限公司在智能电网、工业智能化等领域深入耕耘，凭借先进的智能控制系统和机器人技术，为电力行业提供智能化运维解决方案，助力工业企业实现生产流程的自动化与智能化升级，提升生产效率与质量。在2020年，长三角G60科创走廊九城市政协委员企业联盟就已组建"G60九城十链产业服务平台"，旨在建立开放合作、互利共赢、协同发展机制，推动九城市企业之间信息互通、资源共享、商业合作、产业对接。该平台设九个产业小组，包括人工智能、集成电路、生物医药、新能源、新材料、智能装备、绿色农业、文化旅游、服务咨询小组。在此框架下，科大讯飞作为人工智能产业小组秘书长单位产生了头部企业效应。二是重大项目奠定产业基石。腾讯长三角人工智能先进计算中心作为亚洲单体规模最大的人工智能超算枢纽，对松江区乃至整个长三角地区的人工智能产业发展意义重大。该项目首批机柜已投入运行，为大模型训练、复杂算法研究等提供了强大的算力支撑，吸引了众多人工智能企业和科研机构入驻松江，围绕其算力资源开展创新研发，推动区域人工智能技术水平迈向新高度。上海仪电承担的市级算力中心一期工程也已启动，同样为大模型训练提供关键算力支持，进一步完善了松江区的算力基础设施布局，加速人工智能产业的集聚发展。长三角G60九城十链产业服务平台功能简介如表10-1所示。

松江区已经形成人工智能产业集聚的格局，这得益于政策引导与人才汇聚等多种因素。政策层面，政府出台了一系列鼓励人工智能产业发展的政策，如《松江区关于加快智算产业发展的若干意见》，从智算主体规模集

第十章 长三角G60科创走廊金融服务人工智能产业链发展的创新实践研究

表 10-1　　长三角 G60 九城十链产业服务平台功能简介

主要功能	主要功能描述
集聚优势资源	联盟秉承助力长三角一体化发展和长三角 G60 科创走廊高质量建设宗旨，通过发挥企业界委员的作用，广泛凝聚九城市企业家共识，助力九城市企业间资金、技术、市场、知识产权等方面的合作，以项目化的形式做实联盟运作，为九城市企业增进交流、增加合作。
构建合作平台	联盟将助力整合长三角 G60 科创走廊九城市高校、科研、人才等资源优势，积极搭建与政府部门、成员单位、科研高校、专业智库等单位之间的沟通平台，提供产业政策、成员单位产业链、科研成果转化等咨询，助推九城市各产业链上下游的密切协作，推进产业化、规模化发展。
开展技术服务	联盟助力搭建长三角 G60 科创走廊各产业信息交流、展览展示等平台，通过九城市政协智慧网站平台，及时发布国家关于长三角一体化发展和长三角 G60 科创走廊发展相关政策、各地产业发展扶持政策等信息。
发挥委员作用	联盟以各产业小组为活动主体，积极发挥委员在参加联盟成员单位之间、产业小组之间、长三角 G60 科创走廊产业联盟成员单位之间开展的各类活动中广泛凝聚共识、凝聚力量的引领作用，积极为长三角 G60 科创走廊一体化发展建言献策。

聚、智算中心提档升级等九个方面，为产业发展提供政策支持与资金补助，吸引企业入驻。在人才方面，松江大学城高校资源丰富，东华大学设立的人工智能研究院、上海工程技术大学设立的长三角 G60 科创走廊机器人产业技术研究院等，源源不断地为产业输送专业人才，吸引了大量人工智能领域的高端人才和创新团队汇聚松江，为产业集聚提供智力保障。松江区人工智能产业的集聚带来了显著的资源共享、技术溢出与协同创新效应。在资源共享方面，企业可以共享算力资源、数据资源等，降低运营成本。例如，众多依托腾讯长三角人工智能先进计算中心算力的企业，无须自行构建庞大的算力设施，便能高效开展研发工作。技术溢出效应下，头部企业的先进技术和创新理念能够辐射周边企业，带动整个产业技术水平提升。如依图科技在医疗影像识别技术上的突破，促使区内相关医疗科技企业学

习借鉴，推动自身技术改进。在协同创新方面，不同企业、科研机构之间围绕人工智能技术与应用场景，开展产学研合作。

三、松江区金融服务人工智能产业链发展的政策支持体系

在当下科技竞争聚焦人工智能领域的大景下，松江区精准洞察产业发展趋势，积极构建全方位、多层次的金融服务政策支持体系，全力助推人工智能产业腾飞。这一体系不仅是松江区顺应时代发展、抢占科技制高点的关键举措，更是区域经济实现高质量转型、培育新质生产力的核心支撑。通过政府专项扶持资金、税收优惠政策等多维度政策协同发力，松江区正为人工智能产业的创新发展营造优良环境，其成效与影响值得深入剖析。

（一）政府专项扶持资金

为推动人工智能产业的发展，松江区政府设立了一系列专项扶持资金，出台了《松江区关于加快智算产业发展的若干意见》等极具针对性的政策。在智算中心建设方面，政策展现出强大的资金支持力度。若企业在松江建设与生物医药、集成电路、人工智能等新质生产力紧密相连的智算中心，且满足绿电使用比例不低于10%，PUE能源效率低于1.25，算力（集群）规模达到20000P Flops FP16，算力设备总投资达到30亿元以上等严格标准，便可参照《松江区支持服务业高质量发展的若干意见》，申请最高达2亿元的建设支持。这一举措为打造大规模、高效能的智算中心提供了坚实的资金保障，吸引了众多企业投身于智算基础设施建设。例如，腾讯长三角人工智能先进计算中心的建设，在一定程度上或许受益于此类政策支持，其首批机柜的顺利投入运营，为长三角地区提供了强大的算力支撑，带动了区域内人工智能产业的发展。

在算法模型创新领域，松江区政府同样给予了有力的资金补助。针对智算中心以及信息软件领域科研机构和企业，若其围绕大语言模型、多模态大模型等关键领域开展算法创新和核心技术攻关，且所研发的通用大模

第十章　长三角G60科创走廊金融服务人工智能产业链发展的创新实践研究

型参数量超过千亿元，经权威第三方评测机构评测性能达到国内领先水平，那么按照不超过研发成本50%的标准，牵头研发单位可获得最高2000万元的开发支持。此外，对于深耕垂直领域的创新型企业，在智慧交通、智慧医疗等领域开发形成性能先进并投入使用的细分专用模型，按照不超过研发成本80%的标准，研发单位可获得补助，单个项目补助金额最高不超过500万元。这些资金补助激励了企业在算法模型研发上不断探索创新，推动人工智能技术在不同领域的深度应用与发展。

在上海市人工智能实验室的支持下，松江区发布国家火炬上海松江洞泾人工智能产业基地"AI + 制造业"生态矩阵，即"1 + 2 + 3 + N"——1个工业人工智能联合体、2项生态活动（工业人工智能创新竞赛和工业人工智能创新论坛）、3个专业领域（工业装备领域、工业软件领域和数字工厂领域）、N个智能制造行业方向。为此，松江区发展改革委牵头，松江国投和洞泾镇人民政府共同建立长三角G60科创走廊人工智能产业基金，构建30亿元以上的金融支持联动体系，推动松江区重点产业尤其是人工智能的建链、补链、强链。

（二）基础设施与基金融合

除了智算中心的建设以外，2024年"曲率引擎"加速器硬科技园作为长三角G60科创走廊的重大项目，于松江区九里亭街道正式启动建设，其发展规划备受瞩目。园区将聚焦人工智能、集成电路、生物医药、光电子、航天航空等重大先导产业，同时发起设立硬科技母基金，将形成"基金 + 基地"产业投资模式。数字基础设施建设更是为松江区人工智能产业的发展注入强劲动力，助力其成为科创领域的新地标。园区数字基础设施建设围绕高速网络、算力支撑、数据管理等核心领域展开。在高速网络建设方面，园区积极引入前沿技术，构建全光网络与5G双千兆网络环境。全光网络凭借其高速率、大容量、低延迟的特性，为企业提供稳定可靠的网络传输服务，满足企业日常办公、研发设计以及数据传输等多方面的需求。5G

网络的全面覆盖，使园区内的设备实现高速无线连接，支持移动办公、智能设备互联以及工业互联网中的实时数据交互。在人工智能、集成电路等产业研发过程中，大量的实验数据、设计图纸需要快速传输和共享，双千兆网络环境确保数据传输的高效性，避免因网络卡顿而影响研发进度。

（三）"财政—金融—产业"联动机制

在财政政策协同上，松江区针对人工智能企业制定了一系列税收优惠政策，旨在降低企业运营成本，激发企业创新活力。在高新技术企业税收优惠方面，经认定的高新技术企业，可享受15%的企业所得税优惠税率，相较于一般企业的税率，大幅降低了企业税负。同时，研发费用加计扣除政策允许企业在计算应纳税所得额时，将符合条件的研发费用按照一定比例加计扣除。例如，企业投入100万元研发费用，在加计扣除比例为75%的情况下，可在应纳税所得额中扣除175万元，这直接减少了企业的应纳税额，为企业节省了大量资金，使其能够将更多资源投入到研发创新中。对于小微企业，松江区也提供了诸多税收优惠。月销售额不超过10万元的小规模纳税人，可免征增值税，这减轻了小微企业在运营初期的资金负担，助力其快速发展。科技型中小企业同样享有税收优惠，研发费用加计扣除比例提高至75%，鼓励了这类企业积极开展科技创新活动，为人工智能产业的创新发展注入了源源不断的活力。

松江区在推动金融服务人工智能产业发展过程中，产业政策与金融政策也协同配合，产业政策引导企业布局与发展方向，金融政策为企业提供资金支持与保障。例如，《松江区关于加快智算产业发展的若干意见》在鼓励企业建设智算中心、开展模型研发等产业发展方向的同时，配套了完善的科创金融服务政策，降低大模型和生成式人工智能相关企业融资成本，符合条件的中小微企业有贷款融资需求的，可申请纳入松江区政策性融资担保贷款园区贷"批次包"白名单，依相关政策规定优先予以贴息和担保费补贴，实现了产业政策与金融政策的协同推进。在政策落实方面，松江区积极采取措施,确保政策能够切实惠及企业。比如,通过线上线下多种渠道,加强对政策的宣传推广,提高企业对政策的知晓度。

第三节 长三角 G60 科创走廊金融服务人工智能产业链的创新模式研究

一、长三角 G60 科创走廊金融服务人工智能产业链模式分析

在长三角 G60 科创走廊人工智能产业链升级进程中,多元化且适配的融资模式成为产业持续壮大的关键驱动力。面对人工智能产业研发投入大、回报周期长等特性,长三角 G60 科创走廊各城区积极探索与构建契合产业需求的融资体系。从股权融资的灵活助力,到债权融资的稳健支撑,再到投贷联动的创新尝试,各类融资模式相互交织,为区域内人工智能企业的成长与创新提供了坚实的资金保障,共同推动产业迈向新高度。

(一)股权融资模式

按照企业生命周期,初创企业一般依赖于风险投资与私募股权投资。以松江区为例,该区域内坐落了一批积极投身于人工智能产业的风投和私募机构,其中松江区政府引导基金发挥着重要的引领作用。政府引导基金通过与社会资本合作,参与设立了多个投资基金,为人工智能初创企业及成长期企业提供了关键的资金支持。从投资偏好来看,风投和私募机构更倾向于投资那些拥有核心技术优势、创新商业模式以及具备高增长潜力的企业。对于初创企业,机构着重考察技术的创新性和团队的执行能力;对于成长期企业,则关注其市场份额的增长、营收情况以及商业模式的可持续性。私募机构在投资后,不仅提供了资金支持,还利用自身的资源网络,

帮助企业拓展市场渠道，与多家知名医院建立合作关系，推动企业实现快速发展。

长三角G60科创走廊的人工智能企业在资本市场上市融资方面也取得了一定进展，区域内已有多家人工智能企业成功登陆上交所科创板。以某上市企业为例，其在上市过程中，凭借在人工智能算法研发及应用领域的领先技术和良好的市场表现，吸引了众多投资者的关注。上市前，企业已经在智能安防领域积累了丰富的项目经验，产品广泛应用于城市安防监控系统。通过上市，企业成功募集资金数亿元，融资规模在同行业中处于较高水平。上市后，企业的市值表现良好，股价稳步上升，进一步提升了企业的市场影响力和品牌价值。这笔募集资金主要用于企业的研发投入、扩大生产规模以及市场拓展。企业加大了在人工智能算法优化、新产品研发方面的投入，引进了一批高端研发人才，推出了一系列具有更高性能和智能化水平的安防产品。同时，利用资金优势，企业在全国范围内拓展销售网络，与更多的城市安防项目达成合作，市场份额得到显著提升。

（二）债权融资模式

在间接债权融资方面，为满足人工智能企业的融资需求，多家银行针对该产业推出了特色信贷产品，其中科技金融专项贷款较为典型。以某商业银行为例，其科技金融专项贷款专门为人工智能等科技型企业量身定制。在贷款额度方面，根据企业的规模、经营状况、研发实力等因素综合评估，最高可提供数千万元的贷款额度。对于处于成长阶段、具有一定技术实力和市场前景的人工智能企业，银行通常会给予较高额度的贷款支持。在利率方面，为了降低企业融资成本，银行会结合市场情况和政策导向，给予相对优惠的利率，一般会在基准利率的基础上适当上浮，相较于普通商业贷款，利率水平更具优势。还款方式也较为灵活，企业可以根据自身的现金流状况，选择等额本息、等额本金或者阶段性还款等方式。在评估企业

第十章 长三角G60科创走廊金融服务人工智能产业链发展的创新实践研究

风险时,银行除了关注传统的财务指标,如资产负债率、盈利能力等,还会重点考量企业的技术创新能力、知识产权情况、研发团队实力以及市场竞争力。

除了间接融资外,长三角G60科创走廊部分人工智能企业也积极通过发行企业债、双创债等债券进行直接债权融资。在企业债方面,一些规模较大、经营状况良好的人工智能企业为了满足扩大生产、研发投入等资金需求,选择发行企业债。在债券融资成本方面,企业需要综合考虑市场利率、信用评级等因素。信用评级较高的企业,能够以较低的利率发行债券,降低融资成本。在期限结构上,企业会根据自身的资金使用计划和还款能力,合理确定债券期限,以确保资金的有效运用和按时还款。双创债则主要面向创新创业型人工智能企业,为这类企业提供了一种创新的融资渠道。发行双创债的企业通常在技术创新、商业模式创新等方面具有突出表现,通过债券融资,企业能够获得资金支持,加速创新成果的转化和应用,推动企业快速发展,同时也优化了企业的融资结构,降低了对银行信贷的过度依赖。

(三)投贷联动模式

长三角G60科创走廊内多家金融机构积极开展投贷联动实践,为人工智能企业提供了创新的融资解决方案。投贷联动模式下,股权投资机构与银行紧密合作,根据企业的发展阶段提供组合金融服务。例如,对于处于初创期的人工智能企业,股权投资机构先对企业进行天使投资或风险投资,银行在评估企业的投资价值和发展潜力后,为企业提供一定额度的贷款支持。在投资与贷款的协同机制方面,股权投资机构凭借其对行业的深入了解和专业的投资眼光,筛选出具有高成长潜力的企业进行投资。银行则参考股权投资机构的投资决策,结合自身的风险评估体系,为企业提供相应的信贷服务。双方通过信息共享、风险共担等方式,实现投资与贷款的协同运作。以一家从事人工智能机器人研发的企业为例,松江国投集团旗下的股权投资子公司对该企业进行了首轮投资，注入了 500 万元资金。同时，合作银行根据企业的投资情况和自身评估，为企业提供了 300 万元的科技金融专项贷款。这种投贷联动模式为企业提供了充足的资金，帮助企业顺利度过初创期，实现产品研发和市场拓展。然而，该模式在实施过程中也面临一些挑战，如股权投资与银行信贷的风险偏好差异较大，如何平衡双方的利益和风险是关键问题；在信息共享方面，由于股权投资机构和银行的信息系统和业务流程存在差异，信息沟通不畅可能影响协同效率；此外，对于投贷联动业务的监管政策还需进一步完善，以保障业务的合规性和稳定性。

（四）区域协同发展模式

长三角 G60 科创走廊在人工智能产业发展中已经探索出了一套行之有效的区域协同模式。比如，在资源共享与优势互补方面，松江区凭借自身深厚的高端制造业基础，以及科技部国家火炬洞泾人工智能产业基地的品牌吸引力，在算力建设、机器人及系统集成等领域构建起特色产业集聚优势。其腾讯长三角人工智能先进计算中心作为亚洲单体规模最大的人工智能超算枢纽，为整个长三角地区提供了强大稳定的算力支撑。基于此，具有比较优势的地区能够与其他地区共享这些资源，助力其他地区在人工智能研发中突破算力瓶颈，避免重复建设，实现资源利用最大化。

在产业协同创新上，长三角 G60 科创走廊优势凸显。2024 年 9 月，第六届国际移动机器人集成应用大会暨长三角 G60 科创走廊人工智能产业要素对接会顺利举行，会议汇聚了 300 多家国内外新兴技术企业与专家，共同探索人工智能技术趋势。基于此，长三角 G60 科创走廊各城区企业开展技术交流、项目合作，推动创新成果在长三角 G60 科创走廊内的共享与转化。此外，长三角 G60 科创走廊人工智能产业联盟积极组织跨区域产学研活动，联合高校、科研机构与企业，针对人工智能共性技术难题开展联合攻关，加速科技成果落地，带动其他地区产业技术升级。

第十章　长三角G60科创走廊金融服务人工智能产业链发展的创新实践研究

在政策协同与产业引导层面，长三角 G60 科创走廊各城区政策支持力度增加，比如松江区出台的《关于加快算力产业发展的若干意见》，从建设补助、算力券等多方面发力，推动算力产业发展。这些政策经验为其他地区提供借鉴，促进长三角 G60 科创走廊在人工智能产业政策上的协同。同时，长三角 G60 科创走廊各城区也通过举办各类产业招商会，吸引优质企业落户的同时，引导产业链上下游企业在走廊内合理布局。比如在机器人领域，松江区集聚库卡、昇视唯盛等企业，带动周边地区发展相关配套产业，形成产业协同发展格局，提升整个长三角 G60 科创走廊人工智能产业的竞争力与影响力。

二、长三角 G60 科创走廊金融服务人工智能产业链模式优势

在金融服务人工智能新型产业链的过程中，实现金融服务供给与需求的精准匹配是推动产业持续进步的关键。长三角 G60 科创走廊的人工智能新型产业链，既有着研发投入巨大、回报周期较长的特性，又面临着技术迭代迅速、市场竞争激烈的挑战，这使得其对金融服务的需求呈现出多元化、多层次且极具创新性的特点。

从需求侧来看，初创期的人工智能企业专注于技术研发，急需长期稳定且低成本的资金注入，以支撑核心技术的攻关与产品原型的开发，此时对风险投资、天使投资等股权融资以及针对研发的专项贷款需求强烈；成长期企业则致力于扩大生产规模、拓展市场份额，除了对大规模债权融资有需求外，还渴望金融机构能提供基于市场拓展效果的融资方案；而成熟期企业在追求技术创新突破与国际化布局时，跨境金融服务、并购融资等成为其关注焦点。而在供给侧，金融机构在服务人工智能产业时，面临着风险评估难度大、信息不对称等诸多难题。传统的金融服务模式与产品难以精准对接人工智能企业的独特需求。因此，设计一套科学合理的金融服务政策机制迫在眉睫。这一机制需围绕产业特性，精准发力，在政策目标设定上，聚焦于短期缓解企业融资困境，长期助力产业成为区域经济增长

新引擎；在资金支持政策上，通过设立专项基金、细化税收优惠、引导信贷创新等多管齐下；在风险防控方面，构建全面监测体系、强化监管并探索企业风险分担机制；同时，完善政策协同与执行机制，确保各部门协同合作，政策得以有效落实与动态调整，从而实现金融服务供给与人工智能产业需求的高效适配，为产业发展注入强劲动力。

在长三角G60科创走廊大力推动人工智能新型产业链发展的进程中，科学合理地明确金融服务的政策目标与定位，是产业实现可持续、高质量发展的关键所在。从长期视角来看，按照《促进长三角G60科创走廊创新要素自由流动和高效配置的若干举措》《上海市促进智能终端产业高质量发展行动方案》《松江区关于加快智算产业发展的若干意见》等各级别的远景规划，通过一系列精准举措，实现产业规模的跨越式增长。在技术创新突破方面，鼓励企业加大研发投入，推动人工智能核心算法、芯片技术等关键领域取得实质性进展，提升产业的技术壁垒与核心竞争力；对于企业竞争力提升，期望通过金融支持，培育出在国内乃至国际市场具有较强影响力的领军企业，使其产品和服务在全球市场份额显著提高。短期目标则聚焦于切实缓解企业面临的融资难、融资贵问题。当下，众多人工智能初创企业因研发投入大、回报周期长，难以从传统金融渠道获得充足资金。金融政策需引导金融机构创新金融产品与服务，如设立专项贷款额度，降低企业融资成本，确保企业在关键的起步阶段能够获得足够的资金支持，维持正常运营与研发活动。在金融资源支持的流向方面，向人工智能产业链的高端环节倾斜是一个重要路径，如支持企业开展基础研究、共性技术研发，提升产业附加值，推动产业从劳动密集型向技术密集型、知识密集型转变，使松江区人工智能产业在长三角G60科创走廊中形成差异化竞争优势，成为区域经济增长的新引擎，带动相关上下游产业协同发展，实现区域产业结构的优化升级与经济的可持续增长。

三、长三角 G60 科创走廊金融服务人工智能产业链模式存在的问题

长三角 G60 科创走廊在金融服务人工智能产业链的实践中，仍面临若干系统性机制瓶颈。

第一，区域金融协同机制尚未形成深度联动。尽管长三角 G60 科创走廊已建立跨区域合作框架，但九城市间的金融资源整合仍存在隐性壁垒。区域属性的差异导致政策标准不统一、数据共享机制滞后，使得资本要素跨域流动效率受限。属地化管理思维削弱了产业链上下游的协同效应，难以支撑跨省市的联合产业链整合。这种机制性割裂使得金融资源难以形成对人工智能基础层研发、算力网络建设等长周期领域的系统性支持。

第二，融资工具与产业特性适配度不足。当前金融服务仍以传统信贷和短期风险投资为主，与人工智能产业长周期、高风险的特点存在结构性矛盾。轻资产企业面临抵押物不足的融资困境，而知识产权评估、技术价值判断等创新工具尚未形成标准化体系。资本过度集中于应用层商业化场景，导致智能芯片、算法框架等底层技术领域长期面临资金缺口。金融机构对技术路线的专业研判能力不足，进一步加剧了资源配置失衡，制约产业链向高附加值环节攀升。

第三，风险分担与利益共享机制缺位。人工智能技术研发的高不确定性与金融资本的风险规避倾向形成根本性冲突。缺乏跨周期风险缓释工具，使得金融机构对原始创新支持意愿薄弱，尤其对类脑计算、大模型训练等前沿领域投入谨慎。同时，九城市间尚未建立技术转化收益共享机制，导致技术外溢效应难以转化为区域协同创新的内生动力。这种风险收益的不对称分配，削弱了金融资本支持技术攻坚的可持续性，阻碍创新链与资本链的深度耦合。

第四节　长三角 G60 科创走廊金融服务人工智能产业链的政策机制设计

一、金融服务人工智能产业发展模式的政策设计启示

长三角 G60 科创走廊的实践经验表明，金融服务人工智能产业需构建"制度创新—工具适配—区域协同"三位一体模式。在制度创新层面，通过九城市联合建立金融监管协调机制，统一科创企业认定标准与信用评估体系，并设立跨区域产业母基金，破除属地化管理壁垒，形成资金统筹配置框架。在工具适配方面，开发知识产权动态质押、研发贷与期权跟投组合产品，允许算法专利、数据集使用权纳入融资评估，同步推出技术转化保险与风险补偿基金，精准匹配产业长周期需求。在区域协同层面，推动九城市数据共享、技术溢出收益按比例分配，建立"上海研发—苏浙皖转化"的产业链分工体系，实现资本与技术的跨域高效流动。这一模式通过制度突破释放协同效能，以工具创新激活要素配置，最终形成"基础研发有支撑、技术转化有保障、场景落地有通道"的金融生态闭环，为人工智能产业突破"卡脖子"环节提供系统性解决方案。基于此，长三角 G60 科创走廊的金融服务人工智能产业发展模式的特征在政策设计上具有鲜明启示。

第一，完善金融政策体系是推动金融服务人工智能产业发展的重要基础。针对种子期企业，除提供天使投资引导资金外，设立创业孵化基金，为其提供办公场地、设备租赁补贴，以此降低企业运营成本。对于成长期企业，出台专项政策鼓励金融机构提供应收账款质押贷款，解决企业因销售账款回收周期长导致的资金周转难题。而对于成熟期企业，在鼓励并购融资的基础上，对其跨境并购给予政策倾斜，如提供外汇额度支持、简化

第十章 长三角G60科创走廊金融服务人工智能产业链发展的创新实践研究

审批流程等，助力企业拓展国际市场。同时，组织金融政策宣讲会，邀请金融专家、政府官员深入企业，面对面讲解政策内容与申请流程，并制作政策解读短视频，在社交媒体、政府官方网站等平台广泛传播，提高政策知晓度，设立政策咨询热线，确保企业能准确理解并充分利用政策。

第二，创新金融服务产品与模式是提升金融服务效能的关键。在知识产权证券化产品方面，搭建知识产权交易平台，完善知识产权评估体系，促进知识产权的流通与价值实现。供应链金融产品则聚焦人工智能产业链上下游企业，以核心企业为依托，为其供应商和经销商提供订单融资、存货质押融资等服务，优化产业链资金流。为深化投贷联动等创新模式，建立由政府、金融机构和企业共同出资的投贷联动风险补偿基金，当投贷联动项目出现风险时，按约定比例分担损失。并且加强金融机构与股权投资机构的信息共享与业务协同，定期开展项目对接会，共同筛选优质项目，提高投贷联动业务的成功率与覆盖面。

第三，强化金融服务与产业协同发展对产业长远发展意义重大。建立产业金融信息共享平台，该平台整合企业的财务状况、技术研发成果、市场订单等信息，以及金融机构的信贷产品、投资意向等内容，通过大数据分析，实现企业与金融产品的精准匹配。比如，当企业有研发资金需求时，平台可根据其研发项目的创新性、市场前景等因素，为其推荐合适的金融机构与融资产品。同时，与高校、科研机构合作，开设金融科技与人工智能双学位课程，培养复合型人才，制定人才引进优惠政策，为高端金融人才与科技人才提供住房补贴、子女教育优惠等福利，吸引人才扎根，定期组织企业与高校的人才交流活动，促进知识与技术的转移转化。此外，加强与其他地区的交流与合作，学习借鉴先进经验，建立政策动态调整机制，根据产业发展的新情况、新问题，及时优化政策措施，确保金融服务始终与产业需求相适配，为长三角G60科创走廊人工智能产业的持续创新发展提供坚实保障。

二、长三角 G60 科创走廊金融服务人工智能产业链的资金支持政策机制

（一）政府专项基金运作

为推动长三角 G60 科创走廊人工智能产业蓬勃发展，设立专项基金是关键举措。在运作方面，需要发挥资金的杠杆作用，撬动更多社会资本投入产业。在管理模式上，成立专业的基金管理公司，由其负责基金的日常运营与投资决策。管理公司需组建一支具备丰富投资经验、熟悉人工智能产业的专业团队，通过严格的项目筛选、尽职调查与投后管理流程，确保基金的安全与高效运作。对于初创期企业，基金投资策略侧重于种子轮和天使轮投资。这类企业往往拥有创新的技术理念，但缺乏资金将其转化为实际产品，基金可对其提供一定额度的资金支持，助力企业开展技术研发、搭建团队与完善产品原型；成长期企业则需要资金扩大生产规模、拓展市场，基金可进行 A 轮、B 轮投资；对于成熟期企业，基金可参与战略投资，助力企业开展并购重组、国际化布局等，投资金额根据项目情况而定。

（二）与基础设施建设有效融合

金融服务需要与基础设施建设深度融合。一是与数字基础设施的融合，需要引导金融机构针对此类项目开发长期、大额的信贷产品，匹配项目投资周期长、回报慢的特点。比如，在数据资源设施建设上，可以对数据采集设备研发与生产企业，给予税收优惠政策，促使企业加大研发投入，提升数据采集质量与效率；又比如，对于数据存储系统建设，通过政府贴息贷款，支持企业购置先进存储设备，保障数据安全与高效存储。

二是与传统基础设施的融合。基于已有的人工智能产业园区，产业基金可以通过股权、债权等形式为园区基础设施扩张发展注入资金，涵盖智能厂房、数据中心等，提升园区硬实力。同时，产业基金针对入驻园区的优质企业开展直接投资或跟投，有助于吸引更多上下游企业集聚。此外，

还可设立子基金，专项支持园区内企业的技术研发、人才培养等，促进园区产业生态的繁荣，实现与人工智能产业集群园区建设全方位、多阶段的深度融合。

三是与金融基础设施的融合。比如，完善支付清算系统，鼓励金融机构开发针对人工智能企业的便捷支付产品，提高资金流转效率。加强金融数据与征信系统建设，为人工智能企业提供精准信用评估，降低融资成本。同时，区域资本市场设施的完善也有助于为人工智能企业提供多元化融资渠道。

（三）政策联动机制细化与拓展

除了金融支持本身外，对财政、金融、产业三类政策的联动进行细化与拓展，能够形成政策的范围经济效应，进而实现协同共进。在与财政政策协同方面，可以设立专项研发补贴，鼓励企业开展基础研究与应用技术创新。同时，实施税收优惠政策，对人工智能企业减免企业所得税、增值税等，降低企业运营成本。此外，建立财政风险补偿机制，对金融机构向人工智能企业提供的贷款、投资等业务，若出现风险给予一定比例补偿，增强金融机构支持意愿。在与产业政策协同方面，需要明确发展方向与重点，引导资源合理配置。例如，对于人工智能产业集聚区，对入驻企业给予土地、税收等优惠政策；或者鼓励企业开展产学研合作，通过政策引导高校、科研机构与企业联合开展技术攻关，加速科技成果转化，均能形成政策协同效应。

三、长三角 G60 科创走廊金融服务人工智能产业链的风险防控政策机制

（一）构建金融风险监测与预警体系

利用大数据和人工智能技术搭建专门针对人工智能产业金融风险的监测平台，是风险防控的重要基础。通过与金融机构、企业财务系统、市场

监管部门等数据接口对接，平台可实时收集企业融资数据，包括贷款金额、还款情况、股权融资进度等，以及企业经营数据，如营业收入、利润、成本结构、市场份额变化等。通过对这些海量数据的实时分析，运用机器学习算法构建风险预测模型。例如，当企业的贷款逾期率超过一定阈值，或营收连续两个季度出现大幅下滑，模型能及时发出预警信号。基于此，需要制定详细的风险预警指标体系，根据风险程度划分等级。低风险等级可能表现为企业某一财务指标出现轻微波动，如应收账款周转天数延长，此时预警系统提示关注，要求企业提交情况说明；中风险等级对应部分关键指标恶化，如资产负债率超过一定比重，预警系统通知金融机构与相关监管部门，共同对企业进行深入调研，评估风险；高风险等级则是企业出现严重财务危机，如连续亏损且资不抵债，触发预警后立即启动应急处置机制，协调各方资源，制定债务重组或企业救助方案。

（二）加强金融监管与合规管理

针对人工智能产业金融服务，监管政策需不断优化。一方面，鼓励金融创新，支持金融机构开发适应人工智能企业特点的金融产品与服务，如前文提到的知识产权质押贷款、科技成果转化贷款等；另一方面，严守风险底线。监管部门应制定严格的业务规范，要求金融机构在开展人工智能企业信贷业务时，详细评估企业技术的可行性、市场前景、团队稳定性等非传统财务因素。例如，在知识产权质押贷款中，规范质押物评估流程，要求由专业、有资质的第三方评估机构进行评估，且金融机构需对评估结果进行复核，确保质押物价值合理，防范因估值过高导致的信贷风险。规范金融机构业务操作流程，加强内部审计与监督。建立健全反欺诈、反非法集资机制，运用大数据分析客户行为，识别异常交易。如发现资金短期内频繁大额进出、客户信息存在虚假等情况，及时采取冻结账户、调查核实等措施，防范金融欺诈与非法集资行为，维护金融市场秩序与投资者利益。

(三）企业风险分担机制设计

推动建立企业间的风险共担联盟，鼓励人工智能企业在技术研发、市场拓展等方面开展合作。在技术研发上，多家企业联合攻克行业共性技术难题，共享研发成果，降低单个企业研发失败风险。例如，在人工智能芯片研发领域，几家企业共同出资组建研发团队，分摊研发成本，若研发成功，按出资比例共享专利技术；若研发失败，损失也由各方共同承担。在市场拓展方面，企业联合开展营销活动，共享客户资源，降低市场推广成本与风险。如几家专注于不同应用领域的人工智能企业，共同举办行业展会，吸引潜在客户，提高市场推广效率。探索引入保险机构，开发针对人工智能企业特定风险的保险产品。针对技术研发失败风险，设计研发失败保险，企业在研发项目启动前购买保险，若因技术难题、市场变化等原因导致研发失败，保险机构按合同约定给予一定赔偿，弥补企业部分损失。对于市场推广受阻风险，开发市场推广保险，当企业因不可抗力、竞争对手恶意竞争等因素导致市场推广效果未达预期时，保险机构提供资金支持，帮助企业缓解资金压力，维持正常运营。

参考文献

[1] 白俊红，蒋伏心．协同创新、空间关联与区域创新绩效［J］．经济研究，2015，50（07）：174-187．

[2] 白兮．新质生产力的思想蕴涵与理论创新——基于马克思生产力理论视角［J］．社会科学战线，2025（01）：269-273．

[3] 曹贤忠，陈波，郝均．长三角城市技术关联演化特征与影响因素分析［J］．世界地理研究，2023，32（10）：110-121．

[4] 陈龙．新质生产力的出场逻辑、核心内涵与实现路径［J］．人文杂志，2024（05）：11-20．

[5] 丁任重，李溪铭．新质生产力的理论基础、时代逻辑与实践路径［J］．经济纵横，2024（04）：1-11．

[6] 丁煜莹，高志刚．经济集聚、要素配置与区域经济高质量发展［J］．山西财经大学学报，2024，46（12）：43-56．

[7] 宫汝凯．政策不确定性与企业负债：基于金融生态环境视角［J］．经济学报，2023，10（04）：125-162．

[8] 龚晓莺，严宇珺．新质生产力的基本意涵、实现机制与实践路径［J］．河南社会科学，2024，32（04）：15-22．

[9] 管涛．科技金融赋能新质生产力的法治逻辑及其优化路径［J］．当代经济管理，2025，47（03）：87-96．

[10] 何国华，沈露．科技金融的高质量发展和金融稳定效应研究［J］．经济体制改革，2022（03）：134-141．

[11] 何晓柯．浙江与粤苏科技创新能力的比较及提升对策［J］．科技

管理研究，2024，44（14）：28-36.

[12] 洪银兴. 新质生产力及其培育和发展[J]. 经济学动态，2024（01）：3-11.

[13] 胡海青，李卓艺，梁志康，等. 科技金融、高技术产业集聚与新质生产力[J/OL]. 财经论丛，1-16.

[14] 姜中裕. 科技金融政策对企业关键核心技术创新的影响研究[J]. 金融经济学研究，2025，40（02）：38-55.

[15] 贾若祥，窦红涛. 新质生产力：内涵特征、重大意义及发展重点[J]. 北京行政学院学报，2024（02）：31-42.

[16] 姜长云. 新质生产力的内涵要义、发展要求和发展重点[J]. 西部论坛，2024，34（02）：9-21.

[17] 焦海霞. 专利数量与质量的关联性研究——基于长三角的实证[J]. 情报工程，2019，5（05）：25-36.

[18] 赖一飞，谢潘佳，叶丽婷，等. 我国区域科技创新效率测评及影响因素研究——基于超效率SBM-Malmquist-Tobit模型[J]. 科技进步与对策，2021，38（13）：37-45.

[19] 李健. 全球价值链数字化转型与中国的战略选择[J]. 新疆社会科学，2021（05）：27-35+162.

[20] 李倩. 城市金融网络、创新创业活跃度与共同富裕[J/OL]. 统计与决策，2025（03）：147-152.

[21] 李晓龙，张琼月. 科技金融政策何以赋能城市数字技术创新[J]. 金融与经济，2025（01）：64-76.

[22] 李旭辉，杨梦成，严晗，等. 中国人工智能产业科技创新能力测度及趋势演进[J]. 科研管理，2023，44（01）：1-7. DOI：10.19571/j.cnki.1000-2995.2023.01.001.

[23] 李勇坚，张海汝. 新质生产力的科学内涵、要素基础与测度研究——基于生产力与生产关系的视角[J]. 学习与探索，2025（01）：69-79.

［24］廖恒，邱志刚．金融助力新质生产力的长效机制研究［J］．理论与改革 2024（03）：52-61+159．

［25］林瑶鹏，林柳琳，高琦．区域科技金融发展水平评价研究［J］．技术经济与管理研究，2022（06）：70-75．

［26］林毅夫，陈超然，付才辉．新质生产力理论：新结构经济学的视角［J/OL］．学术论坛，1-12．

［27］刘伟．科学认识与切实发展新质生产力［J］．经济研究，2024，59（03）：4-11．

［28］刘志辉，席崇俊，杨岩．基于动态网络SBM模型的区域科技创新效率测度方法研究［J］．情报科学，2022，40（07）：145-153．

［29］吕延方，方若楠，王冬．中国服务贸易融入数字全球价值链的测度构建及特征研究［J］．数量经济技术经济研究，2020，37（12）：25-44．

［30］吕岩威，李禹陶．科技金融赋能经济高质量发展了吗——基于创新动机视角的研究［J］．科学学研究，2024，42（05）：964-976．

［31］毛茜，李春波，赵喜仓．组态视角下区域科技创新绩效提升路径研究——基于中国30个省份的模糊集定性比较分析［J］．科技管理研究，2024，44（21）：103-112．

［32］孟莹莹．数字全球价值链参与对行业收入差距的影响效应［J］．软科学，1-13．

［33］欧阳日辉，李晓壮．金融新质生产力促进金融高质量发展：动能—业态—生态分析框架与实现路径［J］．西安交通大学学报（社会科学版），2024，44（05）：1-14．

［34］齐美东，张硕．我国金融资源空间分布差异及优化路径［J］．南京社会科学，2022（11）：33-41+68．

［35］乔倩，白暴力．新质生产力的生成背景、构成要素与实践理路［J］．世界社会主义研究，2024，9（05）：17-27+125．

［36］邱海平．新质生产力理论的科学内涵及其重大创新意义［J］．财

经问题研究，2024（05）：3-14.

[37] 盛斌，张子萌. 全球数据价值链：新分工、新创造与新风险[J]. 国际商务研究，2020，41（06）：19-31.

[38] 石敏俊，陈岭楠，王志凯，等. 新质生产力的科学内涵与绿色发展[J]. 中国环境管理，2024，16（03）：5-9.

[39] 隋建利，李悦欣，刘金全. 中国经济韧性的时空敛散与异质分化特征——基于马尔科夫区制转移混频动态因子模型的识别[J]. 管理世界，2024，40（03）：16-37+73.

[40] 孙瑞东，陈柳. 区域产业协调政策的创新效应——来自长三角G60科创走廊的证据[J]. 华东经济管理，2024，38（10）：36-45.

[41] 佟孟华，褚翠翠，李洋. 中国经济高质量发展的分布动态、地区差异与收敛性研究[J]. 数量经济技术经济研究，2022，39（06）：3-22.

[42] 汪淑娟，谷慎. 科技金融对中国经济高质量发展的影响研究——理论分析与实证检验[J]. 经济学家，2021（02）：81-91.

[43] 王勇. 深刻把握新质生产力的内涵、特征及理论意蕴[J]. 人民论坛，2024（06）：8-10.

[44] 魏崇辉. 新质生产力的基本意涵、历史演进与实践路径[J]. 理论与改革，2023（06）：25-38.

[45] 习近平. 发展新质生产力是推动高质量发展的内在要求和重要着力点[J]. 环境与可持续发展，2024，49（04）：4-6.

[46] 谢璐华，郭娟娟，秦甄. 政府数据平台开通如何推进全国市场一体化？——基于新质生产力和市场营商环境的双重视角[J/OL]. 华东经济管理，1-12.

[47] 谢卫群. G60科创走廊，在连接中快速生长[N]. 人民日报，2023-06-20（007）. DOI：10.28655/n.cnki.nrmrb.2023.006225.

[48] 许恒兵. 新质生产力：科学内涵、战略考量与理论贡献[J]. 南京社会科学，2024（03）：1-9.

［49］余南平．全球数字经济价值链"轴心时代"的塑造与变革［J］．华东师范大学学报（哲学社会科学版），2021，53（04）：124－135＋183．

［50］翟绪权．新质生产力的理论意涵、时代特点与发展路径［J］．思想理论教育导刊，2024（04）：39－46．

［51］张冬燕，王冬至，杨香合．基于多元线性回归的河北省科技创新能力提升对策研究［J］．江苏科技信息，2022，39（21）：1－5．

［52］张鹏杨，张硕．数字全球价值链参与如何稳定企业产出波动［J］．经济管理，2022，44（07）：5－22．

［53］张晴，于津平．投入数字化与全球价值链高端攀升——来自中国制造业企业的微观证据［J］．经济评论，2020（06）：72－89．

［54］张晓冬，黄卓．科技金融赋能新质生产力发展：理论框架、现实挑战与对策建议［J］．湖湘论坛，2024，37（06）：53－66．

［55］张玉喜，张倩．区域科技金融生态系统的动态综合评价［J］．科学学研究，2018，36（11）：1963－1974．

［56］赵滨元．京津冀协同创新绩效影响因素分析——基于空间杜宾模型［J］．商业经济研究，2021（01）：162－166．

［57］赵峰，季雷．新质生产力的科学内涵、构成要素和制度保障机制［J］．学习与探索，2024（01）：92－101＋175．

［58］赵菁奇，金露露，王泽强．基于科技创新绩效分析的区域协同发展探讨——以G60科技走廊为例［J］．中国高校科技，2022（05）：34－39．

［59］郑石明，伍以加，邹克．科技和金融结合试点政策有效吗？——基于双重差分法的研究［J］．中国软科学，2020（01）：49－58．

［60］中国科学技术发展战略研究院．国家创新指数报告2024［M］．北京：科学技术文献出版社，2025．

［61］钟之阳，周欢．区域创新系统视角下高等教育投入对区域科技创新效率影响研究［J］．江苏高教，2018（10）：29－34．

［62］周少甫，叶宁，詹闻喆．科技和金融结合试点政策对地区创新的影

响研究——基于金融科技的视角［J］. 经济学家，2023（08）：95-106.

［63］周文，许凌云. 论新质生产力：内涵特征与重要着力点［J］. 改革，2023（10）：1-13.

［64］朱前星，饶诗雨. 新质生产力的演进逻辑、实践路径及价值意蕴［J］. 西南民族大学学报（人文社会科学版），2024，45（05）：194-201.

［65］庄毓敏，储青青. 金融集聚、产学研合作与区域创新［J］. 财贸经济，2021，42（11）：68-84.

［66］邹克，刘翔，倪青山，等. 中国科技金融发展指数：协同推进、区域分化与因地制宜发展［J］. 金融经济学研究，2025，40（02）：3-23.

［67］邹克，周益赞. 科技金融对实体经济高质量发展的影响研究——基于建设金融强国的理论背景［J］. 金融经济学研究，2024，39（01）：75-91.

［68］Brown J R, Fazzari S M, Petersen B C. Financing innovation and growth: Cash flow, external equity, and the 1990s R&D boom［J］. The journal of finance, 2009, 64（1）：151-185.

［69］DUTTA S, LANVIN B, LEON L R, et al. Global innovation index2023: innovation in the face of uncertainty［M］. Geneva: World Intellectual Property Organization, 2023.

［70］Hegeman P D, Sørheim R. Why do they do it? Corporate venture capital investments in cleantech startups［J］. Journal of Cleaner Production, 2021, 294：126315.

［71］Lin J Y, Wang W, Xu V Z. Distance to frontier and optimal financial structure［J］. Structural Change and Economic Dynamics, 2022, 60：243-249.

［72］Mertzanis C. Financial supervision structure, decentralized decision-making and financing constraints［J］. Journal of Economic Behavior & Organization, 2020, 174：13-37.

［73］Xin F, Zhang J, Zheng W. Does credit market impede innovation? Based on the banking structure analysis［J］. International Review of Economics & Finance, 2017, 52：268-288.